材料成形技术

主　编　李　轩　黄　波　张立京
副主编　来　升　田　进　刘　璞　阳明君
参　编　谢文玲　王　佳　李　伟　刘少北
　　　　曹修全　干　斌　许雯娜　高　祥
　　　　刘福华　谢小青　刘　惺
主　审　胡光忠

机械工业出版社

本书系统地介绍了传统材料成形技术的基础理论和工艺方法，增加了现代工业制造工程中常用的材料成形新技术、新工艺，并简要介绍了相关技术的新进展。全书共 8 章，包括铸造成形、金属焊接成形、金属塑性成形、非金属材料成形、陶瓷与粉末冶金成形、复合材料成形及材料表面工程技术等主要内容，较为详细地介绍了各成形方法的技术原理、工艺流程和工艺特点，简要介绍了成形新技术，每章均附有适量的复习思考题。

本书可作为高等工科院校机械类、近机械类本科和研究生的专业教材，还可作为高职高专院校、继续教育学校机械类专业的教材，亦可供工程技术人员参考阅读。

本书还配有电子课件，凡选用本书的教师可登录机工教育服务网（www.cmpedu.com）以教师身份注册后免费下载。

图书在版编目（CIP）数据

材料成形技术 / 李轩，黄波，张立京主编. -- 北京：机械工业出版社，2025. 6. -- ISBN 978-7-111-78749-5

Ⅰ. TB3

中国国家版本馆 CIP 数据核字第 2025XT9775 号

机械工业出版社（北京市百万庄大街 22 号　邮政编码 100037）
策划编辑：黄倩倩　许　爽　责任编辑：黄倩倩　许　爽　王　良
责任校对：卢文迪　王小童　景　飞　封面设计：马若濛
责任印制：邓　博
北京中科印刷有限公司印刷
2025 年 9 月第 1 版第 1 次印刷
184mm×260mm · 12 印张 · 293 千字
标准书号：ISBN 978-7-111-78749-5
定价：49.80 元

电话服务　　　　　　　　　　网络服务
客服电话：010-88361066　　机　工　官　网：www.cmpbook.com
　　　　　010-88379833　　机　工　官　博：weibo.com/cmp1952
　　　　　010-68326294　　金　书　网：www.golden-book.com
封底无防伪标均为盗版　　机工教育服务网：www.cmpedu.com

前　言

　　材料成形技术是机械类专业的基础课程之一。本书立足于高等院校机械类专业人才培养目标，主要介绍了与机械制造密切相关的材料成形技术基础知识。

　　本书以机械工程领域常见成形技术的基础理论和工艺方法为主要内容，介绍了材料成形技术的基础知识，内容涉及各成形方法的基本原理、工艺方法与特点、成形新技术等。全书共8章，第1章为铸造成形，主要介绍了液态金属成形的基本原理与工艺特点；第2章以焊接成形为主；第3章和第4章为金属塑性成形的基础理论和工艺方法，其中第3章主要介绍了金属塑性加工的力学理论基础，为理解金属塑性成形奠定基础；第5章为非金属材料的成形技术，包括塑料、橡胶和胶粘工艺；第6章介绍了陶瓷与粉末冶金成形工艺；第7章为复合材料成形工艺；第8章为材料表面工程技术。任课教师可以根据专业特点和教学计划，选取其中的部分内容开展教学。

　　本书注重理论联系实际，每一章内容的编写和教学主线为：成形技术的基本原理—成形方法及设备—成形工艺—成形新技术—本章小结—复习思考题。同时，本书注重成形技术基本原理的讲解，并结合编者的科研、生产实践和教学经验，增强学生的工程概念和实践认知，加深学生对各成形技术的理解和掌握。

　　参加本书编写的人员有四川轻化工大学李轩教授（第8章和第1、6章部分）、黄波副教授（第1章部分）、来升博士和田进教授级高工（第1章部分）、刘璞副教授（第2章部分）、阳明君副教授（第5章部分）、谢文玲副教授（第2章部分）、王佳教授（第2章部分）、刘少北博士（第3章部分）、曹修全博士（第3章部分）、干斌高工（第5章部分）、许雯娜（第5章部分）、高祥（第3章部分），西安长峰机电研究所张立京高工（第6章部分和第7章），武汉钢铁公司李伟（第4章），宜宾职业技术学院刘福华教授（第5章部分），四川化工职业技术学院谢小青（第1章部分）、刘惺（第5章部分）。本书在编写过程中还得到四川轻化工大学材料成形与控制工程系全体同仁的大力支持和帮助。全书由李轩、黄波和张立京担任主编，来升、田进、刘璞和阳明君担任副主编；研究生吕威、何瑜、张续译、刘志章等完成了部分文字的录入和图表制作工作。书稿由四川轻化工大学朗光忠教授审阅。

　　由于编者水平所限，书中难免存在错误与不妥之处，敬请广大读者批评指正。

编　者

目　录

0 绪 论

0.1 材料成形概述

人类的发展历程始终伴随着材料应用和技术的不断进步。材料在人类文明进程中扮演着至关重要的角色，对人类社会的进步起着关键作用。材料广泛用于制造机械零件、构件以及其他各种可用物品，是人类活动的基础。材料根据其化学组成和性质，大致可分为金属材料、无机非金属材料、有机非金属材料和复合材料。在某种程度上，一个国家材料的种类、数量和质量是衡量其现代化程度的重要标志，材料在工业、农业、国防以及日常生活中都有着不可或缺的应用。

材料的发展推动了社会的进步。在人类认识世界、改造世界的过程中，人们凭借自身的智慧不断推动着材料科学的进步。从最早期使用的石器材料到如今广泛应用的各种合金、非金属材料和复合材料，材料的不断革新与应用为社会发展带来了深远的影响。每一次重要的新材料的发现与应用，都给社会生产和人们的生活带来了革命性的变化，推动了物质文明的进步。因此，新材料的研究、开发和应用与一个国家的工业水平以及科技实力密切相关，对国家的现代化进程具有重要意义。

材料经过各种不同的成形方法加工后才能发挥其实际应用价值，这一过程可以定义为将原材料通过成形技术加工成具备特定性能的过程，包括改变材料的形状、硬度以及其他尺寸数据等。成形工艺不仅赋予材料特定的形状，还赋予其最终性能和使用特性。随着人类社会的发展和生产力的提升，材料的成形技术也经历了从简单的手工作业到复杂的、大型化的、智能化和机械化的发展历程。

在古代，我国劳动人民在材料及其成形技术的研究和应用方面长期处于世界领先地位，为世界文明和人类的进步做出了重大贡献。金属成形技术的发展标志着文明的重大进步，从青铜时代到铁器时代，再到后来的工业化时代，人类对金属材料的使用已逐步向高性能的合金转变。在秦汉时期，我国的铸造和锻造技术就非常发达，陕西临潼秦始皇陵出土的精美绝伦的大型彩绘铜车马，反映了当时高超的冶铸技术。五代时期，我国的陶瓷制造技术和金属焊接技术就已达到极高水平，瓷器被誉为"青如天、明如镜、薄如纸、声如磬"。明朝科学家宋应星编著的《天工开物》一书详细记载了各种金属加工方法，是世界上关于金属加工工艺最早的科学著作之一。

材料成形技术是现代工业技术中不可或缺的重要组成部分，对于许多关键制造行业，如汽车、航空航天、电力和化工等支柱产业发挥着至关重要的作用。以现代航空航天产业为例，现在对飞机的性能要求极高，包括爬升率、非常规机动性、环保性和节能性等。这些性能的提升不仅需要先进的轴承和涡轮盘材料，还需要精密成形等加工技术来配套。在某些情况下，成形加工技术对提升部件价值具有决定性作用，例如，对于飞机结构件和发动机部件，材料成形的附加值占零部件价值的 90% 以上。

技术进步和材料科学的发展相辅相成。尽管我国已是全球制造业大国，但在航空工业和其他高端设备制造领域，材料成形等加工技术相比于工业发达国家仍存在一定差距。因此，在未来的发展中，需要更加重视材料科学和成形技术的研究与创新，以确保在高端制造领域的自主性和竞争力的提升。

0.2　材料成形的基本特点

人类科技文明的历史本质是对物质材料的认识、加工和利用的发展历程。每一种新材料及其相应成形技术的发明和应用都可能引发生产技术的革命，从而加速社会文明的发展进程。例如，人类社会历史上的石器时代、青铜器时代、铁器时代都是根据生产活动中主要使用的工具材料来命名的。材料成形指的是将自然材料或人工材料通过适当的加工方式，加工成具有特定形状、尺寸和功能的零件或产品的过程。一般来说，材料成形具有以下基本特点。

（1）具备较好的产品性能　大多数通过材料成形得到的零件具有良好的力学性能。例如，金属材料在半固态下成形，可以有效避免成形件内部产生缺陷；经过塑性成形的零件在变形过程中发生加工硬化现象，其力学性能会有一定程度的提高。

（2）具有复杂形状的生产能力　多种材料成形方法，如铸造、锻造、冲压、注射、橡胶成形、粉末成形等，都能生产形状非常复杂的零件。例如铸造成形的发动机缸体零件，锻造成形的汽车梁和曲轴，冲压成形的汽车门板和围板，注射成形的壳体类零件等。

（3）材料利用率高　与机械加工相比，材料成形过程中产生的废料较少，因为只有边缘部分或少量部分是废料。例如，铸造成形、冲压成形和注射成形的材料利用率可以达到 80% 以上，甚至许多零件成形的材料利用率可以达到 90% 以上；即便是产生废料较多的汽车覆盖件使用的冲压成形，平均材料利用率也可以达到 70%。

（4）生产效率高　材料成形的生产效率普遍较高，尤其是利用模具生产时的生产效率更加显著。例如，在压力机上模锻连杆时，手工操作的单班产量可达 500 件以上；大型汽车覆盖件冲压生产时，手工操作的单班产量可达 100 件以上，自动化操作的单班产量可达 2000 件以上；在高速冲床上冲压成形小型零件时，自动化操作的单班产量甚至高达 20000 件以上。

（5）应用范围广　材料成形方法众多，各种成形方法都有自己的特点，对于特定的应用场景具有不可替代性。由于材料成形具有高材料利用率、高生产效率、高产品质量和低生产成本等特点，使其在机械、电子、化工、航空航天以及日用品等各个行业都有广泛应用。

0.3　材料成形的发展趋势

材料成形技术是制造业的重要组成部分，对国民经济具有重要作用。材料成形技术的发展与科学技术的进步密切相关。随着科技发展水平不断提高，材料成形的时间也越来越短，计算机技术和 3D 打印技术的发展使得材料成形工艺的精度不断提高，试错成本和产品周期不断降低。集成技术（如 CAD/CAM 和 CAPP 等）的快速发展，使得虚拟现实技术、产品交互设计深度融合，推动了材料成形加工过程向智能化不断迈进。

进入 21 世纪后，材料成形技术面临环保、成本意识、市场竞争、制造全球化和信息技术等的挑战。这些挑战促使材料成形技术不断进化，发展出具有独特特征的新技术。工业技术的高速发展要求产品小型化、轻量化、集成化，国际市场的激烈竞争要求产品具有高性能、低成本和快速生产的特点。环保理念的普及要求材料成形技术与节能减排相结合，减少污染。因此，材料成形技术正逐渐趋向于合成化、多样化、柔性化和多技术化。

"新型工业化"以体现信息技术与制造技术深度融合的数字化、网络化、智能化制造为主线，推动新一代信息技术、智能制造、增材制造、新材料、生物医药等领域的创新发展。可以看出，未来的制造工艺将包括精确成形、清洁加工工艺，精密化、优质化、高效化、信息化、复合化和绿色化将是材料成形技术的主要发展方向。

（1）精密化　精密成形技术，包括微密尺度和纳米尺度的精密化，精密化已成为材料成形与加工技术发展的关键特征。当前，从近净成形（Near-Net Shaping）发展到净成形（Net Shaping）的趋势逐渐明显，即越来越向接近零余量成形的方向发展。这种趋势体现在成形零件的尺寸精度和复杂性上，以实现更高的材料利用率和成形质量。目前，成形技术已在较大程度上实现了近净成形，主要目标是通过精密铸造、精密锻造、精密冲压和冷、温挤压等技术，实现材料成形的轻量化、高强度、低成本和高质量。

（2）优质化　净成形技术的发展不仅限于提高尺寸和形状的精确度，更重要的是提高成形件的质量，减少或消除缺陷，从而避免早期失效。通过采用先进的金属材料和优化的工艺参数，如增加金属组织的致密度，使用仿真技术优化成形过程，一次成形成功并减少机械修复的需要，都是提高成形质量的重要手段。这些技术不仅保证了工件的质量，也通过实时监控和非破坏性检测技术，及时发现和排除不合格产品。

（3）高效化　在全球市场竞争加剧的背景下，快速开发新产品成为企业竞争的关键。制造业需要具备高度的灵活性，以快速响应市场需求，生产出高质量的产品。材料成形加工技术的高效化体现在新型高效成形工艺的不断创新，例如快速原型技术（Rapid Prototyping，RP），这种技术基于逐层累积的原理，可以迅速将设计变为实体模型。结合快速原型技术和快速模具制造，该技术提供了从 CAD 模型直接制造模具的新方法。此外，计算机模拟技术的应用，如三维数值模拟，可以在成形过程中进行精确控制和优化，大大缩短产品开发周期，提高生产效率。

（4）信息化　信息技术与材料科技的融合是推动制造业智能化和数字化转型的关键。通过信息化，制造过程变得更加自动化、智能化和可控制，从而提高了生产效率和产品质量。纳米机器人等高精度操作设备的出现，为微观尺度上的精密加工提供了新的可能性，同时也催生了诸如智能制造和自动化系统等高技术领域的发展。

（5）复合化　复合化技术的发展为制造业带来了更加高效、精密和多样化的加工工艺。通过利用光、电子束等高能束技术，复合化技术可以实现对复杂材料的精密加工和改性。在航空、汽车等领域，复合材料的应用范围不断扩大，使得产品更轻、更坚固、更耐用，同时也推动了制造工艺的不断创新和提升。

（6）绿色化　绿色化是制造业可持续发展的重要路径，也是社会对环境保护和资源利用的要求。通过采用环保材料、优化生产过程、实行循环利用等策略，绿色化可以降低生产过程对环境的影响，减少资源的消耗和浪费，从而实现经济、社会和环境的协调发展。未来，随着绿色化理念不断深入人心，无废弃物生产技术和可再生能源的广泛应用将成为制造业发展的主流方向。

复习思考题

0-1 什么是材料成形？

0-2 材料成形的技术特点有哪些？

0-3 材料成形的发展趋势是什么？

第1章 铸 造 成 形

将金属液浇注到与零件形状、尺寸相适应的铸型型腔中，待其冷却凝固后，获得具有一定形状的毛坯或零件的方法称为铸造，也称为金属的液态成形。铸造技术在制造业中占据重要地位，是生产机械零部件和毛坯的主要方法之一，广泛应用于各类现代机械设备的制造。铸造件在机械设备中所占比重相当可观，例如，以重量计算，铸造件在机床、内燃机和重型机械中的占比为 70%～90%；在风机和压缩机中为 60%～80%；在拖拉机中为 50%～70%；在农业机械中为 40%～70%；在汽车中为 20%～30%。

铸造技术之所以能得到广泛应用，主要归功于以下几个优点：

（1）适用于复杂零件的制造 铸造技术能够制造形状复杂、内腔复杂的毛坯，如各类箱体、阀体和缸体等，以及机床的床身、机械设备中的底座和支座等。

（2）适用性广 铸件的大小和重量几乎没有限制，可从几克到几百吨不等，尺寸也是从小到大。可使用的铸造金属包括钢、铁和非铁合金。

（3）成本低廉 铸造的原材料来源广泛，价格低廉，因而铸件成本低且不需要昂贵的生产设备。

（4）生产效率高 采用特殊铸造方法生产的铸件，部分可直接成为零件，有助于节省金属并提高效率。

但铸造生产也存在一些不足之处，如铸造组织疏松、晶粒粗大，容易产生缩孔、缩松和气孔等缺陷，从而影响铸件的力学性能。同时，铸造工序繁多，导致铸件质量不稳定，废品率较高，劳动条件较差，劳动强度大。

随着铸造技术的不断发展，上述不足逐渐得到克服和改进。现代技术的发展推动了铸造生产的机械化、自动化和信息化。各种铸造新工艺、新技术和新材料的涌现，形成了优质、高效、低能耗的铸造生产态势，使得铸造成品率和铸件质量得到显著提高，同时减轻了工人的劳动强度并改善了劳动条件。因此，铸造生产正朝着专业化、智能化和精密化的方向不断发展。

1.1 铸造成形理论基础

1.1.1 液态金属的充型能力

1. 充型能力

液态合金充满型腔，形成轮廓清晰、形状完整的优质铸件的能力，称为液态合金的流动性，又叫作充型能力。液态合金的流动性越好，不仅易于铸造出轮廓清晰，薄而形状复杂的铸件，而且有助于液态合金在铸型中收缩时得到补充，有利于液态合金中的气体及非金属夹杂物上浮与排除。若流动性不好，则易使铸件产生浇不到、冷隔、气孔、夹渣和缩松等缺陷。

液态金属充型是一个复杂的物理、化学和流体力学问题，涉及金属液的各种性质，如密度、黏度、表面张力、氧化性、氧化物的性质及润湿性等。充型能力的大小影响铸件的成形，充型能力较差的合金难以获得大型、薄壁、结构复杂的健全铸件，而良好的流动性能使铸件在凝固期间产生的缩孔得到液态金属的补充，铸件在凝固末期受阻出现的热裂可以得到液态金属的充填而弥合，有利于防止缺陷产生。液态合金流动性的好坏，通常以螺旋形流动性试样的长度来衡量。如图 1-1 所示，将液态合金注入螺旋形试样铸型中，冷凝后，测出其螺旋线长度。为便于测量，在标准试样上每隔 50mm 作出凸点标记，在相同的浇注工艺条件下，测得的螺旋线长度越长，合金的流动性越好。常用合金的流动性见表 1-1。其中，灰铸铁、硅黄铜的流动性最好，铝合金次之，铸钢最差。

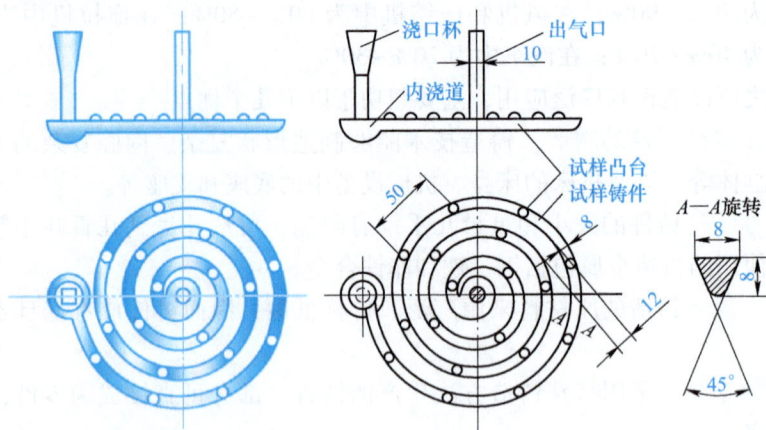

图 1-1　螺旋流动性实验

表 1-1　常用合金的流动性

合金	造型材料	浇注温度/℃	螺旋线长/mm
铸铁（C+Si = 6.2%）	砂型	1300	1800
（C+Si = 5.9%）	砂型	1300	1300
（C+Si = 5.2%）	砂型	1300	1000
（C+Si = 4.2%）	砂型	1300	600
铸钢（C = 0.4%）	砂型	1600	100
	砂型	1640	200
铝硅合金	金属型（300℃）	680~720	700~800
镁合金（Mg-Al-Zn）	砂型	700	400~600
锡青铜（Sn = 9%~11%；Zn = 2%~4%）	砂型	1040	420
硅黄铜（Si = 1.5%~4.5%）	砂型	1100	1000

在铸造生产中，充型能力的优劣对合金的选择至关重要。一般而言，流动性良好的合金具备较强的充型能力，而流动性较差的合金则充型能力相对较弱。为提升合金的充型能力，可通过改善外部工艺条件，以满足铸件的要求，得到高质量的铸件。

2. 影响液态金属充型能力的主要因素

影响充型能力的因素主要通过两个途径产生作用：首先，通过影响金属与铸型之间的热交换条件，从而改变金属液体的流动时间；其次，通过影响液态金属在铸型中的力学特性，进而改变金属液体的流速。

（1）金属性质 金属性质方面的因素包括金属的密度、比热容、导热系数、结晶潜热、动力黏度、表面张力及结晶特点等。不同合金的流动性存在显著差异，即使是相同种类的合金，其流动性也可能因化学成分的不同而有所不同。当合金处于熔化至液相线以上相同温度时，纯金属、共晶成分和化合物通常具有最大的充型能力，而处于结晶温度间隔最大处合金的充型能力相对较小。

合金成分对流动性的影响主要在于其结晶特点不同。纯金属、共晶成分和化合物在固定温度下凝固，其固体层表面平滑，因此对液体的流动阻力较小，从而表现出较好的流动性。而具有较宽结晶温度范围的合金在充型过程中会形成发达的树枝晶，使得金属液体在液流前端的树枝晶数量达到临界值时停止流动。由于树枝晶使得固体层内表面粗糙，因此增加了对液态合金流动的阻力，从而降低了流动性。合金的结晶温度范围越宽，则液固两相共存的区域越宽，液态合金的流动阻力越大，因此其流动性越差。因此，合金成分越接近共晶成分，其流动性越好。Fe-C合金的流动性与碳含量的关系如图1-2所示，随着含碳量的增加，亚共晶铸铁的结晶温度范围减小，从而提高了其流动性。

（2）铸型的特性 铸型的特性对于金属液的流动及充型能力具有重要影响。铸型的特性包括铸型的热物理参数，如蓄热系数、密度、比热容、导热系数、温度，以及涂料层的性质、发气性和透气性等。铸型的阻力会影响金属液充填的速度，而铸型与液态金属之间的热交换则影响金属液的流动时间。因此，通过调整铸型的热物理特性，可以有效改善金属的充型能力。例如，预热铸型可以减少金属液与铸型之间的温度差，降低热交换程度，从而提高充型能力。铸型材料的导热速度越快，液态合金的冷却速度就越快，导致其流动性下降。例如，液态合金在金属铸型中的流动性通常比在砂型中差。此外，过于薄壁或复杂形状的铸件会增加液态合金的流动阻力，降低其流动性。因此，在设计铸件时，必须确保其壁厚大于规定的最小允许壁厚值，并尽量简化形状。含水量较高的湿砂型或铸型透气性差，会导致浇注时产生大量气体，若气体无法及时排出，会增加型腔内气体压力，从而增加液态合金的流动阻力。因此，采用提高铸型的透气性、减少型砂的含水量，并增加气口等措施，有利于提高液态合金的流动性。当铸型具有

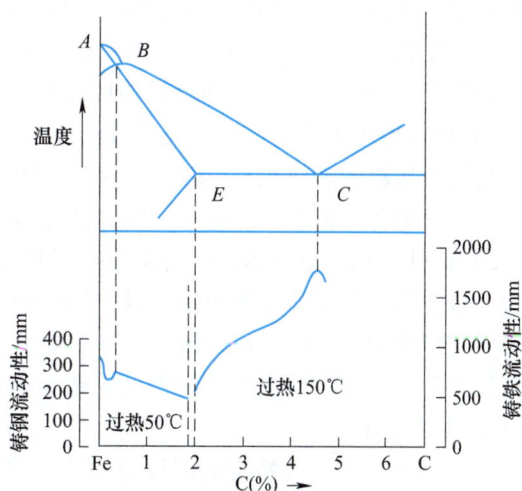

图1-2 Fe-C合金的流动性与碳含量的关系

一定的发气能力时，可以在液态金属和铸型之间形成气膜，减小流动时的摩擦力，有利于充型。

根据试验研究，湿砂型中加入小于6%的水和小于7%的煤粉可以提高液态金属的充型能力，但水和煤粉含量过高时则会降低充型能力。当水、煤粉和其他有机物含量过高时，液态金属的冷却速度会增加，导致型腔中的气体膨胀，铸型中的水分大量蒸发，煤粉和有机物燃烧也会产生大量气体，如果这些气体不能及时排出，就会阻碍金属液的流动。

(3) 浇注条件　在铸造生产中，浇注条件对于液态金属的充型能力具有至关重要的影响。这些条件包括浇注温度、静压头、浇注系统中压头的损失、外力场对金属流动的影响以及真空环境、离心力和振动等因素。浇注温度是决定液态金属充型能力的关键因素之一。在一定的温度范围内，随着浇注温度的升高，合金的过热热量增加，导致单位体积的焓增加，从而使得充型能力呈现直线上升的趋势。然而，当温度超过一定值后，金属吸气增多、氧化严重，导致充型能力下降。此外，充型压头的增加会使得液态金属在流动方向上受到更大的压力，进而提高流动速度和充型能力。在实际生产中，通常采用增加液态金属静压头的方法来提高充型能力。然而，当液态金属的充型速度过高时，可能会出现喷射和飞溅现象，增加金属液的氧化，产生"铁豆"缺陷，同时可能导致产生浇不到或冷隔缺陷。此外，浇注系统结构的复杂度与流动阻力成正比，因此在相同的静压头条件下，流动阻力越大，充型能力越差。在铝合金和镁合金铸造中，常采用蛇形和扁平状直浇道等方式来确保金属液的平稳流动，但是流动阻力增加会显著降低充型能力，所以在减少浇不到和冷隔等缺陷时，需权衡选择。需要注意的是，过高的浇注温度可能会导致铸件产生缩孔、缩松、黏砂、气孔和粗晶等缺陷，因此在保证铸件薄壁部分能够充满的前提下，浇注温度不宜过高。不同合金的浇注温度范围各不相同，例如铸铁为 1230～1450 ℃，铸钢为 1520～1620 ℃，铝合金为 680～780 ℃。对于薄壁复杂件，通常选择上限浇注，而对于厚大件则选择下限浇注。

(4) 铸件结构　主要包括铸件的折算厚度和型腔的复杂程度，具体影响包括：

1) 折算厚度指的是铸件在充型过程中所呈现的有效厚度。当铸件的折算厚度较大时，铸件与铸型接触的表面积相对较小，这导致散热速度较慢，从而使得充型能力较为出色。相反，铸件壁越薄，折算厚度越小，则其被充满的难度也会随之增加。

2) 铸件结构的复杂程度会直接影响型腔的结构，进而影响流动阻力。当铸件结构较为复杂，包括薄壁部分和过渡面较多时，型腔的结构复杂度增加，流动阻力也会相应增加，从而降低充型能力。一般来说，折算厚度较大且结构简单的铸件通常具有较好的充型能力，而折算厚度较小且结构复杂的铸件则可能充型能力较差。

3. 浇注条件

(1) 浇注温度　在特定的温度范围内，浇注温度对合金的流动性有显著影响。一般而言，随着浇注温度的升高，合金的流动性也会随之增强；然而，当温度超过一定界限时，合金液吸气增多、氧化加剧，反而会导致流动性下降。因此，浇注温度是影响合金流动性的关键因素之一。高浇注温度下，合金液的黏度较低，过热度较高，蓄热能力强，因而保持液态的时间较长，从而提高了流动性，有利于夹杂物的上浮和排除。因此，适度提高浇注温度可以有效增强合金的充型能力。然而，过高的浇注温度可能导致合金液的氧化、吸气和收缩，从而引发铸件出现黏砂、气孔、缩孔、缩松、粗晶等缺陷。

因此，只有对薄壁复杂铸件或合金流动性较差的铸件，才会采取适当提高浇注温度的策略来改善合金的流动性。一般而言，在确保液态合金具有足够充型能力的前提下，应尽可能将浇注温度控制在较低水平。以常见的铸钢、铸铁和铝合金为例，其浇注温度范围分别为1520~1620 ℃、1230~1450 ℃和680~780 ℃。然而，具体的浇注温度还需根据铸件的大小、壁厚、复杂程度以及合金成分等因素进行调整。

（2）充型压力　液态金属在流动方向上所受的压力越大，金属流动性就越好。

（3）浇注系统的结构　结构越复杂，流动的阻力就越大，流动性就越低。因此在设计浇注系统时，要合理布置内浇道在铸件中的位置，选择恰当的浇注系统结构和各部分的截面积。

（4）铸型导热能力　铸型材料的导热速度越高，对液态合金的激冷能力越强，合金液的流动时间就会缩短，合金的充型能力就越差。例如，液态合金在金属型中的充型能力比在砂型中差；金属型铸造、压力铸造和熔模铸造时，将铸型预热到较高的温度，通过减小对金属液的激冷作用从而减缓金属液的冷却速度，使充型能力得到提高。

（5）铸型阻力　当铸型型腔狭窄、结构复杂及有大的水平面等结构时，将会使合金液的流动变得困难，降低充型能力；铸型材料发气量大，浇注时型腔内气体增多，也会增加充型阻力，使合金的充型能力变差。

4. 铸型条件

金属液在充型过程中，铸型的阻力以及对金属液的冷却作用都会对其充型能力产生显著影响。

（1）铸型的蓄热能力　铸型的蓄热能力是指铸型从金属液中吸收热量并储存的能力。铸型材料的热容和热导率越大，对金属液的冷却作用越强，导致金属液在型腔中的停留时间缩短，从而降低金属液的充型能力。

（2）铸型温度　铸型温度的升高会减小金属液与铸型之间的温差，从而增强金属液的充型能力。

（3）铸型中的气体　浇注过程中，金属液在型腔中的热作用会产生大量气体。如果铸型的排气能力不足，则型腔中气体的压力增大，会阻碍金属液的充型。因此，在铸造过程中，除尽量减少气体的产生源头外，还应提高铸型的透气性，并设置出气口，以顺利排出型腔及型砂中的气体。

（4）铸件结构　铸件壁厚过小、结构复杂以及壁厚急剧变化会增加金属液的流动阻力，使得铸型充填困难。因此，在铸件结构设计时，应尽量选择简单形状，壁厚应大于规定的最小壁厚。对于形状复杂、薄壁或散热面大的铸件，应选择流动性较好的合金或采取其他相应措施以提高充型能力。

1.1.2 液态金属的凝固与收缩

1. 液态金属的凝固

在铸型中注入的合金液在冷却凝固过程中会发生结晶，并伴随收缩现象。凝固和收缩对铸件质量有重要影响，为确保铸件质量，必须合理地控制凝固和收缩过程。

铸造合金的结晶：铸造合金的结晶是通过晶核形成和晶体生长这两个过程来实现的。在实际生产中，铸造合金的结晶大多以非均质方式形成晶核。由于合金中常含有杂质，在液态铸造合金结晶时，外来微小固态质点形成外来晶核，即非均质晶核，也称为孕育（变质）

处理。非均质晶核所需能量较小，因此可以在较小的过冷度下获得更多的晶核，从而产生晶粒细小的铸件。铸造合金的结晶与凝固条件有关，凝固条件不同，晶体形态会发生变化。

在铸型中，型壁传热迅速，且型壁表面促进晶核形成，使得满足结晶条件的液体部分在型壁上形成大量晶核，在型壁"激冷"和液体合金热对流的综合作用下，形成薄而均匀的等轴细晶区。同时，随着铸型温度升高，液体合金冷却速度减缓，过冷度降低，形核率减小。这使得那些与传热最快方向相反、与型壁垂直的晶核优先长大并进入液体合金，而其他方向上的晶核由于受相邻晶体的阻碍而生长较慢。这一过程导致在液体合金内部形成平行生长的柱状晶区。在铸型心部，由于过冷度减小较大，温度梯度小，传热逐渐无方向性，晶体均匀地向各个方向生长，形成粗大的等轴晶区。铸件的质量和力学性能主要取决于柱状晶和等轴晶的比例。

铸件结晶后以等轴晶为主还是以柱状晶为主，除与铸造合金的成分有关，还与铸件的凝固方式有关，主要包含以下三种，如图 1-3 所示。

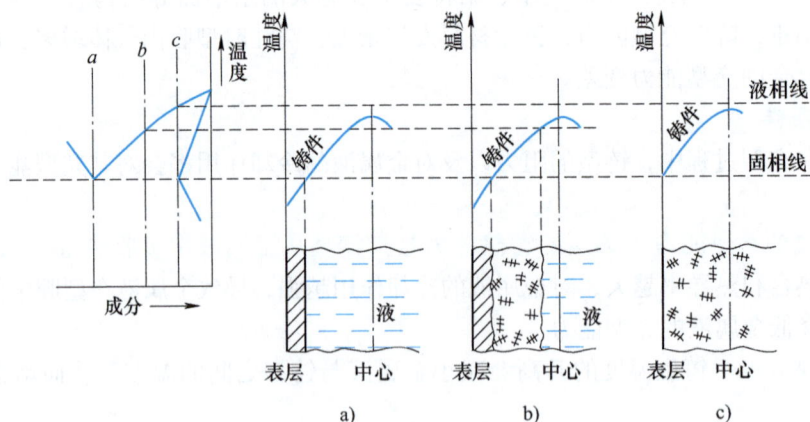

图 1-3　铸件的凝固方式
a）逐层凝固　b）中间凝固　c）糊状凝固

（1）逐层凝固　纯金属或共晶成分的合金在凝固过程中，由于不存在液、固相并存的凝固区，凝固过程中外层的固态区和内层的液态区存在一条明确的界线（凝固前沿）。随着温度的降低，固体层逐渐增厚，液体层减小，直至中心层完全凝固。逐层凝固得到的晶体主要是柱状晶，适用于灰铸铁、铝硅合金、硅黄铜及低碳钢等。

（2）糊状凝固　当合金的结晶温度范围较宽且铸件断面温度分布平坦时，铸件表面在某一时刻不存在固态区，而是形成液、固相并存的凝固区。糊状凝固得到的晶体主要是等轴晶，适用于铝铜合金、锡青铜、球墨铸铁及高碳钢等。

（3）中间凝固　是介于逐层凝固和糊状凝固之间的凝固方式。中间凝固得到的晶体既包括等轴晶，又包括柱状晶，适用于大多数合金。

铸件的凝固方式会对其组织结构形式和质量产生深远影响，是影响铸件内在质量的重要因素。合金的结晶温度范围和铸件的温度梯度是决定凝固方式的主要因素。

（1）合金的结晶温度范围　结晶温度范围越小，凝固区域越窄，越倾向于逐层凝固。例如，低碳钢在砂型铸造时倾向于逐层凝固，而高碳钢的结晶温度范围较宽，更倾向于糊状凝固。

（2）铸件的温度梯度 在合金结晶温度范围已确定的情况下，凝固区域的宽度取决于铸件内外层之间的温度梯度，如果铸件的温度梯度由小变大，则对应的凝固区域将由宽变窄，如图1-4所示。铸件的温度梯度主要受以下因素影响：

1）合金的性质：合金的凝固温度较低、热导率较高和结晶潜热较大，其内部温度均匀化能力较强，导致铸型的激冷作用减小，从而使温度梯度减小，大多数铝合金都具有上述特性。

2）铸型的蓄热能力：铸型的蓄热能力越强，其激冷作用也就越强，导致铸件的温度梯度增大。

3）浇注温度：较高的浇注温度会导致铸型中热量增加，从而减小铸件的温度梯度。

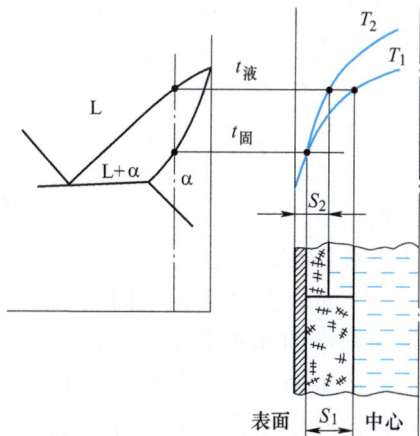

图1-4 温度梯度对凝固区域的影响

综上所述，具有逐层凝固倾向的合金（如灰铸铁、铝硅合金等）易于铸造，应尽量选择。当必须使用糊状凝固倾向的合金（如锡青铜、铝铜合金、球墨铸铁等）时，应考虑采取适当的工艺措施，例如采用金属型铸造等方法，以减小其凝固区域。这些措施有助于优化铸件的凝固过程，提高铸件的质量和性能。

2. 液态金属的收缩

（1）收缩的概念 收缩是指合金在浇注、凝固直至冷却到室温的过程中体积或尺寸缩减的现象，是合金固有的物理特性之一。如果在铸造过程中不能对收缩进行控制，常常会导致铸件产生缩孔、缩松、变形和裂纹等缺陷。合金的收缩量用体积收缩率和线收缩率来表示。当合金的温度自 T_0 下降到 T_1 时，体收缩率以单位体积的相对变化量来表示，线收缩率以单位长度的相对变化量来表示，即：

体收缩率：

$$\varepsilon_V = \frac{V_0 - V_1}{V_0} \times 100\% = a_V(T_0 - T_1) \times 100\%$$

线收缩率：

$$\varepsilon_L = \frac{L_0 - L_1}{L_0} \times 100\% = a_L(T_0 - T_1) \times 100\%$$

式中，V_0、V_1 为合金在 T_0、T_1 时的体积；L_0、L_1 为合金在 T_0、T_1 时的长度（cm）；a_V、a_L 为合金在 T_0 至 T_1 温度范围内的体收缩系数和线收缩系数（1/℃）。

在金属铸造过程中，收缩是一种普遍存在的物理现象，可分为液态收缩、凝固收缩和固态收缩三个阶段，如图1-5所示。

1）液态收缩：液态收缩发生于合金从浇注温度迅速冷却至开始凝固的阶段，是导致铸件出现缩孔的原因之一。

2）凝固收缩：凝固收缩发生于合金从液相线温度冷却至固相线温度的过程中。对于共晶成分的合金和纯金属，在恒温条件下结晶，其凝固收缩较小。然而，结晶温度范围越宽，凝固收缩越大。凝固收缩也是导致铸件出现缩孔和缩松等缺陷的原因之一。

3）固态收缩：固态收缩指的是从固相线温度开始冷却至室温过程中发生的收缩现象。它表现为铸件各方向尺寸的缩小，对铸件的形状和尺寸精度影响最大，是导致铸造内应力、变形和裂纹等缺陷的主要原因之一。

合金的液态收缩和凝固收缩表现为合金的体积缩小，通常以体收缩率来表示。这两种收缩是导致铸件产生缩孔和缩松等缺陷的主要原因。相比之下，固态收缩

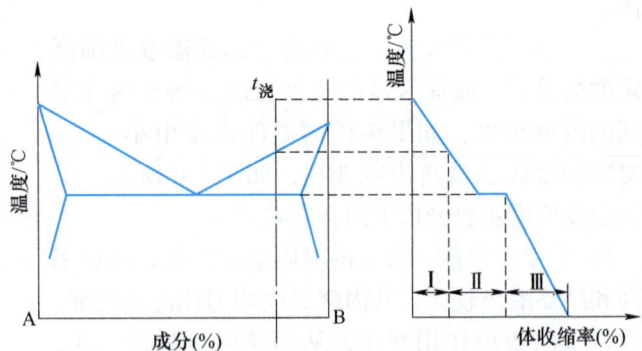

图1-5　液体合金凝固时的收缩阶段

（Ⅰ—液态收缩；Ⅱ—凝固收缩；Ⅲ—固态收缩）

缩虽然也导致体积变化，但其影响仅限于引起铸件各部分尺寸的变化。因此，通常使用线收缩率来表示固态收缩。

合金的总体收缩为上述三个阶段收缩之和，其大小与合金的成分、温度和相变等因素有关。不同合金具有不同的断面收缩率。常见铸造合金的体收缩率见表1-2，常用铸造合金的线收缩率见表1-3。

表1-2　常见铸造合金的体收缩率

合金种类	碳的质量分数（％）	浇注温度/℃	液态收缩（％）	凝固收缩（％）	固态收缩（％）	总体积收缩（％）
碳钢	0.35	1610	1.6	3.0	7.86	12.46
白口铸铁	3.0	1400	2.4	4.2	5.4~6.3	12.0~12.9
灰铸铁	3.5	1400	3.0	0.1	3.3~4.0	6.9~7.8

表1-3　常用铸造合金的线收缩率

合金种类	灰铸铁	可锻铸铁	球墨铸铁	碳钢	铝合金	铜合金
线收缩率	0.8~1.0	1.2~2.0	0.8~1.3	1.38~2.0	0.8~1.6	1.2~1.4

（2）影响合金收缩的主要因素　影响合金收缩的主要因素包括以下三个方面：

1）化学成分：合金的化学成分对其收缩性能有显著影响。例如，碳钢的凝固收缩随着含碳量增加而增加，而固态收缩略微减少。在铸件中，增加促进石墨形成的元素（如碳和硅）可降低收缩，而增加阻碍石墨形成的元素（如硫和锰）则会增加收缩。然而，适量的锰含量可以抵消硫的有害作用。

2）浇注温度：合金的浇注温度直接影响着液态收缩量。较高的浇注温度意味着更大的过热度和液态收缩量，因此总体收缩量增加。通常情况下，在满足流动性要求的前提下，应尽量采用较低的浇注温度以减少液态收缩的影响。

3）铸件结构和铸型条件：铸件在铸型中冷却的过程中，其收缩并非自由进行，而是受到铸型的阻碍。这种阻碍受铸件各部分因冷却速度不同所致的相互制约的影响，同时也受到

铸型和芯型对收缩的机械阻力影响。因此,铸件的实际线收缩率通常小于合金的自由断面收缩率。在设计模具时,必须根据合金种类、铸件的形状和尺寸、铸型类型等因素,选择合适的断面收缩率。

1.2 液态金属成形过程中的缺陷

1.2.1 缩孔与缩松

1. 缩孔

液态金属浇注到铸型后,经过液态收缩和凝固收缩过程,液态金属的体积会缩减。若收缩得不到液态金属的补充,则在铸件最后凝固的部位形成孔洞,这种孔洞称为缩孔。缩孔形成的过程如图 1-6 所示。

在铸造过程中,液态金属充满铸型后,随着热量逐渐散失,合金开始发生液态收缩。在这个阶段,浇口尚未凝固,因此型腔内充满金属,如图 1-6a 所示。随着热量的损失,铸型吸热并在铸件表面形成硬壳。浇口凝固后,硬壳形成一个密闭容器,容器内仍然充满金属,如图 1-6b 所示。随着温度的进一步下降,凝固层不断加厚,内部剩余的液态金属需要补充凝固层的收缩以及液态本身的收缩,导致体积减小,液面下降,从而在铸件内部形成空隙,如图 1-6c 所示。随着温度的继续下降,外壳继续增厚,液面不断下降。当金属完全凝固后,最后凝固的上部形成一个孔洞,即缩孔,如图 1-6d 所示。在铸件完全凝固后,其体积由于温度下降而持续减少,直至达到常温,如图 1-6e 所示。

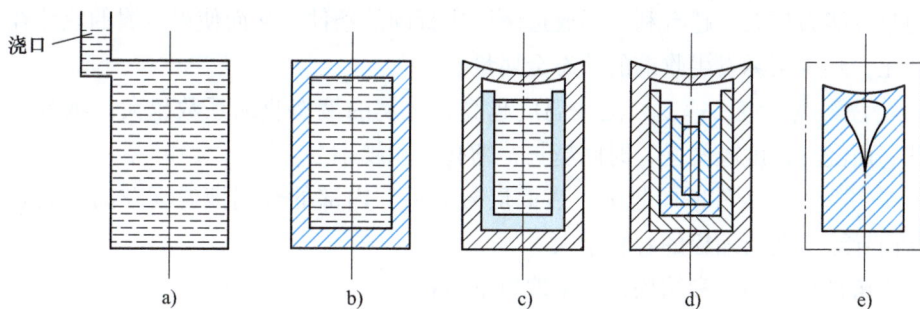

图 1-6 缩孔形成过程

对于纯金属和共晶成分合金来说,它们的结晶温度范围较窄,因此更容易形成集中的缩孔。这些缩孔通常集中在铸件的上部或最后凝固的部位,其特点是内部表面粗糙,形状不规则,呈倒锥形。

2. 缩松

缩松是由于合金的凝固收缩未能得到有效补充而形成的,实质上是许多微小的缩孔。其形成过程如图 1-7 所示。

在合金凝固过程中,特别是具有较宽结晶温度范围的合金,凝固初期,铸件通常从外层开始凝固,但表面可能出现凝固不均匀的情况,呈现出凸凹不平的现象,如图 1-7a 所示。随着凝固的进行,铸件截面上会形成一个同时凝固的区域,在这个区域内,液态金属与正在生长的晶体相互交错，形成许多小液体区，如图 1-7b 所示。在这些封闭区域内，液态金属结晶而未能得到及时补充，最终形成了许多分散的小孔洞，即缩松，如图 1-7c 所示。缩孔和缩松的存在导致铸件的有效受力面积减少，从而影响了其力学性能，并且在孔洞部位易于产生应力集中，同时还影响了铸件的气密性以及物理性能和化学性能。

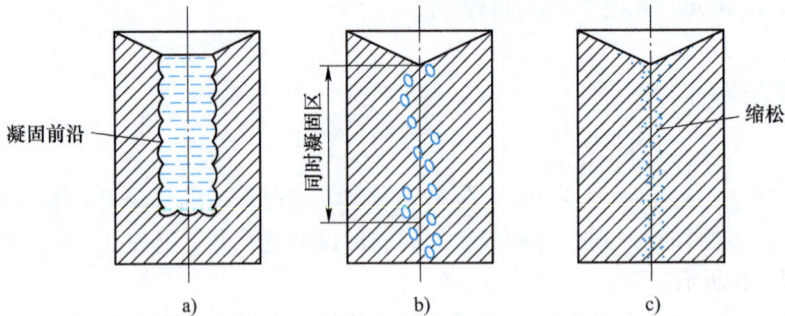

图 1-7　缩松形成过程

影响缩孔与缩松形成的因素包括：

（1）金属的性质　金属熔体的液态收缩系数和凝固断面收缩率越大，缩孔和缩松的容积越大；金属的固态收缩系数越大，缩孔及缩松的容积越小，其形成的趋势也越小。

（2）铸型的冷却能力　铸型的激冷能力越大，越容易形成较小的缩孔及缩松。这是因为铸型的激冷能力越大，越有利于形成边浇注边凝固的条件，从而使得金属的收缩在后期能够得到补充，减少实际发生收缩的液态金属量。

（3）浇注温度与浇注速度　浇注温度越高，金属的液态收缩系数越大，越容易形成较大的缩孔。而浇注速度越缓慢、时间越长，缩孔容积越小。

（4）铸件尺寸　铸件壁厚越大，表面层凝固后，内部的金属液温度越高，液态收缩就越大，从而导致缩孔及缩松的容积增大。

为防止铸件产生缩孔和缩松，可采取以下途径：

（1）顺序凝固原则　按照距离浇口的远近，铸件由远及近朝着浇口方向顺序凝固，以确保缩孔集中在浇口中，从而获得致密的铸件结构，如图 1-8 所示。顺序凝固原则的优点是浇口补缩好，可防止缩孔、缩松产生；缺点是铸件各部位温差大，易产生应力、变形和热裂；铸件出品率低。因此，对于凝固收缩大，凝固温度范围小的合金常采用此原则，如铸钢等。

（2）同时凝固原则　同时凝固原则是采取各种工艺措施，以确保铸件结构上各部分之间没有或尽量减小温差，从而使各部分同时凝固，如图 1-9 所示。同时凝固原则的优点是不易产生应力、变形和热裂；一般不需要添加冒口或者冒口很小，从而节约金属，提高了铸件的出品率。然而，同时凝固原则的缺点在于往往会在铸件中心区或热结处产生缩松。因此，同时凝固原则适用于体积收缩率小的合金，铸件壁厚均匀，对气密性要求不高，并且变形、热裂倾向是主要矛盾的铸件；例如球墨铸铁的无冒口工艺。

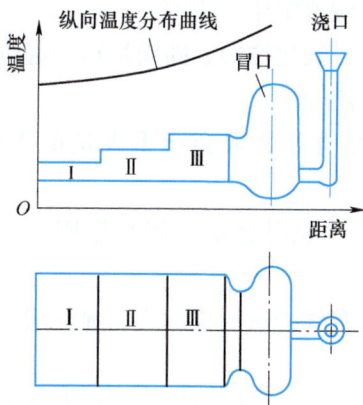

图 1-8 顺序凝固方式示意图

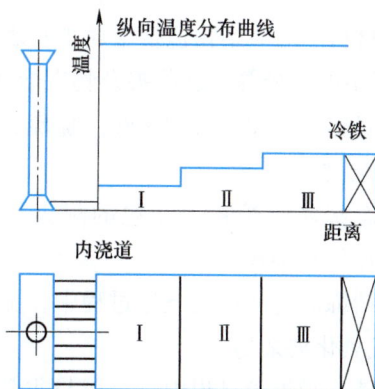

图 1-9 同时凝固方式示意图

1.2.2 气孔与夹杂

1. 气孔

气孔是指存在于液态金属中的气体, 若在凝固前气泡未能排出, 便会在金属内部形成孔洞。这种由气体分子聚集而产生的孔洞会减小金属的有效承载面积, 导致局部应力集中, 成为零件断裂的裂纹源。一些形状不规则的气孔还会增加缺口的敏感性, 降低金属的强度和抗疲劳能力。气孔根据气体来源和种类可分为析出性气孔、侵入性气孔和反应性气孔。

(1) 析出性气孔 析出性气孔是在冷却凝固过程中, 由于气体溶解度下降, 导致气体析出而形成的, 主要包括氢气孔和氮气孔。这些气孔通常分布在铸件的整个截面或某一局部区域, 特别是在冒口附近和热节等温度较高的区域分布比较密集。防止产生析出性气孔的措施包括: 消除气体来源, 如减少砂型发气量; 采用合理的工艺, 对液态金属进行除气处理; 阻止液态金属内气体的析出等。

(2) 侵入性气孔 侵入性气孔是指液态金属在高温作用下, 铸型和型芯等产生的气体侵入金属内部形成的气孔。这些气孔通常出现在铸件表层或近表层, 形状多样, 如梨形、椭圆形或圆形。防止产生侵入性气孔的措施包括: 控制侵入气体的来源; 控制砂型的透气性和紧实度; 提高砂型和砂芯的排气能力等。

(3) 反应性气孔 反应性气孔是指液态金属内部或与铸型之间发生化学反应而产生的气孔。这些气孔通常出现在铸件临近表面的下方区域, 其形状多样, 常见的有球状和梨状, 通常深度在 1~3mm。防止产生反应性气孔的措施包括: 采取烘干、除湿等措施, 以减少铸型中的水分; 严格控制合金中强氧化性元素的含量, 以降低氧化反应的可能性; 适当提高液态金属的浇注温度, 以增加金属的流动性和降低黏附在铸型表面的可能性; 合理设计浇注系统, 以减少金属与气体接触的时间和可能性。

2. 夹杂物

夹杂物是指存在于金属内部或表面, 与基本金属成分不同的物质。

(1) 夹杂物的来源 夹杂物的来源主要包括原材料本身的杂质, 以及金属在熔炼、浇注和凝固过程中与非金属元素或化合物发生反应而形成的产物。包括：

1）原材料中的夹杂物包括金属炉料表面的黏砂、氧化锈蚀、随同炉料一起进入熔炉的泥沙、焦炭中的灰分等，这些夹杂物在熔化后变为熔渣。

2）金属熔炼过程中的脱氧、脱硫、孕育和变质等处理会产生大量的 MnO、SiO_2、Al_2O_3 等夹杂物。

3）液态金属与炉衬、浇包的耐火材料及熔渣接触时会发生相互作用，产生大量的 MnO、Al_2O_3 等夹杂物。

4）在精炼后的转包及浇注过程中，金属表面与空气接触形成的表面氧化膜会被卷入金属中，形成氧化夹杂物。

5）在铸造和焊接过程中，金属与非金属元素发生化学反应而产生各种夹杂物，如 FeS、MnS 等硫化物。

（2）夹杂物分类　根据夹杂物的化学成分，可将其分为氧化物，如 FeO、MnO、SiO_2、Al_2O_3 等，硫化物如 FeS、MnS、Cu_2S 等，硅酸盐如 Fe_2SiO_4、Mn_2SiO_4 等。根据形成时间，夹杂物可分为初生夹杂物、次生夹杂物和二次氧化夹杂物等。初生夹杂物在金属熔炼及炉前处理过程中产生，次生夹杂物在金属凝固过程中形成，而在浇注过程中因氧化而产生的夹杂物被称为二次氧化夹杂物。根据形状，夹杂物可分为球形、多面体、不规则多角形、条状及薄板形等。

（3）夹杂物的危害　夹杂物的存在对金属本体的连续性造成破坏，导致金属的强度和塑性降低。尖角形夹杂物易引起应力集中，从而显著降低金属的冲击韧性和疲劳强度。易熔夹杂物（如钢铁中的 FeS）分布于晶界，不仅降低强度，还能引起热裂。夹杂物还可促进气孔的形成，因为它们既能吸附气体，又是气核形成的良好衬底。然而，在某些情况下，夹杂物也可用以改善金属的某些性能。例如，它们可用于提高材料的硬度、增加耐磨性以及细化金属组织等。

（4）防止和减少夹杂物产生的措施　为防止和减少夹杂物的存在，可采取以下措施：

1）进行熔体精炼，包括熔剂精炼和气体精炼。

2）使用过滤法挡渣，如在浇注系统内加入过滤网、过滤片等用以挡渣。

3）采用合理的浇注温度及浇冒口系统，确保液流平稳充型，从而减少二次氧化夹杂的生成。

4）采取除气处理措施，例如冷凝静置处理、浮游去气法、真空浇注等。这些方法可以有效地防止夹杂物的形成，提高金属材料的质量和性能。

1.2.3　应力、变形及裂纹

1. 铸造内应力

当铸件的固态收缩受到阻碍时，会在铸件内部产生内应力，称为铸造内应力。当铸造内应力的方向与铸件所受外力的方向一致时，会导致铸件的实际承载能力降低。此外，铸造内应力也是导致铸件产生变形和裂纹的主要原因之一。根据铸造内应力产生的原因，可以分为热应力和机械应力两种。

（1）**热应力** 热应力是由于铸件各部分冷却速度不同而产生的内应力，导致在同一时间内铸件各部分的收缩不一致，相互约束。为了分析热应力的形成过程，首先需要了解固态金属从高温冷却到室温时力学状态的变化。固态金属在再结晶温度以上（钢和铸铁的再结晶温度为620~650℃）处于塑性状态，此时，在较小的应力作用下，便可发生塑性变形（即永久变形），其内应力在变形后可自行消除；固态金属在再结晶温度以下呈弹性状态，此时，在应力作用下，仅能产生弹性变形，变形后应力仍然存在。

热应力形成过程及应力框的粗、细杆冷却曲线如图1-10所示。应力框由一根粗杆Ⅰ和两根细杆Ⅱ及上、下横梁整体铸造而成，用于分析热应力的形成过程，如图1-10a所示。从图中可以看出，杆Ⅰ与Ⅱ的截面厚度不同，因此冷却速度也不同，导致两根杆的收缩不一致，从而会产生内应力。其具体形成过程可分为以下3个阶段：

第1阶段（T_0~T_1）：在此阶段，铸件处于高温状态，两根杆均处于塑性状态。尽管两根杆的冷却速度和收缩不同，但由于此时铸件整体处于塑性状态，瞬时存在的应力通过塑性变形可以自行消除，在铸件内不会产生应力。

第2阶段（T_1~T_2）：进入此阶段后，冷却速度较快的细杆Ⅱ已经进入弹性状态，而粗杆Ⅰ仍然处于塑性状态。由于细杆Ⅱ的冷却速度较快，其收缩大于粗杆Ⅰ，导致粗杆Ⅰ受到压缩，而细杆Ⅱ受到拉伸，形成了暂时的内应力（见图1-10b）。然而，由于粗杆Ⅰ发生微小的受压塑性变形，这一暂时的内应力在接下来的阶段中自行消失（见图1-10c）。

第3阶段（T_2~T_3）：在进一步冷却到更低温度时，粗杆Ⅰ也进入了弹性状态。此时，虽然两根杆的长度相同，但由于所处的温度不同，粗杆Ⅰ的温度较高，仍将发生较大的收缩。细杆Ⅱ的温度较低，其收缩趋于停止。因此，粗杆Ⅰ的收缩受到细杆Ⅱ的强烈阻碍，导致粗杆Ⅰ内产生拉伸应力，而细杆Ⅱ受到粗杆Ⅰ施加的压应力（见图1-10d）。在冷却到室温时，框中就产生了残余热应力。

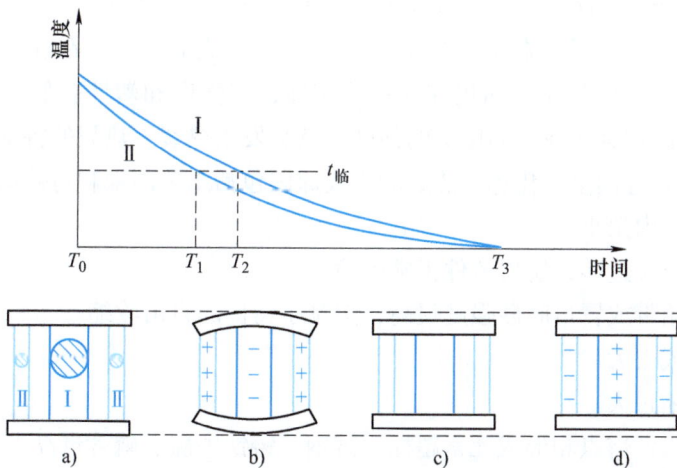

图1-10 热应力的形成
"+"表示拉伸应力；"-"表示压应力

（2）**机械应力** 机械应力是合金的固态收缩受到铸型或型芯的机械阻碍而形成的内应

力。例如，在轴套铸件中，冷却收缩时，轴向受到砂型阻碍，而径向受到型芯阻碍，产生机械应力。这种机械应力会导致铸件产生拉伸或剪切应力，其大小取决于铸型及型芯的退让性。一旦铸件脱模，这种机械应力就会部分或全部消失。

然而，如果机械应力和热应力在铸型中共同作用，可能会增大铸件某部位的拉伸应力，促使铸件产生裂纹倾向。铸造内应力会显著降低铸件的精度和使用寿命。在存放、加工和使用过程中，铸件内的残余应力可能会重新分布，导致铸件发生变形和裂纹。预防或消除机械应力的方法包括减小铸件各个部位间的温差，采用同时凝固原则，改善铸型和砂芯的退让性，减小机械阻碍作用，以及通过热处理等方法减小或消除机械应力。

2. 铸件的变形

如果铸件存在内应力，那么铸件就处于不稳定状态，进而会通过自发的变形来减小内应力，使其趋于稳定状态。当铸造残余应力超过金属的屈服强度时，往往会导致变形。

变形会导致铸造内应力重新分布，从而减小残余应力，但不会完全消除。铸件变形后，常常因为加工余量不足而导致报废，或者由于铸件无法放入夹具而无法进行加工。为了防止铸件产生变形，除了在铸件设计时尽可能使铸件的壁厚均匀、形状对称外，还可以采用反变形法、时效处理等方法来防止变形。

反变形法是根据铸件的变形规律，在模具上预先留出相当于铸件变形量的反变形量，以抵消铸件的变形。平板铸件的变形时效处理包括自然时效和人工时效。自然时效是将铸件放置于露天场地半年以上，使其缓慢地发生变形，从而减小或消除内应力。人工时效是将铸件加热到 550~650℃ 去应力退火。时效处理宜安排在铸件粗加工之后，以便将粗加工时所产生的内应力一并消除。

3. 铸件的裂纹

当铸件内部应力超过其强度极限时，就会引发裂纹。裂纹的出现往往会导致铸件报废，因此必须采取措施予以预防。铸件的裂纹主要分为热裂和冷裂两种。

（1）热裂 热裂是在铸件凝固末期的高温环境中形成的裂纹。在这一阶段，固态合金已经形成完整的骨架，但晶粒之间仍存在一些液体，其强度和塑性较低。如果固态收缩受阻，使得收缩应力超过金属在该温度下的强度，就会发生热裂。热裂的特征是裂纹短小、缝隙宽阔、形状曲折，缝内呈氧化色。热裂的形成原因包括工艺因素和铸件结构因素两种。

1）壁厚不均、内角小。

2）搭接接头分叉过多，妨碍铸件正常收缩。

3）冒口靠近箱带或冒口间砂强度很高，限制了铸件的自由收缩。

4）立管太小或太大。

5）合金线收缩过大。

6）合金中中、低熔点相形成元素超标，铸钢、铸铁中硫、磷含量高。

7）开箱时间太早，冷却太快。

为防止热裂的发生，可采取以下措施：

1）改善铸件结构：铸件的厚度应尽量均匀，避免出现过于厚重的部分。因为厚壁部分冷却较慢，容易产生热应力并导致热裂。可以通过改变结构形状，使厚度逐渐过渡。

2）提高合金材料的熔炼质量：不同的合金对热裂的敏感性不同，一些合金具有较好的抗热裂性能，如加入适量的镍、硅等元素可以增强合金的韧性，减少热裂的发生；高温下易于发生热裂的铸件需要避免一些容易产生脆性的元素，如硫、磷等；还可以通过精炼和脱气过程去除液态金属中的氧化物夹杂和气体。

3）优化铸造工艺：铸型设计要避免产生过多的热应力，特别是避免在铸件薄厚部位出现过大温差；合理设置冒口的位置和尺寸，以确保铸件各部分的冷却速度尽可能均匀，减少热裂的倾向；合理配置冷却水道，确保铸件均匀冷却，减少温度梯度；选择合适的浇注温度和速度，浇注温度过高容易导致铸件表面迅速冷却和内外温差过大，增加热裂的风险。

4）时效热处理：通过后期的热处理（如退火、时效等），可以有效消除内应力，提高铸件的韧性，减少热裂的发生。例如，退火可以使金属组织更加均匀，消除铸件的内应力。

（2）冷裂 冷裂是在低温下形成的裂纹，通常是指在铸件凝固过程中或在低温环境中产生的裂纹。冷裂与铸造内应力超过材料在低温下的强度有关。这些裂纹通常发生在受拉伸应力较大的部位，尤其是在应力集中的区域，如尖角、缩孔、气孔、夹渣等缺陷附近。影响冷裂的因素与影响铸造内应力的因素基本一致。主要包括：

1）铸造结构：铸件壁厚不均会导致铸造内应力，有时还会产生冷裂缺陷。此外，刚性结构的阻碍也容易导致热应力增大，从而产生冷裂。

2）立管系统设计：在壁厚不均的铸件中，如果设置了内浇口，会使得厚壁部位的冷却速度变慢，增加了铸造内应力，促使铸件产生冷裂。此外，浇注方式和冒口设置不当也会直接阻碍铸件的收缩，引发冷裂的产生。

3）合金材料化学成分：例如，钢中的碳和其他合金元素含量过高会增加铸件产生冷裂的风险。另外，磷是一种有害元素，当其含量超过一定比例时，会增加钢的冷脆性，易导致冷裂的发生。

4）开箱时间：如果铸件开箱过早，或者落砂温度过高，在清砂过程中受到冲击挤压也容易导致裂纹的产生。

因此，凡是有利于减少铸造内应力的因素，都有助于减少铸件冷裂的产生。此外，冷裂的形成还与金属材料的组织和塑性有关。为防止冷裂的发生，可以采取一系列措施，如合理设计铸件结构、选用合适的型砂和芯砂、严格限制合金中有害元素的含量、控制开箱时间等。这些措施有助于降低铸造内应力，减少铸件冷裂的风险。例如，对于低碳奥氏体钢，由于其单一的奥氏体组织、较低的弹性极限和较高的塑性，快速冷却可以超过其弹性极限，产生塑性变形，从而防止冷裂的产生。而对于高锰钢，其热处理工艺能够有效降低冷裂的发生率，这是因为在高温下，晶界的碳化物已经融入晶粒内部，有效地降低了冷裂的产生。

1.2.4 其他缺陷

除缩松、缩孔、气孔、夹杂、变形及裂纹等缺陷外，铸件中还常常会产生黏砂、夹砂、砂眼、胀砂、浇不到与冷隔等其他缺陷，如图1-11所示。

1. 黏砂
黏砂是指在铸件表面黏附有一层难以清除的砂粒。黏砂不仅会影响铸件的外观，还会增加清理和切削加工时的工作量。若不及时清理，将直接影响零件的表面质量，甚至影响机器的使用寿命。

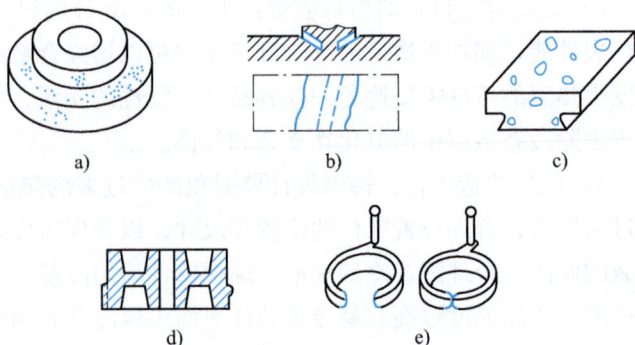

2. 夹砂

夹砂是指铸件表面形成的沟槽和疤痕缺陷，特别是在铸造厚大平板件时容易产生。夹砂通常发生在砂型表面与金属液接触处，因砂型表面受到金属液辐射热的影响，易出现拱起和翘曲。这种翘曲的砂层

图 1-11　常见的铸造缺陷

a）黏砂　b）夹砂　c）砂眼　d）胀砂　e）浇不到与冷隔

受金属液流冲刷易断裂破碎，进而留在或被带入其他部位，形成夹砂。

3. 砂眼

砂眼是指铸件内部或表面出现的一些孔洞，通常是由于造型、合型和浇注过程中，砂粒或砂块剥落或冲落而留在铸件内部所造成的。

4. 胀砂

胀砂是指在浇注时，由于金属液的压力作用，铸型的型壁移动，导致铸件局部膨胀的现象。胀砂主要发生在水分含量过高或湿态强度不足的砂型铸型中。

5. 浇不到与冷隔

浇不到与冷隔是指在金属液充型能力不足或充型条件较差的情况下，导致金属液在型腔被填满之前停止流动，造成铸件出现浇不到与冷隔现象。浇不到时，铸件无法获得完整的形状；而冷隔时，虽然铸件可以获得完整的外形，但由于存在未完全融合的接缝，其力学性能会严重受损。

1.3　砂型铸造

1.3.1　基本工艺过程

砂型铸造是一种将液态金属浇注至砂型中，形成铸件的方法。它是目前应用最广泛、最基本的铸造技术之一。砂型的制作材料来源广泛、价格低廉、所需设备简单、操作方便灵活。这种铸造方法不受铸造合金种类、铸件形状和尺寸的限制，并适用于各种生产规模。砂型铸造工艺过程如图 1-12 所示。

1. 设计模样和芯盒

根据待生产铸件的形状和尺寸，设计并制造出模样和芯盒。模样是铸件的外形，而芯盒则用于制造铸件内部的孔洞或孔。

2. 配制型砂和芯砂

根据铸件的要求，配制合适的型砂和芯砂。型砂用于制造铸件的外形，而芯砂则用于制造铸件内部的空间。

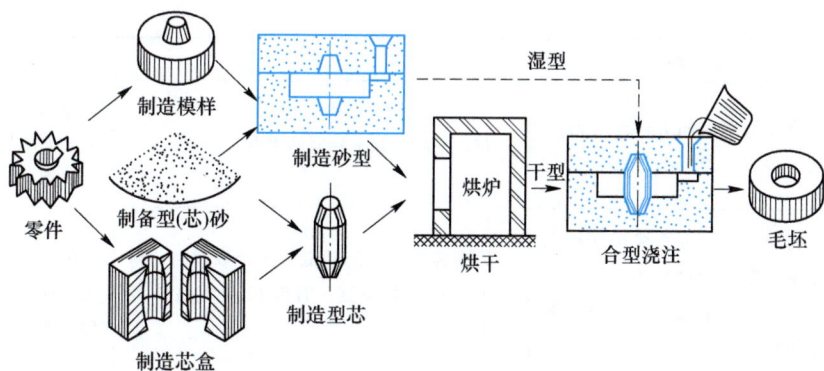

图 1-12 砂型铸造的生产工艺流程

3. 制造砂型和型芯

将型砂和模样放置在砂箱中，用砂型制造出铸件的外形。同时，使用芯盒和芯砂制造出型芯，用于形成铸件内部的孔洞或孔。

4. 装配铸型

将制造好的型芯装入砂型中，合型即得到完整的铸型。铸型即为铸件的模具，其中包括了铸件的外形和内部空间。

5. 浇注金属液体

将金属（通常为铝、铁、铜等）加热至液态，然后通过浇口或喷口，将金属液体缓慢地注入铸型型腔中。在注入金属液体时需要注意控制流动速度和温度，以避免气孔和夹渣等缺陷的产生。

6. 冷却凝固

待金属液体充满整个铸型型腔后，等待一定时间让金属冷却凝固。冷却时间的长短取决于所使用的金属种类和铸件的尺寸。

7. 落砂清理

待金属完全冷却凝固后，将铸件从铸型中取出，并进行去除多余砂粒和表面清理的工序，通常包括敲击、喷砂、抛丸等方法，以使铸件表面光滑。

常用砂型的主要特点和适用范围见表 1-4。

表 1-4 常用砂型的主要特点和适用范围

铸型种类	铸型特征	主要特点	适用范围
湿砂型（湿型）	以黏土作黏结剂，不经烘干可直接进行浇注的砂型	生产周期短、效率高，易于实现机械化、自动化，设备投资和能耗低；但铸型强度低、发气量大，易于产生铸造缺陷	单件或批量生产，尤其是大批量生产。广泛用于铝合金、镁合金和铸铁件
干砂型（干型）	经过烘干的高黏土含量（黏土质量分数为 12%~14%）的砂型	铸型强度和透气性较高，发热量小，故铸造缺陷较少。但生产周期长，设备投资较大，能耗较高，且难以实现机械化与自动化	单件、小批量生产，质量要求较高，结构复杂的中、大型铸件

（续）

铸型种类	铸型特征	主要特点	适用范围
表面烘干型	浇注前用适当方法将型腔表层（厚15~20mm）干燥的砂型	兼有湿砂型和干砂型的优点	单件、小批量生产，中、大型铝合金铸件和铸铁件
自硬砂型	常用水玻璃或合成树脂作黏结剂，靠型砂自身的化学反应硬化，一般不需烘烤或只经低温烘烤	铸型强度高，能耗低，生产效率高，粉尘少；但成本较高，有时易产生黏砂等缺陷	单件或批量生产的各类铸件，尤其是大、中型铸件

1.3.2 造型

在砂型铸造过程中，造型（芯）是砂型铸造最基本的工序，对铸件的质量、生产率和成本有很大影响。按紧实型砂和起模方法不同，造型方法可分为手工造型和机器造型两大类。

1. 手工造型

根据砂型的不同特征，手工造型方法可分为两箱造型、三箱造型、脱箱造型、地坑造型和组芯造型；根据模样的不同特征，手工造型方法可分为整模造型、分模造型、挖砂造型、假箱造型、活块造型和刮板造型。常用的手工造型方法如图1-13所示。

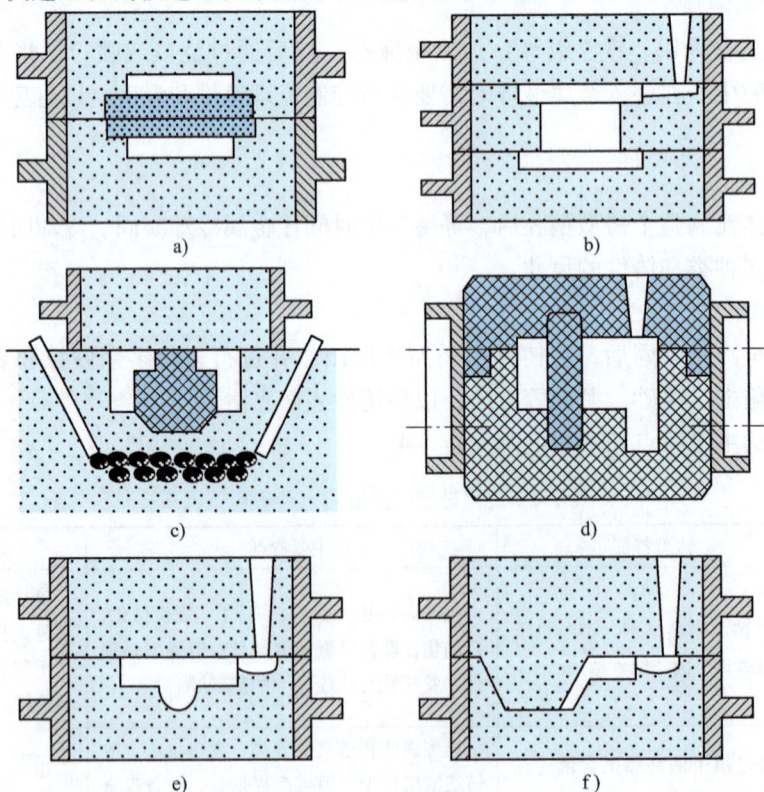

图1-13 常用的手工造型方法

a）两箱造型 b）三箱造型 c）地坑造型 d）组芯造型 e）整模造型 f）挖砂造型

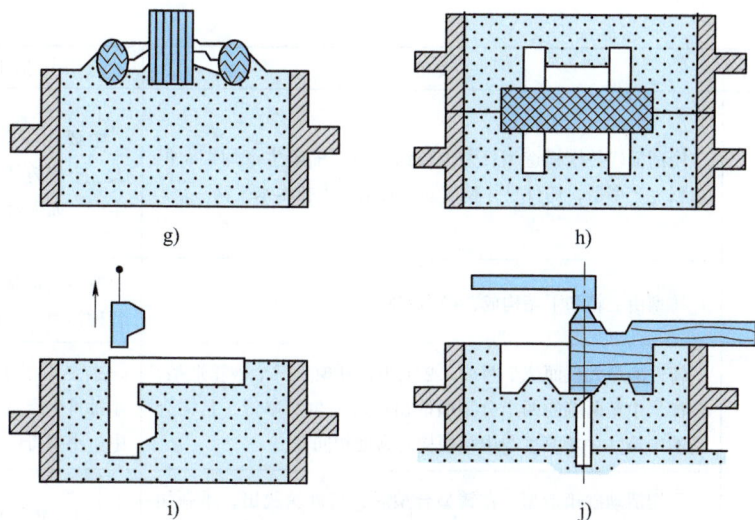

图 1-13 常用的手工造型方法（续）

g）假箱造型 h）分模造型 i）活块造型 j）刮板造型

　　传统的手工造型方法在单件、小批生产，特别是大型复杂铸件的生产中仍有应用，但其中的填砂、搬运、翻转砂箱等笨重操作已大都为机械所代替。手工造型操作技术要求高，劳动强度大，生产率低，造型质量不稳定，虽然在一些特定的场合仍然具有一定的应用价值，但随着技术的进步和工艺的发展其应用范围已逐渐缩小。常用的手工造型方法的主要特点和适用范围见表 1-5。

表 1-5 常用的手工造型方法的主要特点和适用范围

造型方法名称		主要特点	适用范围
按模样特征分类	整模造型	模样为整体模，分型面是平面，铸型型腔全部在一个砂箱内；造型简单，铸件精度和表面质量较好	最大截面位于一端并且为平面的简单铸件的单件、小批量生产
	分模造型	模样沿最大截面分为两半，型腔位于上、下两个砂箱内；造型简便，节省工时	最大截面在中部，一般为对称型铸件，适用于套类、管类及阀体等形状较复杂铸件的单件、小批量生产
	挖砂造型	模样虽为整体，但分型不为平面。为了取出模样，造型时用手工挖去阻碍起模的型砂；其造型费工时，生产率低，要求工人技术水平高	用于分型面不是平面的铸件的单件、小批量生产
	假箱造型	为了克服挖砂造型的缺点，在造型前特制一个底胎（假箱），然后在底胎上造下型；由于底胎不参加浇注，故称为假箱。此法比挖砂造型简便，且分型面整齐	用于成批生产需挖砂的铸件
	活块造型	当铸件上有妨碍起模的小凸台、肋板时，制模时将它们做成活动部分。造型起模时先起出主体模样，然后再从侧面取出活块；造型生产率低，要求工人技术水平高	主要用于带有凸出部分难以起模的铸件的单件、小批量生产

（续）

造型方法名称		主要特点	适用范围
按模样特征分类	刮板造型	用刮板代替模样造型；大大节约木材，缩短生产周期；但造型生产率低，铸件尺寸精度差，要求工人技术水平高	主要用于等截面或回转体大、中型铸件的单件、小批量生产，如带轮、铸管、弯头等
按砂箱特征分类	两箱造型	铸型由上箱和下箱构成，操作方便	造型的最基本方法；适用于各种铸型、各种批量的生产
	三箱造型	铸件的最大截面位于两端，必须用分开模、三个砂箱造型，模样从中箱两端的两个分型面取出；造型生产率低，且需合适的中箱（中箱高度与中箱模样的高度相同）	主要用于手工造型，单件、小批量生产具有两个分型面的中、小型铸件
	脱箱造型（无箱造型）	采用活动砂箱造型，在铸型合型后，将砂箱脱出，重新用于造型；浇注时为了防止错型，需用型砂将铸型周围填紧，也可在铸型上加套箱	用于小铸件的生产；砂箱尺寸大多小于 400mm×400mm×40mm
	地坑造型	在地面砂床中造型，不用砂箱或只用上型；减少了制造砂箱的投资和时间；操作麻烦	生产要求不高的中、大型铸件，或用于砂箱不足时批量不大的中、小铸件；劳动量大，要求工人技术水平较高
	组芯造型	由多个部分组合而成，各部分可独立制造和装配，便于加工和调整；制造简单、生产率高、便于维护	用于复杂形状铸件；大型铸件

2. 机器造型

机器造型是铸造工艺中的一项关键步骤，旨在利用机械设备全面或至少在紧实型砂环节完成造型过程。当前广泛应用的机器造型技术包括震压造型、微震压实造型、高压造型、抛砂造型、气冲造型和负压造型等。其中，气冲造型和负压造型作为近年来快速发展的先进造型技术，受到了广泛关注。

（1）气冲造型 主要依靠燃烧气体或压缩空气瞬时膨胀产生的压力波来紧实型砂。该过程通常通过一个特制的快速开启阀门，将低压气体（压力 0.5~0.6MPa）迅速导入充满型砂的砂箱顶部，实现型砂的快速紧实。气冲紧实可分为初级紧实和终极紧实两个阶段，如图 1-14 所示。在初级阶段，气压差迅速提升表层型砂的紧实度，形成一个初步的紧实层，随即向下推进，加

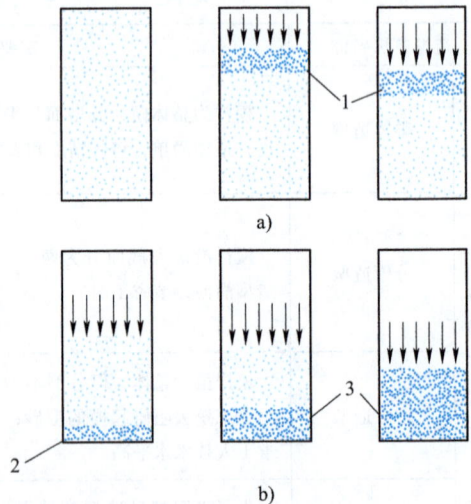

图 1-14 气冲造型原理

a）韧实层下压阶段 b）逐层滞止阶段
1—初实层 2、3—终实层

速下层型砂的紧实过程，如图 1-14a 所示；终极紧实阶段则是型砂前沿与模具发生剧烈冲击，导致紧实度骤然提高，从下至上逐层增强型砂的紧实度，如图 1-14b 所示。

（2）负压造型　亦称真空密封造型，通过在型砂与塑料膜之间形成负压，来实现无黏结剂的干砂紧实成形，其造型过程如图1-15所示。首先是通过抽真空让塑料薄膜紧贴模具表面，随后填充型砂并通过轻微振动进行初步紧实；然后刮平型砂表面，并覆盖上背膜，再次抽真空以完成最终的紧实过程。在负压状态下进行的起模、下芯、合模和浇注等操作，确保了铸件的精度和表面质量。铸件凝固后恢复常压，型砂自行溃散，便可取出铸件。

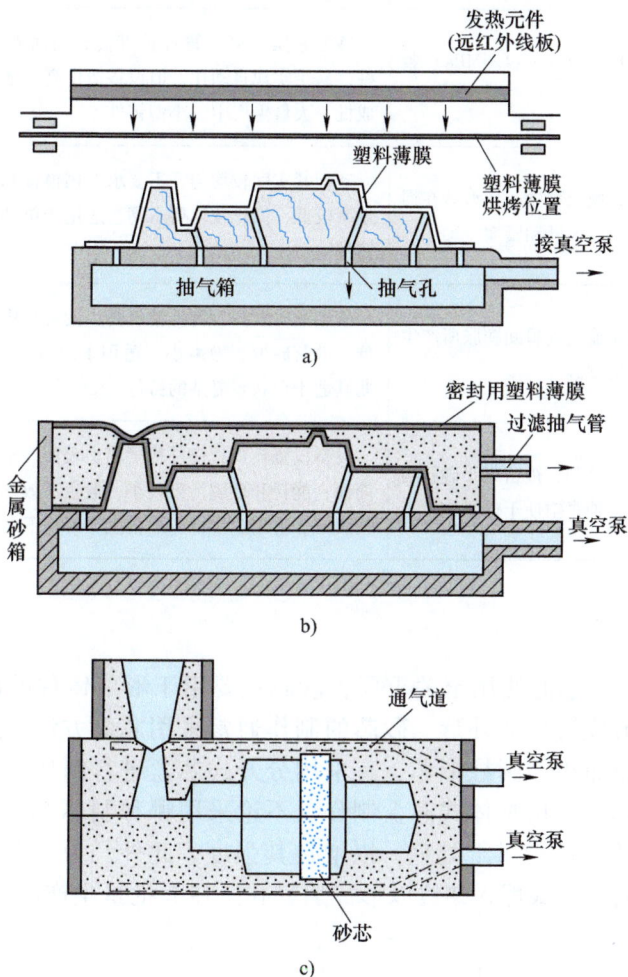

图1-15　负压造型工艺过程
a）塑料薄膜加热与覆膜　b）造型　c）下芯、合型

机器造型生产率高、劳动条件较好，并且铸件精度较高、表面质量较好；但设备投资较大，对产品变换的适应性较差。机器造型已成为现代铸造生产中的主流造型方法，特别适合于批量和大量生产各类铸件。常用的机器造型方法的原理、主要特点和适用范围见表1-6。

表1-6　常用的机器造型方法的原理、主要特点和适用范围

造型方法	原理	主要特点和适用范围
震压造型	先以机械震击紧实型砂，再用较低的比压（0.15~0.4MPa）压实	设备结构简单、造价低、效率较高、紧实度较均匀；但紧实度较低、噪声大。适用于批量生产中、小型铸件

（续）

造型方法	原理	主要特点和适用范围
微震压实造型	在高频率、小振幅振动下，利用型砂的惯性压实作用并同时或随后加压紧实型砂	砂型紧实度较高且均匀、频率较高。能适应各种形状的铸件，对地基要求较低；但机器微振部分磨损较快，噪声较大。适用于成批、大量生产各类铸件
高压造型	用较高的比压（0.7~1.5MPa）紧实型砂	砂型紧实度高，铸件精度高、表面光洁；效率高，劳动条件好，易于实现自动化，但设备造价高、维护保养要求高。适用于成批、大量生产中、小型铸件
抛砂造型	利用离心力抛出型砂，使型砂在惯性力作用下完成填砂和紧实	砂型紧实度较均匀，不要求专用模板和砂箱、噪声小，但生产效率较低、操作技术要求高。适用于单件、小批量生产中、大型铸件
气冲造型	用燃气或压缩空气瞬间膨胀所产生的压力波紧实型砂	砂型紧实度高，铸件精度高；设备结构较简单、易维修且能耗低、散落砂少、噪声小。适用于成批、大量生产中、小型铸件，尤其适于形状较复杂的铸件
负压造型	型砂不含黏结剂，被密封于砂箱与塑料膜之间，抽真空使干砂紧实	设备投资较少；铸件精度高、表面光洁；落砂方便，旧砂处理简便；能耗和环境污染较小，但生产效率较低，形状复杂件覆膜较困难。适用于单件、小批生产形状不太复杂的铸件

1.3.3　制芯

在铸造过程中，砂芯的使用至关重要，砂芯主要用于形成铸件的内腔和尺寸较大的孔，同时也可用于形成铸件的外形。砂芯的制作通常采用芯盒方法，这也是最常见的制芯方式之一。对于短而粗的圆柱形芯，宜采用分开式芯盒进行制作；对于形状简单且有一个较大平面的砂芯，宜用整体式芯盒制作。不论采用哪种制芯方法，都需要在砂芯中放置芯骨，并且将砂芯进行烘干处理，以增加其强度。此外，为了促进气体的排出，通常还会在砂芯中扎通气孔或埋入蜡线以形成通气孔。在大批量生产时，应采用机器造芯，以提高效率。

1.3.4　刷涂料

刷涂料旨在提高铸件表面的质量，防止铸件产生黏砂、夹砂及砂眼等缺陷。涂料通常是采用防黏砂材料制成的悬浮液，涂刷在铸型和型芯表面。为了达到预期效果，涂料需要具备高耐火度，以避免在高温金属液作用下发生烧结；化学稳定性要好，以减少或避免涂料与金属氧化物、杂质或新型材料的化学反应；发气量要小，黏附性要好，确保涂料烘干后不会开裂或脱落，并且能够易于均匀涂刷。

铸造涂料通常由耐火材料、黏结材料（如酚醛树脂）、悬浮稳定剂（常用钠基膨润土）、稀释剂（如水或工业酒精）及其他附加物组成。根据不同金属的特性选择合适的耐火材料，例如铸铁件通常使用石墨粉，铸钢件通常使用石英粉、镁砂粉或锆石粉等，而有色金属多选用滑石粉。

1.3.5 开设浇注系统

浇口杯的作用是接收倒入的金属液，并分离熔渣；直浇道利用其高度产生的静压力帮助金属液填满型腔的各个部分，并调节金属液流入型腔的速度；横浇道将金属液从直浇道分配到各个内浇道，同时起到挡渣的作用；内浇道直接将金属液引入型腔，其设计方向应避免直接对准型腔壁和砂芯，以免型壁或型芯被金属液冲坏。

1. 浇注系统的设计

浇注系统是引导金属液进入铸型型腔的一系列通道的总称。浇注系统的设计是铸造工艺中一个极其重要的环节，会直接影响到铸件的质量和生产率。合理地设置浇注系统，能避免铸造缺陷的产生，保证铸件质量。对浇注系统的一般要求包括：使金属液平稳、连续、均匀地流入铸型，避免对铸型和型芯的冲击；阻止熔渣、砂粒或其他杂质进入铸型；调节铸件各部分的温度分布，控制冷却和凝固的顺序，避免缩孔、缩松及裂纹的产生。

2. 浇注系统的组成及作用

（1）浇口杯 浇口杯的作用是承受金属液的冲击和分离熔渣，避免金属液对铸型的直接冲击。

（2）直浇道 直浇道是一个圆锥形的垂直通道，利用直浇道的高度所产生的静压力，可以控制金属液流入铸型的速度，并提高充型能力。

（3）横浇道 横浇道承接直浇道流入的金属液并分配到内浇道，同时起到挡渣的作用，金属液在横浇道内速度减缓，熔渣及气体能充分上浮而不进入铸型。

（4）内浇道 内浇道是把金属液直接引入铸型的通道。利用内浇道的位置、大小和数量可以控制金属液流入铸型的速度和方向，并调节铸件各部分的温度分布。

3. 浇注系统的类型与应用

浇注系统的类型有两种：一种是根据各组元截面比例关系的不同分类，另一种是按内浇道在铸件上相对位置的不同分类。

根据各组元截面比例关系的不同，即阻流截面面积的不同，浇注系统可分为封闭式、开放式和半封闭式三种。

（1）封闭式浇注系统 封闭式浇注系统是指系统中从浇口杯底孔到内浇道的各个组元的截面面积之和逐渐变小，浇注过程中所有组元都被金属液充满的浇注系统。封闭式浇注系统具有较好的挡渣能力，可防止金属液卷入气体，但冲刷力较大，易产生喷溅，使金属氧化，因此适用于不易氧化的铸铁件，不适用于容易氧化的轻合金铸件。

（2）开放式浇注系统 开放式浇注系统是指系统中从浇口杯底孔到内浇道的各个组元的截面面积之和逐渐变大，阻流截面位于直浇道上口的浇注系统。在正常浇注条件下，金属液往往不能充满浇注系统的所有组元。开放式浇注系统的特点是在浇注过程中，内浇道未被充满之前，金属液往往呈无压流动状态，系统的挡渣能力较差，金属液流出内浇口的速度较低，充型平稳，冲刷力小，金属液的氧化程度低，适用于有色金属、使用漏包浇注的球墨铸铁件和铸钢件。

（3）半封闭式浇注系统 半封闭式浇注系统的特点是阻流截面是内浇道，横浇道截面积最大。在浇注过程中，浇注系统能够充满，但比封闭式浇注系统晚，具有一定的挡渣能力，对铸型的冲刷比封闭式浇注系统小。适用于各类灰铸铁件及球墨铸铁件，也适用于一般小型、结构简单的铝合金、镁合金铸件。

浇注系统按内浇道在铸件上相对位置不同，可以分为顶注式浇注系统、底注式浇注系统、中间注入式浇注系统、阶梯式浇注系统。

(1) 顶注式浇注系统 顶注式浇注系统的特点是型腔易于充满，可减少薄壁铸件的浇不到、冷隔等缺陷。浇注后，铸件的上部温度高于底部，有利于铸件按自下而上的顺序凝固和冒口的补缩；然而，顶注式浇注系统的液流对铸型底部的冲击力较大，金属液会产生激溅、氧化，易造成砂眼、铁豆、气孔、氧化夹渣等缺陷。

(2) 底注式浇注系统 底注式浇注系统的特点是充型平稳，可避免或减少金属液发生飞溅、氧化和由此而产生的缺陷。横浇道基本保持在充满状态下工作，有利于挡渣和气体排出；其缺点是充型后的温度分布不利于顺序凝固和冒口补缩，内浇道附近由于过热易导致缩孔、缩松和晶粒粗大等缺陷。

(3) 中间注入式浇注系统 中间注入式浇注系统是指从铸件中间的某一高度上引注的浇注系统，该浇注系统兼有顶注式浇注系统和底注式浇注系统的优缺点。中间注入式浇注系统的内浇道一般从分型面注入，操作方便，因而得到广泛应用。

(4) 阶梯式浇注系统 阶梯式浇注系统是指具有多层内浇道，从铸件不同高度引入铸件的浇注系统。该浇注系统的优点是金属液自下而上分别由各层内浇道注入铸件型腔，充型平稳，有利于型腔内气体排出，充型后的温度场符合顺序凝固的原则，有利于补缩；内浇道分散，可缓解内浇道集中造成的局部过热。缺点是造型复杂，设计和计算复杂。阶梯式浇注系统适用于浇注高度较大的大、中型铸件。

4. 浇注系统的设计步骤

浇注系统的好坏会直接影响到铸件的质量和生产的效率，具体设计步骤如下：

(1) 选择浇注系统的类型 首先，根据铸件的材料、结构特点、生产批量等因素选择合适的浇注系统类型（封闭式、开放式或半封闭式），这一步是整个设计过程的基础。

(2) 确定内浇道的位置、数目和引入方向 内浇道的设计对控制金属液的流动状态、调节铸件各部分的温度分布具有重要影响，需要根据铸件的结构和尺寸来确定内浇道的最佳位置、数量及方向，以实现均匀充型和有效的气体排放。

(3) 确定直浇道的位置和高度 直浇道的设计要考虑到静压力的作用，以及对金属液流速的控制，确保金属液可以顺利、均匀地流入铸型。

(4) 确定阻流截面的面积 通过浇注时间计算法或查表（经验）法，确定阻流截面（最小截面）的面积。阻流截面的确定是为了控制金属液的流速，防止铸件产生缺陷。可通过计算或查阅相关数据来确定最佳的截面面积。

(5) 计算各浇道组元的截面大小 确定各浇道截面的比例，并计算各浇道组元的截面大小。浇注系统的各个组成部分之间的截面面积比例，直接关系到金属液的流动状态和浇注效率，因此需要仔细计算和设计。

(6) 绘制浇注系统图 最后，根据以上所有的计算和设计结果，绘制出详细的浇注系统图，以指导实际的生产操作。

浇注系统的设计既需要丰富的实践经验，也需要对铸造理论的深入理解。正确的设计浇注系统能有效地避免铸件产生各种缺陷，如缩孔、缩松、气孔、夹渣等，能保证铸件的内外质量，提高生产率。在实际应用中，设计者通常会结合铸造手册中的经验数据和公式，以及计算机辅助设计软件，进行浇注系统的设计和优化。

1.3.6　合型

合型是指将铸型的各个组元如上型、下型、砂芯等组合成一个完整铸型的操作过程。合型后即可准备浇注。

1.3.7　熔炼与浇注

金属的熔炼、浇注、落砂、清理等步骤是铸造生产过程中至关重要的环节，每个步骤都对铸件的最终质量有着重大影响。这一系列过程包括金属从液态到固态的转变，涉及温度控制、化学成分的调整、铸型的制备和处理，以及铸件的后处理等多个方面。

1. 熔炼

熔炼过程的关键在于将金属物质从固态转换为液态，同时确保金属液的化学成分和温度符合铸造要求。为了获得高质量的铸件，在熔炼过程中需要细致地控制金属的熔化条件，包括炉温的控制、熔炼环境的调节（如氛围保护），以及合金元素的精确添加。此外，熔炼过程还应注重熔渣的处理，确保金属液的纯净，减少夹杂物的生成。

2. 浇注

浇注直接决定了铸件的初步形态和内在质量。浇注温度的控制是一个技术和经验并重的挑战。过高的浇注温度会增加气体的溶解度和金属液的流动性，容易产生气孔和缩孔等缺陷；而过低的浇注温度可能会导致金属液过早凝固，影响铸件的成形和填充完整性。因此，需要根据不同金属材料和铸件的特点，精确控制浇注温度，以实现最佳的浇注效果。

1.3.8　落砂与清理

1. 落砂

落砂是铸造后的一道关键工序，正确的落砂时间对于保证铸件表面和内在质量至关重要。落砂过早可能会因为铸件尚未充分冷却而影响铸件的微观组织，甚至导致表面缺陷；落砂过晚则可能由于铸件与型砂之间的收缩不匹配而产生应力，从而导致裂纹等缺陷。因此，确定合适的落砂时间对于优化铸件的性能和表面质量至关重要。

2. 清理

清理过程包括去除铸件表面的黏砂、型砂残留物、浇冒口以及氧化皮等，是确保铸件达到技术要求的重要步骤。清理不仅关系到铸件的外观质量，还直接影响铸件的进一步加工和使用性能。此外，清理过程中对铸件的检验也非常重要，可以及时发现铸件的缺陷，并根据缺陷性质决定是否进行焊补或其他修复措施。

3. 后处理

对于合格的铸件，根据其材质和用途，可能需要去应力退火或自然时效等处理，以消除铸造过程中产生的内应力，改善铸件的力学性能。对于出现变形的铸件，则需要进行适当的矫正处理。

1.4　特种铸造

特种铸造技术区别于传统的砂型铸造，涵盖了多种铸造方法，包括金属型铸造、压力铸造、低压铸造、离心铸造、熔模铸造、实型铸造、差压铸造和壳型铸造等。这些方法的共同特点是能够生产出精度高、表面粗糙度低的铸件，且铸件内部结构紧密，具有较好的力学性能。特种铸造方法在降低金属液的消耗、简化工艺流程和提高生产效率方面表现出色，但也各自具有一定的局限性。

1.4.1 金属型铸造

金属型铸造是在重力作用下，将熔融金属浇入金属型中以获得铸件的方法。

1. 金属型

金属型通常由铸铁制成，其中灰铸铁的应用最为广泛，对于性能要求较高的铸件，也可以使用合金铸铁、碳钢或低合金钢制造。根据分型方式不同，金属型可分为整体型、水平分型、垂直分型和综合分型四种，如图 1-16 所示。垂直分型由于便于开设浇注口和安放金属芯，易于排气并易实现机械化，因此被广泛应用。金属型具有良好的导热性，因此浇道截面积比砂型铸造大 20%~25%，且浇道长度较短。由于金属型不具有透气性，其上部需要开设出气冒口，分型面上应开设排气道，并在难以排气的部分增设出气孔或通气塞。

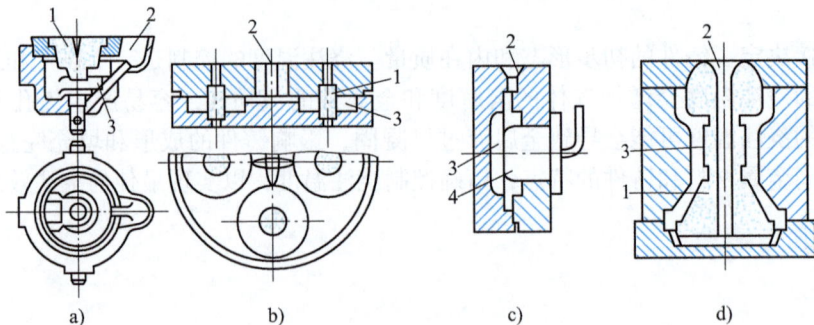

图 1-16　金属型的类型

a）整体型　b）水平分型　c）垂直分型　d）综合分型

1—型芯　2—浇口杯　3—型腔　4—金属芯

2. 金属型铸造的工艺特点

（1）金属型预热　为了减缓铸型的激冷作用并避免铸件产生浇不到、冷隔和裂纹等缺陷，金属型需要在浇注前进行预热。对于铸铁件，预热温度通常为 250~350℃；而对于非铁合金铸件，预热温度则设置在 100~250℃。

（2）涂料使用　为了保护铸型、调节铸件的冷却速度以及改善铸件的表面质量，铸型表面会被喷刷涂料。这些涂料一般是由粉状耐火材料（例如氧化锌、石墨、硅石粉等）、水玻璃黏结剂和水混合制成的。

（3）浇注温度控制　由于金属型具有较快的导热速度，相比于砂型铸造，金属型铸造的浇注温度需要设置得更高一些，通常高出 20~30℃。具体来说，铝合金的浇注温度为 680~740℃，而铸铁的浇注温度则为 1300~1370℃。

（4）开型要求　金属型不具有退让性，如果铸件在型内停留时间过长，很容易因铸造应力而产生裂纹或卡住不易取出。因此，铸件在凝固后需要及时从铸型中取出。通常情况下，铸铁件的出型温度为 780~950℃，出型时间为 10~60s。

3. 金属型铸造的生产特点和应用范围

（1）金属型铸造的生产特点 铸件冷却速度快，组织结构致密，具有较好的力学性能；铸件的精度和表面质量较高，尺寸公差等级可达 IT9~IT6，表面粗糙度 Ra 值可在 12.5~6.3μm 范围内；能够实现"一型多铸"，提高生产率，节约造型材料，减轻环境污染，改善劳动条件。

（2）金属型铸造的使用范围 金属型铸造主要适用于大批量生产的非铁合金铸件，例如铝合金的活塞、气缸体、气缸盖、液压泵壳体以及铜合金的轴瓦、轴套等。对于钢铁材料，金属型铸造一般只用于生产形状较为简单的中小型铸件。

（3）金属型铸造的局限性 金属型铸造的成本较高，不适宜用于生产大型、形状复杂和薄壁铸件；由于冷却速度较快，铸铁件表面易产生白口，使切削加工变得困难。

1.4.2 压力铸造

1. 压力铸造的工艺过程和分类

（1）工艺流程 压力铸造是指将液态或半液态金属以高压（30~150MPa）和高速（5~100m/s），充型时间为 0.01~0.2s，压入金属型中，并在压力下凝固，以获得铸件的工艺方法，其工艺流程如图 1-17 所示。压力铸造是一种发展较快、切削少或无须切削的精密铸造方法。

（2）工艺分类 根据压铸机的结构和工作原理，压铸机可分为热压室式压铸机和冷压室式压铸机两类。热压室式压铸机的压室常常与金属液池相连，因此只适用于铅、锡、锌等低熔点合金的压铸，且其压力相对较小。而冷压室式压铸机的压室和保温炉是分开的，金属液在压铸前才被注入压室进行压铸。这种压铸机通常采用高压油驱动，能够实现 6.5~20MPa 的高压，合型力范围为 250~2500N，适用于铝、镁、锌、铜等高熔点合金的铸造。

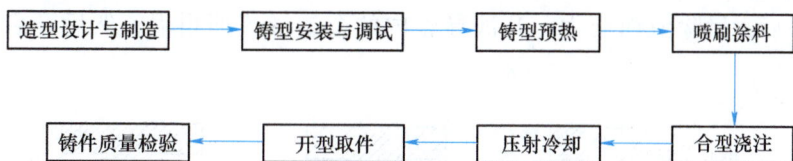

造型设计与制造 → 铸型安装与调试 → 铸型预热 → 喷刷涂料

铸件质量检验 ← 开型取件 ← 压射冷却 ← 合型浇注

图 1-17 压力铸造工艺流程

2. 压力铸造的特点及应用

（1）压力铸造的优点 压力铸造生产的铸件具有高精度的尺寸和表面质量，通常尺寸公差等级为 IT8~IT4，表面粗糙度 Ra 值可达 3.2~0.8μm。大多数压铸件无须再进行机械加工即可直接使用。压力铸造适用于制造形状复杂、薄壁、精密的铸件，例如铝合金铸件的最小壁厚可达 0.5mm，最小孔径可达 0.7mm，铸件表面可以获得清晰的图案和文字，并可直接铸出螺纹和齿形。此外，压铸件的组织通常更加致密，力学性能较好，压铸件的强度比砂型铸造的铸件高出 25%~40%。最后，压力铸造的生产率高，冷压室式压铸机的生产率为每小时 75~85 次，热压室式压铸机高达每小时 300~800 次，并且容易实现自动化。

（2）压力铸造的局限性 由于高速注射，型腔内的气体排出不及时，容易在铸件中形成气孔。同时，铸件的凝固速度快，补缩困难，容易产生缩松，影响铸件的质量。此外，压力铸造的设备投资较大，铸型制造费用高，生产周期较长，因此更适用于大批量生产。

（3）压力铸造的应用范围　压力铸造在工业领域有着广泛的应用，特别是在汽车工业中。例如，发动机缸体、缸盖、箱体、支架等零部件常采用压力铸造工艺生产。近年来，随着真空压铸、加氧压铸和半固态压铸等新技术的开发和应用，压力铸造的应用范围不断扩大，生产效率和铸件质量也得到了进一步提升。

1.4.3　低压铸造

低压铸造是一种将铸型安放在密封的坩埚上方，坩埚中通入压缩空气，在熔池表面形成低压力（一般为60~150kPa），使金属液通过升液管充填铸型和控制凝固的铸造方法。铸型多为金属型，也可采用砂型。低压铸造工艺流程如图1-18所示。

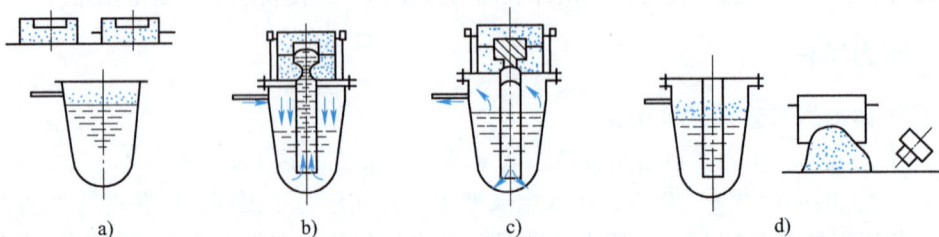

图1-18　低压铸造工艺流程

a）炉料熔化、铸型准备　b）加压充型　c）放气卸压　d）开箱、落砂

1. 低压铸造工艺过程

低压铸造的工艺过程如图1-19所示。首先，将熔炼好的金属液倒入保温坩埚中，并装上密封盖；然后，通过升液导管使金属液与铸型相通，并锁紧铸型；接下来，将干燥的压缩空气通入坩埚内，金属液就会通过升液管自下而上平稳地压入铸型，并在压力下结晶，直至全部凝固；最后，撤除液面压力，升液导管内的金属液流回坩埚，然后开启铸型，取出铸件。

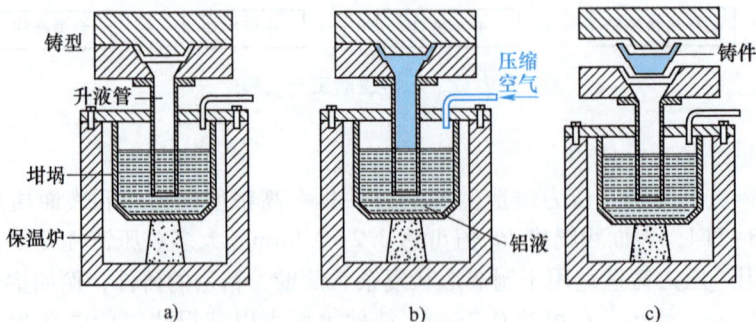

图1-19　低压铸造示意图

a）合型　b）压铸　c）取出铸件

2. 低压铸造的特点及应用

（1）低压铸造的优点　低压铸造采用底注式充型，金属液充型平稳，无飞溅现象，不易产生夹渣、砂眼、气孔等缺陷；低压铸造借助压力充型和凝固，铸件轮廓清晰，组织致

密，对于薄壁、耐压、防渗漏、气密性好的铸件尤为有利；低压铸造的浇注系统简单，浇口兼冒口，金属利用率通常可高达 90% 以上；低压铸造的充型压力和速度便于调节，适用于金属型、砂型、石膏型、陶瓷型及熔模型壳等，容易实现机械化、自动化生产。

（2）低压铸造的局限性 低压铸造也存在一些局限，如设备和工艺相对复杂、生产周期较长、铸件尺寸限制（适用于中小型铸件生产）、铸件成本较高等。

（3）低压铸造的应用 低压铸造主要用于生产质量要求高的铝、镁合金铸件，如气缸体、气缸盖、活塞、曲轴箱等。此外，还成功地铸造了重达 200kg 的铝活塞、30t 重的铜螺旋桨及大型球墨铸铁曲轴。

从 20 世纪 70 年代起，出现了侧铸式、组合式等高效低压铸造机，开展了定向凝固及大型铸件的生产等研究，提高了铸件质量，扩大了低压铸造的应用范围。

1.4.4 离心铸造

将液态金属浇入高速旋转（一般为 250~1500r/min）的铸型中，使金属液在离心力作用下填充铸型和结晶而获得铸件的方法，称为离心铸造。离心铸造的铸件多是简单的圆筒体，不用型芯即可形成圆筒内孔，也可用于生产非回转体铸件。离心铸造可采用各类铸型，如砂型、金属型、熔模型壳等。

1. 离心铸造机

根据铸型旋转轴轴线位置的不同，离心铸造机可分为立式和卧式两类，如图 1-20 所示。立式离心铸造机的工作原理是铸型绕垂直轴旋转，由于金属液自重的影响，铸件的壁厚会不均匀，上薄下厚（图 1-20a）；因此，立式离心铸造机多用于高度小于直径的圆环类铸件和非回转体铸件。卧式离心铸造机的工作原理是铸型绕水平轴旋转，不会因金属液自重的影响而使壁厚不均匀（图 1-20b），因此卧式离心铸造机多用于长度远大于直径的套筒类和管类铸件。

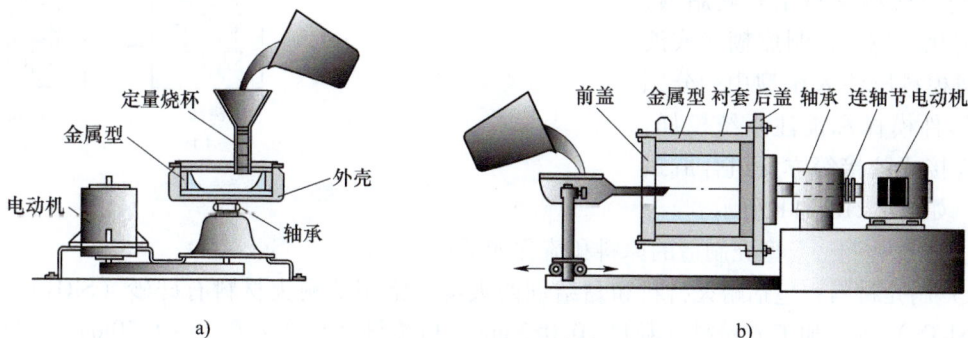

图 1-20 离心铸造机类型
a）立式离心铸造机 b）卧式离心铸造机

2. 离心铸造的特点及应用

（1）离心铸造的优点 当铸造圆形内腔铸件时，可以省去型芯，铸件上无浇注系统，使液态金属的耗用量减少，金属利用率高，可达 90%~95%；在离心力的作用下，金属中的气体和熔渣会集中于内表面，金属从外向内呈方向性结晶，铸件的组织细密，无缩孔、气孔等缺陷，具有良好的力学性能；离心铸造适用于流动性差的合金和薄壁铸件的生产，具有较强的充型能力；离心铸造机可以用于铸造双金属铸件，如缸套离心挂铜，其结合面牢固、耐磨，并且能节省贵重金属材料。

（2）离心铸造的局限　离心铸造铸件的内孔表面粗糙，尺寸误差大，质量较差，不适合用于密度偏析大的合金（如铅青铜等）和铝、镁等轻合金。

（3）离心铸造的应用　离心铸造主要用于大批量套、管类铸件的生产，如铸铁管、煤气管、水管、铜套、缸套、双金属钢背铜套等。此外，离心铸造还可以用于制造轮盘类铸件，如泵轮、电动机转子等。

1.4.5　熔模铸造

熔模铸造是最常用的精密铸造方法。熔模铸造是用蜡料制成和铸件形状相同的蜡模，然后在蜡模表面涂抹一定厚度的耐火涂料和铸造用硅砂，经硬化、干燥后将蜡模熔出，得到一个中空的、无分型面的耐火型壳，再经干燥和高温焙烧、浇注，获得铸件，所以也称为"失蜡铸造"。

1. 熔模铸造工艺流程

熔模铸造工艺流程包括制蜡模、制蜡模组、挂涂料和撒砂、脱蜡、焙烧和浇注等，如图1-21所示。

（1）压型与模样　压型是用于压制模样的模型，一般用钢、铝合金制成，小批量生产时可用易熔合金、环氧树脂、石膏等制造，其型腔尺寸应考虑到模料和铸件合金两者的线收缩率。最常用的制模材料是石蜡和硬脂酸，经过熔化和搅拌，制成糊状或液态。将模料压注入压型中，分别制成铸件模样和浇注系统模样，再用焊接或胶接等方法组合成蜡模组，如图1-21a和b所示。

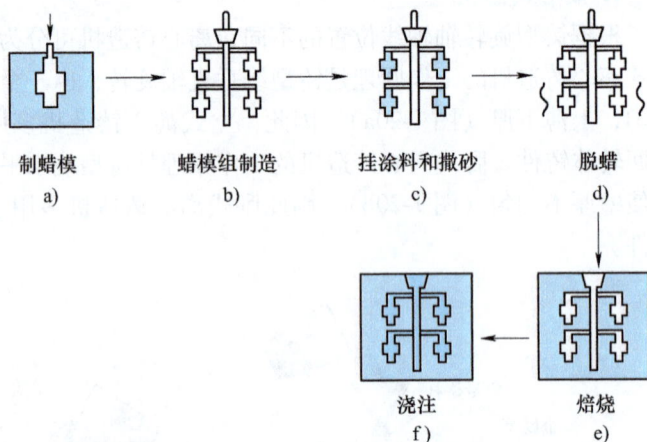

图1-21　熔模铸造工艺流程

（2）型壳制造　型壳制造的原料和流程如下：

1）制壳材料：包括耐火材料和黏结剂两大类，常用的耐火材料有硅砂（SiO_2）、刚玉砂（Al_2O_3）等，加工成粉料（粒度<0.053mm）和粒料（粒度为0.15~1.70mm），分别用于配制浆料和撒砂。常用的黏结剂有水玻璃、硅酸乙酯水解液等。

2）制壳工艺：模组经涂挂浆料、撒砂、干燥、硬化等工序并反复多次至壳厚为5~10mm时，再进行脱模和焙烧。

3）涂挂浆料和撒砂：将模组浸于浆料中转动和移动，使浆料均匀挂涂于模组表面后，再进行撒砂，如图1-21c、d所示。

4）干燥和硬化：型壳经自然干燥或通风干燥后，即可进行硬化。硬化剂根据型壳采用的黏结剂类型确定。水玻璃型壳常采用氯化铵、氯化铝等的水溶液做硬化剂，硅酸乙酯水解液型壳常采用氨气做硬化剂。

5）脱模和焙烧：型壳脱模可采用热水（水温约95℃）或水蒸气（气温约120℃）加热，使模料熔化流出，如图1-21d所示。脱模后即可将型壳加热到一定温度（800~1000℃）烧结成形，以增加铸型强度，如图1-21e所示。焙烧还可去除型壳内的水分、残余模料等，以提高型壳的透气性，且使型壳获得浇注时所需的高温。

（3）浇注和后处理　熔模铸件的浇注可采用重力浇注、真空浇注、低压浇注、离心浇注等方式，其中，重力浇注设备简单、成本低，应用最广泛。铸件的后处理包括落砂、清理等。铸件的落砂可采用机械振击、喷水等方式，落砂后可采用滚筒清理、喷砂清理等方式进一步清除铸件表面的黏附物，使其表面光洁。

2. 熔模铸造的特点及应用

（1）熔模铸造的优点　熔模铸造的优点如下：

1）铸件尺寸精度高，表面粗糙度低：由于铸件无分型面，型壳内表面粗糙度低，耐火度高，不黏砂，因此能够实现高精度的铸造，制备的铸件尺寸精度可达CT4级，表面粗糙度 Ra 值可达 $Ra12.5~1.6\mu m$。

2）能够铸造形状复杂的薄壁铸件：由于浇注时型壳温度高，金属液具有足够的流动性，因此能够铸造出形状复杂的薄壁铸件。

3）适用于铸造高熔点合金和难以切削加工的铸件：由于型壳的耐火度高，熔模铸造不仅能够铸造低熔点合金铸件，还可用于铸造高熔点合金和难以切削加工的铸件，如耐热合金和磁钢等。

4）生产批量灵活：熔模铸造既适用于大批量生产，也适用于单件、小批量生产。对于单件、小批量生产，可以采用易熔合金制造压型的方式。

（2）熔模铸造的局限　熔模铸造的工艺相对复杂，生产成本较高。此外，熔模铸造不易实现机械化，并且铸件的质量受到一定限制，铸件不可太大。

（3）熔模铸造的应用　熔模铸造主要应用于生产各种汽轮机、燃气轮机和发动机叶片、叶轮、切削刀具，以及汽车、拖拉机、风动工具和机床上的各种小零件和钻头等。目前，熔模铸造作为接近压铸精度的精密铸造方法，其应用还在不断扩大。

除金属型铸造、压力铸造、离心铸造、熔模铸造等，工业上有时还应用其他特种铸造方法，如实型铸造、差压铸造、壳型铸造等，下面作简单的介绍。

1.4.6 实型铸造

实型铸造又称消失模铸造，它是使用泡沫塑料模制造铸型后不取出模样，直接浇注金属，模样在与金属液接触后受热气化、燃烧而消失，从而获得铸件，其工艺过程如图1-22所示。实型铸造制备的铸件表面光洁，尺寸精度高，并且具有铸件设计灵活性强、自由度大、劳动强度低、生产率高等优势。

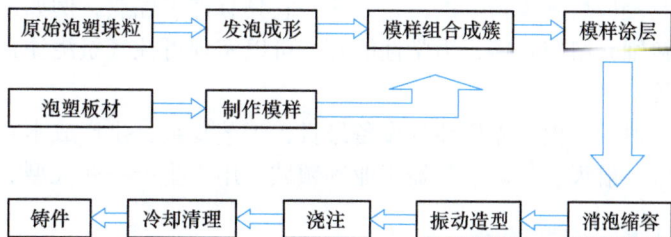

图1-22 消失模铸造的工艺过程

1. 模样和型砂

实型铸造的模样可以使用聚苯乙烯泡沫塑料制作，制模方法有发泡成形和加工成形两种。发泡成形是通过蒸汽或热空气加热，使预发泡聚苯乙烯珠粒进一步膨胀，充满型腔成形，适用于成批、大量生产。加工成形则是通过手工或机械加工预制各个部件，再经黏结和组装成形，适用于单件、小批量生产。模样表面应涂刷涂料，以使铸件表面光洁或提高型腔表面的耐火性。型砂可以使用水泥、水玻璃或树脂为黏结剂的自硬砂和无黏结剂的干硅砂，分别适用于单件、小批量生产和成批、大量生产。

2. 实型铸造的特点和应用

（1）实型铸造的优点

1）实型铸造是一种近无余量、精确成形的新工艺，不需要起模和修型，无分型面和型芯，工序简单、生产周期短，效率高，铸件尺寸精度高，表面质量好。

2）铸件结构设计的自由度大，各种形状复杂的模样都可以采用先分块制造再黏合成整体的方法制成，减少了加工装配时间，降低了生产成本。

3）生产工序简单，工艺技术容易掌握，易于实现机械化和绿色化生产。

（2）实型铸造的局限性

1）实型铸造需要制作模具和熔炼特殊的消失模材料，因此制造成本相对较高。

2）需要制作模具、注蜡、烧结、熔炼等多道工序，因此生产周期相对较长。

3）实型铸造中使用的模具通常是一次性的，容易受热胀冷缩的影响而损坏。

（3）实型铸造的应用　实型铸造适用于除低碳钢以外的各类合金（因为泡沫塑料熔失时会对低碳钢产生增碳作用，所以不适合用于低碳钢铸件的生产），如铝合金、铜合金、铸铁（灰铸铁和球墨铸铁）及各种铸钢等的生产，并且对铸件的结构、大小及生产类型几乎无特殊限制，目前大量应用于汽车进气管、气缸盖、曲轴、气缸体、阀体、电动机壳体、变速器壳体、轮毂等的制造。

（4）实型铸造的发展　通过实型铸造与陶瓷型铸造、熔模铸造、磁型铸造等铸造方法相结合，已发展形成许多新的造型和铸造方法，扩大了应用范围，提高了铸造水平。例如，实型铸造与陶瓷型铸造相结合，可以制造出复杂形状的陶瓷铸件，如陶瓷瓶、陶瓷雕塑等；实型铸造与熔模铸造相结合，可以制造出具有内部空腔的金属铸件，如内部有螺纹的金属零件；实型铸造与磁型铸造相结合，可以制造出具有磁性的金属铸件，如磁铁、电磁线圈等。

1.4.7　差压铸造

差压铸造又称反差铸造，是一种在压差作用下将液态金属浇注到预先有一定压力的型腔内，凝固后获得铸件的工艺方法。它具有许多优点，例如铸件充型性好，表面质量高，铸件晶粒细，组织致密，力学性能好，可以实现可控气氛浇注，提高了金属的利用率，劳动条件好等。

然而，由于差压铸造设备昂贵，工艺复杂，生产成本高，因此其应用和发展主要集中在航空、航天、船舶、兵器工业等领域，用于生产一些大型、薄壁筒体铸件。

1.4.8　壳型铸造

壳型铸造是指酚醛树脂覆膜砂在180~280℃的模底板上形成一定厚度（6~12mm）的薄

壳，再加温固化薄壳，使其达到所需的强度和刚度，然后进行铸造的方法。这种铸造方法具有多项优点。首先，混制好的覆膜砂可以长期储存，无须捣砂，能够获得尺寸精确的砂型和砂芯；其次，砂型和砂芯具有高强度，易于搬运；此外，透气性好，可以使用细砂获得光洁的铸件表面，而且无须砂箱等额外设备。

然而，壳型铸造也存在一些不足。首先，酚醛树脂覆膜砂的价格较高，这会增加生产成本；其次，造型过程中的能耗较高，也会对生产成本产生影响。目前，壳型铸造主要用于生产液压件、凸轮轴、曲轴以及耐蚀泵件、履带板等钢铁铸件。

1.5 铸造成形新技术

随着科学技术在各个领域的突破，尤其是计算机技术的广泛应用，促进了铸造技术的飞速发展。各种工艺技术与铸造技术的相互渗透和结合，也促进了铸造新工艺、新方法的发展。

1.5.1 半固态铸造

1. 技术原理

20世纪70年代初发展起来的半固态铸造技术，使传统铸造方式发生了深刻变化。半固态铸造技术的基本原理是在液态金属凝固过程中施以剧烈搅拌，破碎所形成的树枝晶，形成近球形初生晶粒和残余液相共同构成的具有非枝晶组织特征的半固态合金，如图1-23所示。这种半固态合金在固相率达到60%时仍具有较好的流动性，可以采用常规的成形工艺如压力铸造、挤压铸造、连续铸造、真空铸造等实现金属的成形。

2. 半固态合金的制备

半固态合金是半固态铸造技术的基础和关键，其目的是获得类球形半固态结晶组织，这种组织具有触变性，是半固态铸造所必需的。获得这种组织的方法主要有机械搅拌法、紊流效应法和液相线铸造法等。

（1）机械搅拌法 机械搅拌法是最早用于制造半固态合金的方法，设备构造简单，可以通过控制搅拌温度、搅拌速度和冷却速度等参数使初生树枝晶破碎而成为类球形。

（2）紊流效应法 紊流效应法是指在金属液通过特制的多流装置时使金属液的流动产生紊流效应，打碎形成枝晶，从而获得具有流变特性的半固态合金。

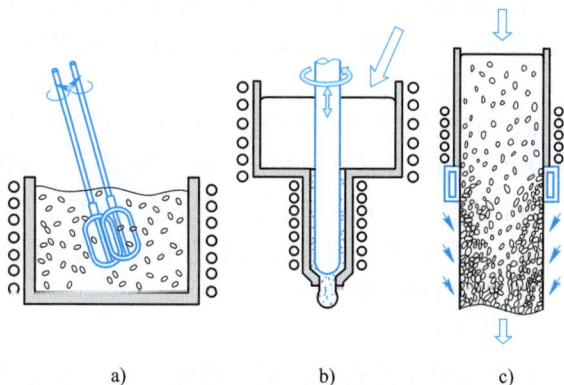

图1-23 制备非枝晶组织的几种方法
a）熔槽搅拌 b）机械搅拌连续生产 c）电磁搅拌

（3）液相线铸造法 液相线铸造法是在合金液相线温度下保温形核后进行铸造，获得具有均一细小非枝晶组织的半固态合金方法。

3. 半固态铸造的特点

半固态铸造结合了传统铸造和凝固加工的优点，与普通液态铸造相比具有以下几个显著的特点：

（1）精密成形能力强　由于金属合金处于半固态状态，使得铸件的形状和尺寸能够更加精确地控制，可以获得复杂形状的铸件，并且减少了后续加工的需求。

（2）优异的力学性能　半固态铸造能够在固态相中形成细小的等轴晶粒结构，提高了铸件的强度、硬度和耐磨性，同时还能够减少气孔和缩松等缺陷。

（3）节能环保　相较于传统的液态铸造，半固态铸造所需的能量更少，因为无须完全将金属加热至液态，从而降低了能耗和碳排放，符合环保要求。

（4）提高生产率　半固态铸造可实现连续生产，减少了铸造过程中的等待时间，提高了生产效率，适用于大规模生产。

（5）适用性广泛　半固态铸造适用于多种金属合金，包括铝合金、镁合金、铜合金等，可用于汽车、航空航天、船舶、电子等领域的铸件生产。

在实际应用中，半固态铸造已被广泛应用于汽车零部件、航空航天部件、工程机械、电子设备等领域，以满足对高性能、高精度铸件的需求，成为当今铸造工业的重要发展方向之一。

1.5.2　定向凝固

1. 技术原理

定向凝固，也称为定向结晶，是一种使金属或合金在熔体中定向生长晶体的工艺方法。定向凝固通过在铸型中建立特定方向的温度梯度，使熔融合金沿着热流相反的方向，按照要求的结晶取向进行凝固铸造，如图1-24所示。

随着热流控制技术的进步，近年来发展出了发热剂法（EP）、功率降低法（PD）、高速凝固法（HRS）、液态金属冷却法（LMC）、流态床冷却法（FBQ）等多种冷却方法，以解决传统定向凝固工艺中冷却速度慢的问题，进一步提高材料性能。

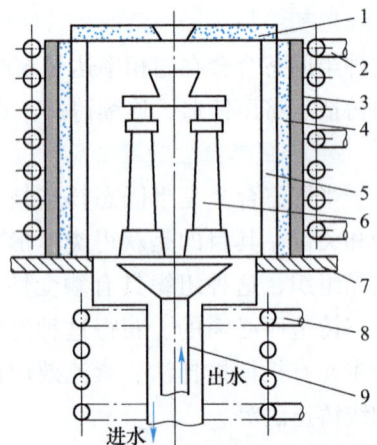

图1-24　定向凝固工作原理示意图
1—保温盖　2—感应圈　3—玻璃布
4—保温层　5—石墨套　6—模壳
7—挡板　8—冷却圈　9—结晶器

2. 技术特点

定向凝固在提高特定材料性能方面具有显著优势，但同时也面临成本高和技术难度大的挑战。

（1）技术优势

1）提高材料性能：通过控制晶体的生长方向，可以显著提高材料的疲劳寿命、抗蠕变性能和耐高温能力，对于高温高压环境下工作的部件尤为重要。

2）减少材料缺陷：定向凝固过程可以减少材料内部的缺陷，如晶界、夹杂物等，从而提高材料的整体质量和性能。

3）可控的微观结构：通过精确控制凝固过程中的温度和冷却速度，可以实现材料微观结构的精确控制，进而定制材料性能。

（2）不足

1）成本高：定向凝固要求精确的温度控制和较复杂的生产设备，因此其生产成本相对较高。

2）技术难度大：实现材料的定向凝固需要非常精确的参数控制，包括温度梯度、冷却速度和合金成分的严格控制，这对生产设施和操作技术都提出了较高要求。

3）应用范围受限：虽然定向凝固技术在某些领域（如航空发动机叶片的生产）中非常有效，但其对材料形状和尺寸有一定的限制，不适用于所有类型的材料制造。

3. 定向凝固技术的应用

由于定向凝固技术较好地控制了凝固组织的晶粒取向，消除了横向晶界，大大提高了材料的纵向力学性能。因此，该技术用于燃气涡轮发动机叶片的生产，所获得的柱状晶组织具有优良的抗热冲击性能、长疲劳寿命和优良的高温蠕变抗力和中温塑性，进而提高叶片的使用寿命和使用温度。定向凝固常用于制造具有柱状晶结构或单晶的发动机叶片，如图1-25所示。

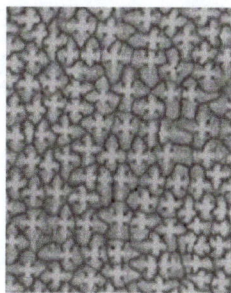

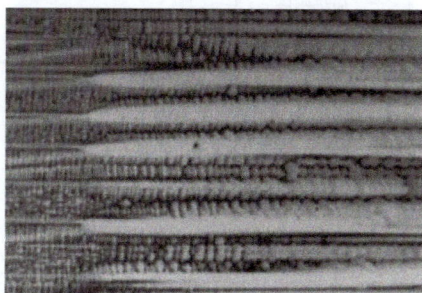

近年来，随着定向凝固工艺的优化，该技术不仅应

图1-25 定向凝固镍基合金的组织

用于高温合金的铸造，还被应用于特殊材料的研究中，如太阳能多晶硅材料的提纯，以及半导体材料、磁性材料和复合材料等，通过控制凝固过程中的固、液相温度场，精确控制金属凝固特性与外部控制参数之间的定量关系，优化材料的纵向力学性能。

1.5.3 快速凝固

1. 技术原理

快速凝固是指采用急冷技术或深过冷技术获得很高的凝固前沿推进速率的凝固过程。快速凝固过程由于液相到固相的相变过程进行得非常快，金属或者合金的熔体会急剧凝固成微晶、准晶和非晶态。快速凝固过程中的界面推进速率大于10mm/s，冷却速率达到$10^4 \sim 10^9$K/s，此时固-液界面的移动速率赶上或超过原子间扩散速率时，晶体来不及转移成分，界面固、液相成分不再平衡，从而使材料的微观组织、结构产生显著变化，性能也得到极大地提高。目前常见的动力学急冷凝固技术如图1-26所示。

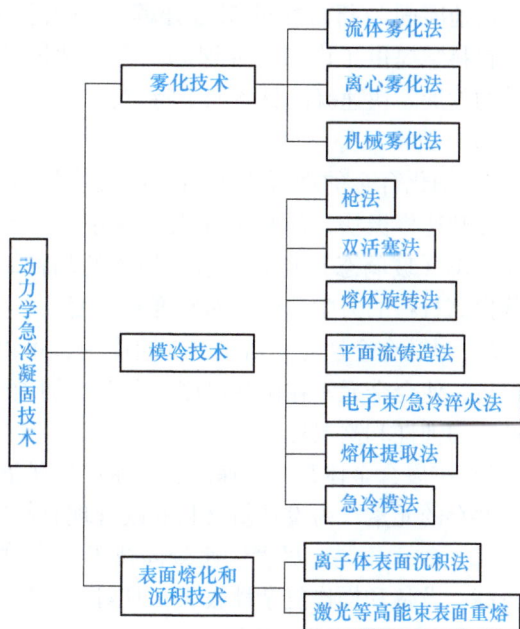

图1-26 常见的动力学急冷凝固技术

动力学急冷凝固技术

雾化技术
- 流体雾化法
- 离心雾化法
- 机械雾化法

模冷技术
- 枪法
- 双活塞法
- 熔体旋转法
- 平面流铸造法
- 电子束/急冷淬火法
- 熔体提取法
- 急冷模法

表面熔化和沉积技术
- 离子体表面沉积法
- 激光等高能束表面重熔

根据冷却基体种类不同，可以将熔体急冷法分为以下三种：

（1）熔体旋转法　金属熔体在气体或重力作用下通过喷嘴喷射到高速旋转的金属辊轮表面（如铜、钼或钢），或旋转的轮或盘掠过熔体抽取，连续形成厚 $20\sim60\mu m$ 的急冷条带，如图 1-27 所示。

（2）雾化法　把金属或合金熔体分散成小液滴（也称之为雾化技术、乳化技术或喷射成形技术），以使这些小液滴在凝固前达到很大的过冷度，然后冷却的方式，如图 1-28 所示。

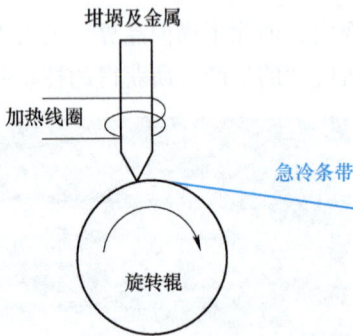

图 1-27　熔体旋转法

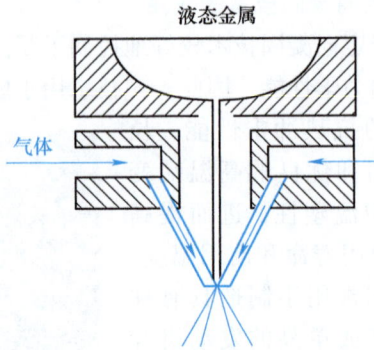

图 1-28　雾化法的装置示意图

（3）表面熔化及自冷技术　采用电弧、电子束或激光束迅速熔化金属表面薄层，借助实体金属自身大的热容量和高的热导率，表面熔层迅速冷却与凝固。此法主要用于金属表面改性处理，即获得硬度高、耐磨、耐蚀等高性能表面层，如图 1-29 所示。

2. 技术特点

快速凝固为新材料的制备开辟了一条新的道路，为材料科学提供了许多研究课题，有力地推动了材料科学的发展。快速凝固具备如下特点：

（1）技术优势

1）细化合金的微观组织结构：快速凝固过程中，由于冷却速率极快，晶粒尺寸大大减小，甚至可以形成非晶态（玻璃态）材料。这种细微的晶粒结构可以显著提高材料的力学性能，如硬度和强度。

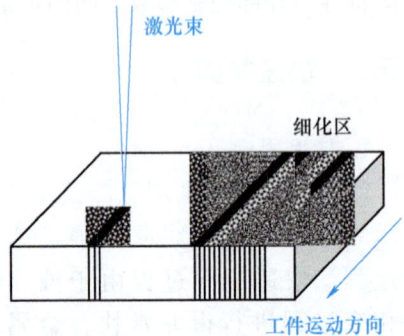

图 1-29　表面熔化法示意图

2）提升合金性能：由于凝固速度快，可以抑制成分偏析，使合金元素在微观尺度上分布更加均匀，有助于提高材料的物理和化学性质，如耐磨性、耐蚀性和高温性能。

3）扩展合金体系：快速凝固技术能够扩展可制备的合金系统，包括一些在平衡状态下难以共存的元素，为设计新材料和改善现有材料的性能提供了更多可能。

（2）技术不足　尽管快速凝固技术具有许多优点，但也存在一些限制。例如，生产成本较高，设备和操作复杂性较大，且对于大规模生产的适应性有限。

3. 快速凝固技术的应用

金属的快速凝固技术由于其独特的微观结构和优异的材料性能，能够大幅提高材料的强度、耐热性及疲劳性能，使其在航空航天、军事防御、汽车工业及电子和电力等领域有着广泛的应用前景。如快速凝固技术生产的超高强度铝合金、钛合金和镍基超合金在飞机和火箭的发动机部件、结构件和外壳中有重要的应用前景；快速凝固技术制造的耐磨齿轮、轴承和传动系统部件，由于具有更细小的晶粒和均匀的化学成分，具有更高的耐磨性和疲劳寿命。

<h1 style="text-align:center">复习思考题</h1>

1-1 铸造包括哪些主要工序？简述砂型铸造时手工造型与机器造型各自的优缺点和适用条件。

1-2 整模造型、分模造型各适合于什么形状的铸件？

1-3 挖砂造型适合于何种形状的铸件？挖砂造型对分型面有什么要求？

1-4 型芯在铸造生产中有哪些作用？为什么型芯上应有型芯头？

1-5 典型浇注系统由哪几部分组成？在浇注过程中起什么作用？

1-6 金属型铸造有何特点？与压力铸造相比有什么不同？金属型铸造为何不能广泛代替砂型铸造？

1-7 砂型铸造、熔模铸造和消失模铸造的模样及铸型材质有什么不同？各有何利弊？

1-8 离心铸造有哪些优点？最适合于生产哪类铸件？

1-9 下列铸件大批量生产时宜选择何种铸造方法？简要分析原因？

① 内燃机缸套（合金铸铁）；② 齿轮箱体（灰铸铁）；③ 煤气管道（球墨铸铁）；④ 内燃机活塞（铝合金）；⑤ 车床床身（灰铸铁）；⑥ 减速器蜗轮（铸钢）。

1-10 合金的铸造性能主要有哪些？对铸件质量有何影响？

1-11 如何提高合金的流动性？怎样减小收缩性？

1-12 缩孔和缩松有何区别，分别易出现在何种合金铸件中？工艺上用什么措施控制缩孔的产生？

1-13 铸造应力和变形是怎样产生的？如何消除残余应力和减小变形？

1-14 铸造裂纹是怎样产生的？如何防止冷裂纹？

1-15 比较灰铸铁、球墨铸铁和铸钢的铸造性能。

1-16 在铸件壁厚的设计中应注意哪些问题？铸件的壁厚为什么不能太薄也不能太厚，而应尽可能厚薄均匀？

第2章 金属焊接成形

将分离的金属用局部加热或加压等手段，借助金属内部原子的结合与扩散作用牢固地连接起来，形成永久性接头的过程称为焊接。

在焊接技术广泛应用之前，金属结构件的连接主要靠铆接。与铆接相比，焊接具有节省材料、减轻重量；接头的密封性好，可承受高压；简化加工与装配工序，缩短生产周期，易于实现机械化和自动化生产等优点。因此，焊接在现代化工业生产中具有十分重要的作用，广泛应用于机械制造中的毛坯生产和各种金属结构件制造，如高炉炉壳、建筑构件、锅炉与受压容器、汽车车身、桥梁等；此外，焊接还可用于零件的修复焊补等。

2.1 焊接方法的分类及特点

2.1.1 焊接方法的分类

焊接在现代工业生产中具有十分重要的作用，在制造大型结构件或复杂机器部件时优势明显。配合现代工业发展需要，目前已有几十种焊接技术，如图 2-1 所示。

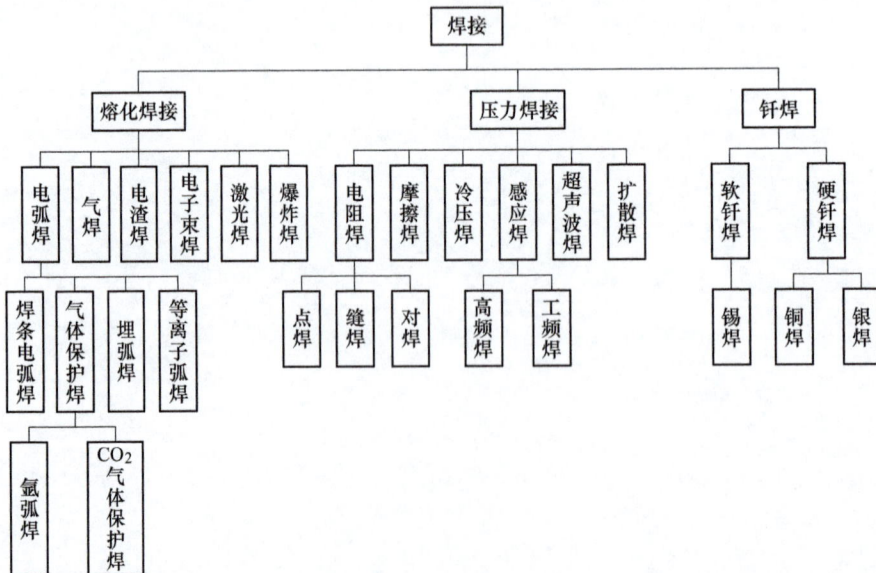

图 2-1 焊接方法的分类

从焊接过程的物理本质考虑，母材可以在固态或局部熔化状态下进行焊接，影响焊接的主要因素有压力及温度。在液态下进行焊接时，母材接头被加热到熔化温度以上，在液态下相互熔合，冷却时凝固在一起，称作熔化焊接。在固态下进行焊接时，又有两种方式：其一是利用压力将母材接头焊接，加热只是起辅助作用，有时不加热，有时加热到接头的高塑性状态，甚至只是使接头的表面薄层熔化，称作压力焊接；其二是在接头之间加入熔点远较母材低的合金，局部加热使这些合金熔化，借助于液态合金与固态接头的物理化学作用达到焊接的目的，称作钎焊。钎焊用的合金称为钎焊合金（钎料）。

1. 熔化焊接

根据加热方式及熔炼方式的不同，熔化焊接有以下几种主要类型：

（1）气焊　利用气体混合物燃烧形成高温火焰，用火焰来熔化焊件接头及焊条。最常用的气体是氧与乙炔的混合物。调整氧与乙炔的比例，可以获得氧化性、中性及还原性火焰。该方法所用的设备较为简单，加热区宽，但焊接后焊件的变形大，并且操作费用较高，因而逐渐被电弧焊代替。

（2）电弧焊　电弧焊是目前应用最广泛的焊接方法。电弧焊的主要特征是形成稳定的电弧、填充材料的供应以及对熔化金属的保护和屏蔽。通常电弧可通过两种方法产生，第一种：电弧发生在一个可消耗的金属焊条和金属材料之间，焊条在焊接过程中逐渐熔化，由此提供必需的填充材料而将结合部填满。第二种：电弧发生在工件材料和一个非消耗性的钨极之间，钨极的熔点应比电弧温度高，所必需的填充材料须另行提供。

电弧焊通常要对金属熔池进行保护或屏蔽。保护方法有多种，例如，用适当的焊剂覆盖于消耗性的焊条之上；用颗粒状的焊剂粉末或惰性气体形成保护层或气体屏蔽。

根据电弧的作用、电极的类型、电流的种类、熔池的保护方法等，电弧焊可分为：焊条电弧焊、埋弧焊、气体保护焊、等离子弧焊等。其中应用最广泛的是焊条电弧焊。

（3）电渣焊　电渣焊是利用电流通过熔渣所产生的电阻热来熔化金属。这种热源范围较电弧大，每一根焊丝都可以单独成一个回路，增加焊丝数目，可以一次焊接很厚的焊件。

（4）真空电子束焊　真空电子束焊是一种特种焊接方法，用来焊接尖端技术应用的高熔点及活泼金属的小零件，特点是将焊件放在高真空容器内，容器内装有电子枪，利用高速电子束打击焊件，将焊件熔化进行焊接。该方法可以获得高品质的焊件。

（5）激光焊　激光焊也是一种特种焊接方法，是利用聚焦的激光束作为能源轰击焊件接头，所产生的热量进行焊接的方法。

（6）爆炸焊　爆炸焊是利用炸药产生的冲击波和高温使焊件迅速撞击、熔化并在高压下冷却并形成焊接接头的一种焊接方法。

2. 压力焊接

压力焊接（简称压焊）是焊接过程中对焊接接头施加压力，从而实现焊接的方法。压力焊接时，压力使接触面的凸出部分塑性变形，减小凸出部分的高度，增加真实的接触面积。温度使塑性变形部分发生再结晶，并加速原子的扩散。此外，表面张力也可以促使接触面上的空腔体积缩小，加速焊接过程。

根据加热方式的不同，压焊主要包括以下几种主要类型：

（1）电阻焊　电阻焊是利用电阻加热进行焊接的方法，最常用的有点焊、缝焊和对焊三种。点焊和缝焊是将焊件加热到局部熔化状态并同时加压；对焊是将焊件局部都加热到高塑性状态或表面熔化状态，然后施加压力。电阻焊的特点是机械化及自动化程度高，生产率高，但需高电流。

（2）摩擦焊　摩擦焊是利用摩擦热使接触面加热到高塑性状态，然后施加压力的焊接方法。由于摩擦时能去除焊接面上的氧化物，并且热量集中在焊接表面，因而特别适合用于导热性好及易氧化的有色金属的焊接。

（3）冷压焊　冷压焊的特点是不加热，只靠很高的压力来焊接，适用于熔点较低的母材，如铅导线、铝导线、铜导线的焊接。

（4）超声波焊　超声波焊也是一种冷压焊，借助于超声波的机械振动作用，可以降低所需要的压力，目前只用于点焊有色金属及其合金的薄板。

（5）扩散焊　扩散焊是将焊件紧密贴合，在真空或保护气氛中，在一定温度和压力下保持一段时间，使接触面之间的原子相互扩散而完成焊接的焊接方法。扩散焊主要用于焊接熔化焊、钎焊难以满足技术要求的小型、精密、复杂焊件。

3. 钎焊

钎焊是与熔化焊和压焊完全不同的焊接工艺，属于不同金属间的合金化过程，这里不做过多介绍。

2.1.2　焊接性及焊接特点

金属材料的焊接性指的是在采用一定的焊接方法、焊接材料、焊接参数及结构形式的条件下，获得优质焊接接头的难易程度。换句话说，金属材料在特定的焊接条件下，表现出易于焊接和难于焊接的差异。

金属材料的焊接性并非一成不变，即使是同一种金属材料，在采用不同的焊接方法、焊接材料以及焊接工艺（包括预热和热处理等）时，其焊接性也可能有很大的差异。因此，为了获得良好的焊接效果，需要综合考虑各种因素并选择合适的焊接方案。

焊接具有以下主要特点：

（1）不可拆卸　焊接是通过加热或加压，或者两者并用，并且用或不用填充材料，使焊件达到原子（或分子）结合的一种加工方法，是一种把分离物体连接成为不可拆卸的一个整体的加工方法。

（2）省材、结构轻　分离物体采用机械连接时，其结构必须采用搭接形式，同时还需要螺栓、铆钉等机械连接件。采用焊接时，分离物体可以采用对接等形式实现连接，不需要机械连接件，因此，焊接结构具有省材、结构轻等特点。

（3）密封性好　采用焊接制造的结构，连接焊缝可以是连续的，而且实现了原子或分子间的结合，因此，具有很好的密封性。密封容器往往选用焊接制造。

（4）适应性强　在制造大型结构件或复杂的构件时，可以用化大为小、化复杂为简单的方法分段制造，然后用焊接方法将分段制造的构件连接在一起，形成最终的产品。目前经常采用铸-焊、锻-焊联合工艺生产大型或复杂零件。

（5）可制造双金属结构　用焊接方法可以制造不同材料组合的结构、零件或工具，从而充分发挥不同材料各自的性能。例如，一些直径较大的钻头，可以选用普通的钢材作为钻柄，用特殊的钢材作为钻头的切削部分，既可以提高钻头的性能，又可以降低成本。

2.2　焊条电弧焊

焊条电弧焊又叫手工电弧焊，是用手工操控焊条进行焊接的电弧焊方法，也是工业生产中应用最广泛的焊接方法之一，具有设备简单、操作方便灵活等优势，适用于在各种条件下的焊接，特别适合于形状复杂的焊接结构的焊接。因此，虽然焊条电弧焊劳动强度大、焊接生产率低，但仍然在国内外焊接生产中占据重要位置。

焊条电弧焊的焊接回路如图 2-2 所示。焊接电弧是负载，弧焊电源是供电装置，焊接电缆则是连接电源与焊钳和焊件的元件。

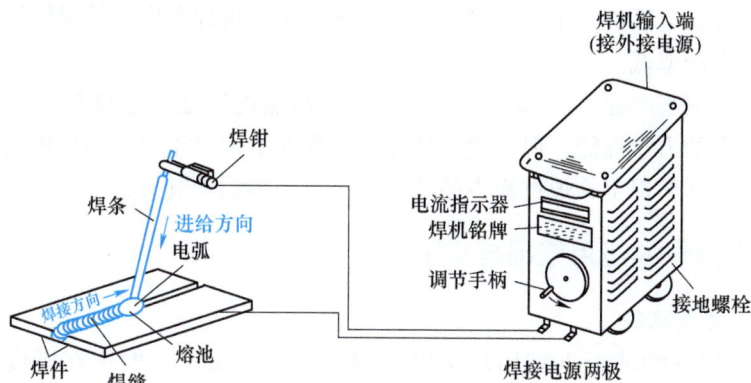

图 2-2　焊条电弧焊焊接回路简图

2.2.1　焊条电弧焊的焊接原理与特点

1. 焊接过程

焊条电弧焊由焊接电源、焊接电缆、焊钳、焊条、焊件、电弧构成回路，焊接时焊条和工件接触，引燃电弧，然后提起焊条并保持一定距离，在焊接电源提供合适电弧电压和焊接电流下电弧稳定燃烧，产生高温，焊条和焊件局部被加热到熔化状态。焊条端部熔化的金属和被熔化的焊件金属熔合在一起，形成熔池。在焊接过程中，电弧随焊条移动，熔池中的液态金属逐步冷却结晶后形成焊缝，两焊件被焊接在一起，其原理如图 2-3 所示。

在焊接过程中，焊条的焊芯熔化后以熔滴的形式向熔池过渡，同时焊条涂层会产生一定量的气体和液态熔渣。产生的气体充满在电弧和熔池周围，隔绝空气。液态熔渣比液态金属密度小，浮在熔池上面，从而起到保护熔池的作用。熔池内金属冷却凝固时熔渣也随之凝固，形成焊渣覆盖在焊缝表面，防止焊缝金属被氧化，并且有助于降低焊缝的冷却速度。焊接时液态金属与液态熔渣和气体间进行脱氧、去硫、去磷、

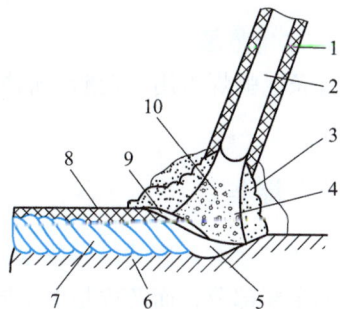

图 2-3　焊条电弧焊原理

1—药皮　2—焊芯　3—保护气　4—电弧
5—熔池　6—母材　7—焊缝　8—焊渣
9—熔渣　10—熔滴

去氢等复杂的冶金反应，从而使焊缝金属获得合适的化学成分和组织。

2. 焊条电弧焊的焊接特点

（1）操作灵活、适应性强　焊条电弧焊设备简单，操作灵活方便，适应性强，可达性好，不受场地和焊接位置的限制。

（2）可焊金属材料广　除难熔或极易氧化的金属外，大部分工业用金属，如碳钢、低合金钢、耐热钢、低温钢和不锈钢等均能用电弧焊接。

（3）接头装配要求低　由于焊接过程由焊工控制，可以适时调整电弧位置和运条手势，修正焊接规范，以保证跟踪接缝和均匀熔透。因此，对焊接接头的装配尺寸要求相对降低。

（4）熔敷速度低、焊接生产率低　与其他电弧焊相比，焊条电弧焊的焊接参数选择范围较小。此外，焊条电弧焊使用的焊接电流小，每焊完一根焊条后必须更换焊条并清渣，因此熔敷速度低、生产率低。

（5）焊缝质量依赖性强、对焊工技术要求高　虽然可以通过选择与母材性能相当的焊条来满足焊接接头的力学性能，但焊缝质量在很大程度上依赖于焊工的操作技能及其对现场条件的适应能力，甚至焊工施焊过程中的精神状态也会影响焊缝质量。

2.2.2　焊条电弧焊的适用范围与局限性

1. 可焊工件厚度范围

厚度在 1mm 以下的薄板不宜用焊条电弧焊。焊条电弧焊一般用在厚度为 3~4mm 的钢板。

2. 可焊接金属范围

焊条电弧焊可焊接的金属有：碳钢、低合金钢、不锈钢、耐热钢、铝、铜及其合金；可焊接但可能需预热、后热或两者兼用的金属有：铸铁、高强度钢、淬火钢等；不能焊的金属主要有：低熔点金属、难熔金属和活性金属等。

结构复杂的产品，在结构上具有很多短的或不规则的、具有各种空间位置及其他不易实现机械化或自动化焊接的焊缝，最适宜用焊条电弧焊；单件或小批量的焊接产品多采用焊条电弧焊；安装或修理部门中因焊接位置不定、焊接工作量相对较小的工件，宜采用焊条电弧焊。

3. 应用范围

焊条电弧焊可用于造船、锅炉及其压力容器、机械制造、建筑结构、化工设备等制造维修业中。

2.2.3　焊条

焊条是涂有药皮的供焊条电弧焊用的熔化电极，由药皮和焊芯两部分组成。焊芯是填充金属的主要部分，而药皮是由不同物理、化学性质的细颗粒物质所组成的紧密混合物。为便于引弧，焊条前端药皮有 45° 左右的倒角。焊条尾部有一段裸焊芯，约占焊条总长的 1/16，便于焊钳夹持并有利于导电。焊条的直径实际上是指焊芯的直径，通常有 $\phi 2mm$、$\phi 2.5mm$、$\phi 3.2mm$、$\phi 4mm$、$\phi 5mm$ 和 $\phi 6mm$ 等几种规格，最常用的是 $\phi 3.2mm$、$\phi 4mm$ 和 $\phi 5mm$。焊条的长度"L"一般为 200~550mm。

1. 焊条焊芯的作用

（1）导电　焊芯用于在焊条和焊件之间建立电弧，电源通过焊芯传输焊接电流。

（2）填充焊缝金属　在焊接过程中，焊芯熔化，为焊接部位填充金属，增强焊接部位的强度。如果采用特殊材料成分的金属丝，还可以将有益的元素添加到焊缝中，以改善焊缝的化学成分、微观组织结构以及焊接质量。

2. 焊条药皮的作用

焊条药皮在电弧作用下发生一系列物理、化学变化，产生的气体和熔渣不仅可以使电弧、熔池、高温金属与空气隔绝，还可以与熔滴和焊接熔池发生一系列冶金反应，去除焊缝中的有害元素，改善焊缝的化学成分、微观组织结构，提高焊缝性能。焊条药皮的主要作用如下：

（1）机械保护作用　焊条药皮在高温下产生的气体可以保护电弧、熔滴与熔池，防止空气对液体金属产生影响；药皮熔化后形成的熔渣覆盖熔滴、熔池及高温焊缝金属，隔绝空气中的氧和氮，提供保护，机械保护又称为气-渣联合保护。

（2）冶金作用　药皮产生的熔渣与熔化金属发生冶金反应，可以去除液体金属中的有害杂质，如氧、氢、硫、磷等，还可以向焊缝中添加合金元素，以弥补合金元素的损失，确保焊缝达到预期的力学性能。

（3）提高电弧燃烧稳定性　通过在药皮中加入低电离电动势的物质，气体介质更容易在高温下电离，从而提高电弧燃烧的稳定性。

总之，药皮的主要作用是保护电弧、熔滴和熔池不受空气的影响，确保焊缝金属具有预期的化学成分和力学性能，并使焊条具有良好的引弧、稳弧和脱渣等性能。

2.2.4　焊接接头金属组织与性能的变化

焊接接头由焊缝金属和热影响区组成。在电弧焊过程中，电弧局部加热被焊工件，使工件和填充金属熔化形成熔池，随着电弧不断向前移动，熔池金属冷却结晶形成连续焊缝。显然，焊缝附近的母材金属将经历从常温加热到较高温度，然后逐渐冷却至常温的过程。在焊接过程中，焊缝金属经历一次焊接冶金过程，而焊缝附近的母材金属受到焊接热循环的影响，相当于经历了一次局部热处理，导致焊缝金属及其附近的母材金属发生相应的组织和性能变化。

1. 焊缝金属

焊缝金属是由焊接熔池冷凝形成的，即焊缝表面和熔合线所包围的区域。焊缝金属的结晶从熔池底部开始向中心生长，由于冷却速度不同，形成柱状的铸态组织。焊缝金属的化学成分主要取决于填充金属的化学成分，同时也受母材金属的影响。实际生产中，根据不同的焊接结构特点、不同的焊接方法和材料，如焊条电弧焊时所用不同类型的焊条药皮、CO_2 气体保护焊时采用合金化的焊丝等，可向焊缝金属中渗入一定量的有益合金元素，有利于改善焊缝金属的化学成分，提高焊接接头的性能。因此，只要选择合适的焊接材料和焊接参数，接头焊缝金属的强度一般不会低于母材金属。

2. 热影响区

热影响区是焊接过程中，母材金属受热影响而发生金相组织和力学性能变化的区域。以低碳钢焊接接头为例，说明焊缝及其附近母材金属由于受到焊接热作用而发生的金属组织与性能变化，如图 2-4 所示。图 2-4 中的上部右侧为局部铁碳合金相图。低碳钢的焊接热影响区通常由熔合区、过热区、正火区和部分相变区组成。

（1）熔合区　其热温度介于液、固两相线之间（约为 1490 ~ 1530℃）。在焊接过程中，只有部分金属熔化，因此也被称为半熔化区。熔化的金属将凝固成铸态组织，而未熔化的金属因加热温度过高而形成过热粗晶组织。该区的成分及组织不均匀，导致塑性和韧性极差，严重降低强度，可能成为接头裂纹和局部脆性破坏的源头。在低碳钢接头中，尽管熔合区的宽度很窄，但仍严重影响整个焊接接头的性能。

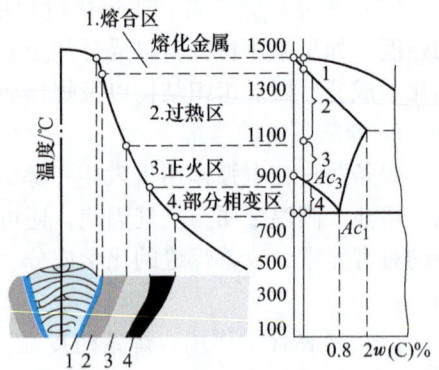

图 2-4　低碳钢焊接接头的组织与性能变化

（2）过热区　其热温度在 1100℃ 至固相线之间（约为 1100 ~ 1490℃）。由于金属被加热至高温状态，奥氏体晶粒急剧长大，冷却后组织晶粒粗大，还有可能出现粗大针状铁素体（即魏氏组织）。因此，过热区金属的塑性和韧性很低，当焊接刚度大的结构或含碳量较高的易淬火钢时，可能在此区产生裂纹。

（3）正火区　其热温度在 Ac_3 ~ 1100℃（Ac_3 约为 850℃）之间。在这个温度下，母材金属形成细小的奥氏体组织，冷却后获得均匀细小的铁素体和珠光体组织。因此，正火区的力学性能一般较高。

（4）部分相变区　其热温度在 Ac_1 ~ Ac_3 之间（727 ~ 850℃）。在此区，只有部分组织发生转变，形成细小的铁素体和珠光体；而另一部分组织因温度太低而未发生转变，仍保留原来的组织状态，为粗大的铁素体。由于已发生相变的组织和未发生相变的组织在冷却后晶粒大小不一，因此该区的力学性能不均匀。

从上述低碳钢焊接接头的组织和性能变化可以看出，焊接热影响区中的熔合区和过热区力学性能很差，易产生裂纹和局部脆性破坏，对整个焊接接头产生不利影响，应采取一定措施使这两个区的尺寸尽可能减小。一般来说，接头热影响区的大小及组织性能变化程度主要决定于焊接方法及焊接参数。热源热量集中且焊接速度快时，接头热影响区就较小。采用不同焊接方法焊接低碳钢时，焊接热影响区的平均尺寸数值见表 2-1。从表中可以看出，电子束焊的热影响区最小。由于采用同一焊接方法在不同焊接参数下施焊时，接头热影响区的大小也不相同，因此，在保证接头质量的前提下，应尽量提高焊接速度、减小焊接电流，不仅能使热影响区变小，还有利于减小焊接变形。

表 2-1　焊接热影响区的平均尺寸数值

焊接方法	过热区宽度/mm	热影响区总宽度/mm
焊条电弧焊	2.2 ~ 3.5	6.0 ~ 8.5
埋弧焊	0.8 ~ 1.2	2.3 ~ 4.0
氩弧焊	2.1 ~ 3.2	5.0 ~ 6.2
电渣焊	18 ~ 20	25 ~ 30
等离子弧焊	—	1.4 ~ 2.5
电子束焊	—	0.05 ~ 0.75

由于焊接接头中的熔合区与过热区难以避免，所以在实际生产中，应通过正确选择焊接方法和焊接工艺来减少接头内不利区域的影响，以提高焊接接头的质量。例如，对于低碳钢之外的碳素钢和低合金钢焊接构件，一般焊后再进行正火处理，使焊接接头各区域组织全部转变为细小均匀的组织，从而达到改善其力学性能的目的。焊接高碳钢和高合金钢时，为避免接头产生裂纹，改善焊接性能，可采取焊前预热、焊后热处理等措施。

2.2.5　焊接应力与变形

在焊接过程中，焊接热源不均匀地对焊件进行加热会导致应力和变形的产生，这些焊接应力和变形对工件的机械加工精度和承载能力有不利影响，并可能导致焊接裂纹和接头的脆性断裂。焊接变形会使工件的尺寸和形状不符合技术要求，增加后续零部件的装配难度。矫正焊接变形需要额外的加工工时，当变形严重时，可能导致焊件无法修复而只能报废，造成经济损失。因此，有必要分析焊接应力和变形产生的原因，以便在焊接生产中预防和控制这些问题的发生。

1. 焊接应力与变形产生的原因

焊接过程是一个不平衡的热循环过程。焊接时，焊缝及其周围的热影响区从室温被加热到较高温度（焊缝金属处于液态），然后接头快速冷却。焊件在这个过程中受到不均匀的加热和冷却，这是产生焊接应力和变形的主要原因。

以平板对接焊时受热膨胀和冷却收缩的情况为例，其纵向应力分布与变形如图 2-5 所示。在焊接过程中，焊缝区的金属受到局部加热而膨胀，但由于未受热部分金属的约束，膨胀受到限制，导致焊缝中心区产生压应力，在两侧产生拉伸应力。如果这些应力超过了材料的屈服强度，就会导致压缩塑性变形。焊后冷却时，焊件受到约束，焊缝区的收缩受到限制，导致焊缝中心区产生拉伸应力，两侧产生压应力。当这些应力达到平衡时，焊件整体会发生缩短，即产生了焊接变形。这种焊接应力和变形的产生是由焊接过程中的不均匀加热和冷却引起的，因此，在焊接生产中，需要采取措施来预防和控制这些应力和变形，以确保焊接质量和工件的性能。

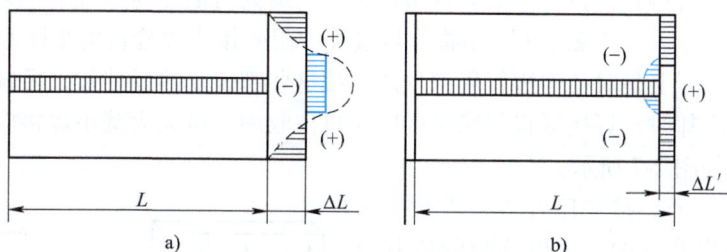

图 2-5　平板对接焊时纵向应力分布与变形示意图
a）焊接过程中　b）焊后冷却至室温

焊接过程中，焊件金属在加热和冷却时，自由变形受阻是焊接残余应力和变形产生的根本原因。焊接应力与变形往往同时存在，且相互制约。如果焊件的受拘束程度较大，则焊件变形小而残余应力较大，甚至高达材料的屈服强度；如果焊件的受拘束程度较小，焊件可产生较大的变形，而残余应力较小。在实际生产中，由于焊接工艺、焊接结构特点和焊缝的布置方式不同，焊接变形的方式有很多种，焊接变形的 5 种基本方式如图 2-6 所示。各种焊接变形产生的基本原因如下：

（1）**收缩变形**　焊接后，焊件沿着纵向（平行于焊缝）和横向（垂直于焊缝）收缩引起的工件整体尺寸减小。

（2）**角变形**　由于焊缝截面形状上下不对称，造成焊缝横向收缩在厚度方向上分布不均匀。V 形坡口的对接接头和角接接头易出现角变形。

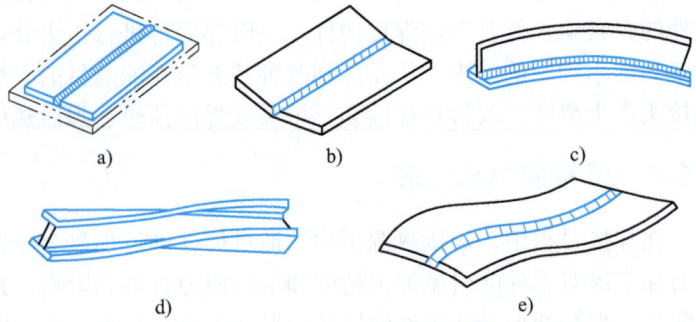

图 2-6　焊接变形基本方式
a）收缩变形　b）角变形　c）弯曲变形　d）扭曲变形　e）波浪变形

（3）**弯曲变形**　由于焊缝位置在焊接结构中布置不对称，焊缝的纵向收缩不对称引起工件向一侧弯曲，一般在焊接 T 形梁时易出现。

（4）**扭曲变形**　由于焊接顺序和焊接方向不合理，造成焊接应力在工件上产生较大的转矩所致。

（5）**波浪变形**　由于焊缝收缩使薄板局部产生较大的压应力而失去稳定性，引起不规则的变形。

2. 减小和防止焊接应力的措施

（1）**焊前预热和焊后热处理**　对焊件进行焊前预热及焊后热处理是减小结构焊接应力最有效的措施。焊前将焊件预热到 400℃ 以下的适当温度，然后进行焊接。通过预热可减小焊接区与周围金属的温度差，并降低焊缝区的冷却速度，使焊件各区域的膨胀与收缩量相对均匀，从而减小焊接应力，同时还能在一定程度上使焊接变形减小。焊后去应力退火是对焊件整体或局部进行加热，对于钢制焊件通常加热到 550~650℃，保温一段时间，然后缓慢冷却。在去应力退火过程中，尽管钢件的组织不发生变化，但金属在高温时强度下降和产生蠕变现象将使焊接应力得到松弛。一般焊件整体去应力退火可消除 80% 左右的焊接应力。

（2）**加热减应区法**　"减应区"是指焊接过程中阻碍接头焊缝自由膨胀和收缩变形的区域，加热减应区实际上是对结构进行局部预热，使这些部位受热后伸长，可减少对焊接部位的拘束，待焊缝冷却时，焊接区将与减应区同时自由收缩，可大大减小焊接应力与变形。加热减应区示意图如图 2-7 所示。

（3）**选择合理的焊接顺序及焊接参数**　采用合理的焊接顺序和方向，可以使焊缝冷却时收缩比较自由，不受较大的拘束，有利于减少焊接应力。一般是先焊收缩量较大的焊缝，使焊缝一开始就能够自由收缩变形，从而使焊接残余应力较小。例如，进行平板拼接时，应先焊错开的短焊缝，然后焊长的直焊缝，如图 2-8a 所示。图 2-8b 中因先焊焊缝 1 而使焊缝 2 在焊接时拘束度增加，收缩不能自由进行，

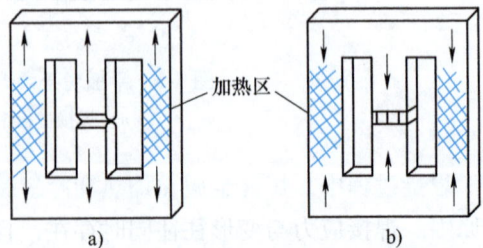

图 2-7　铸铁框架补焊加热减应区示意图
a）焊前加热　b）焊后冷却

导致构件的残余应力较大，甚至会造成在焊缝交叉处产生裂纹。正确选择焊接参数，如在电弧稳定燃烧、保证焊透的情况下，采用小电流、快速焊，能减少焊接时的热输入，有利于减小残余应力与变形。另外，对于厚大焊件采用多层多道焊，也可有效减小焊接应力。

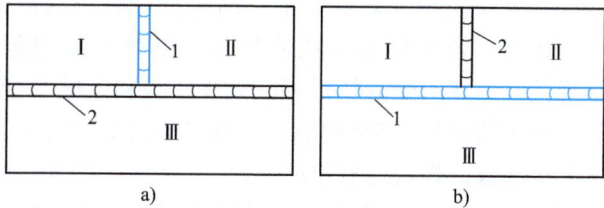

图 2-8　焊接顺序对焊接应力的影响

a）合理的焊接顺序　b）不合理的焊接顺序

（4）焊后锤击或辗压焊缝、拉伸或振动工件　每焊完一道焊缝后，当焊缝仍处于高温时，用小锤对焊缝进行均匀适度的锤击，能使焊缝金属在高温塑性较好时得以延伸，补偿部分收缩，可大大减小焊接应力和变形，避免裂纹的产生。焊后辗压焊缝的作用与锤击类似，同样可达到减小应力和变形的目的。同理，焊后对工件进行拉伸可使焊缝伸长，有利于减小焊缝收缩造成的残余应力，对塑性好的材料效果较好。另外，在一定的频率下振动工件，也可以使其内部应力得到部分释放，一般适合于中、小型焊件。

3. 控制焊接变形的措施

（1）预先反变形　预先反变形是在焊接前，根据经验或结合理论分析，判断结构在焊后可能产生的变形大小和方向，然后在装配时预先使接头产生一个方向相反、数值相等的反变形，以抵消结构的正常焊接变形，如图 2-9 所示。

（2）焊前刚性固定　焊前刚性固定是指采用工装夹具或定位焊固定等方式来控制焊接变形，如图 2-10 和图 2-11 所示。该方法能有效防止角变形和波浪变形，但不能完全消除焊后残余变形。

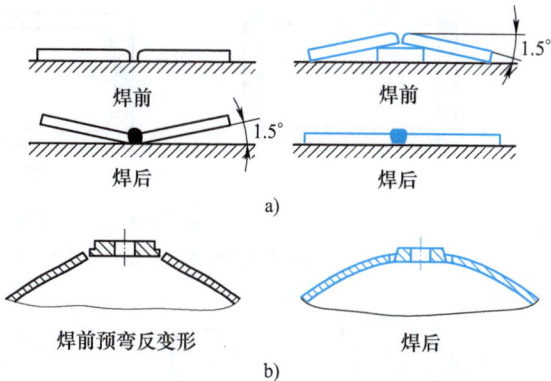

图 2-9　预先反变形示意图

a）平板对接　b）壳体焊接

焊前刚性固定会导致焊件内应力增大，对于塑性差的焊件应慎用。

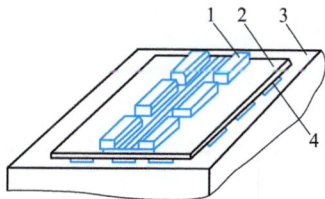

图 2-10　用刚性固定法拼接薄板

1—压铁　2—焊件　3—平台　4—临时定位焊

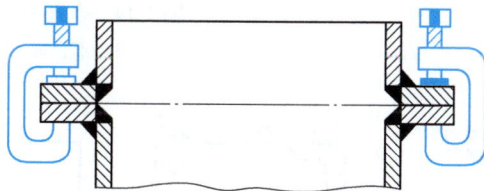

图 2-11　用刚性固定防止法兰角变形

（3）选择合理的焊缝尺寸和接头形式　在保证结构承载能力的前提下，应尽量设计较小尺寸的焊缝，在减少焊接工作量的同时，可有效减小焊接变形和应力。如图 2-12 所示，对于受力较大的 T 形接头和十字形接头，为了保证焊透，可采用开坡口的焊缝。

（4）**尽可能减少焊缝数量**　结构设计时应尽量采用大尺寸板材、合适的型材或冲压件，以减少焊缝数量，这样焊接时焊件所受的热量相应减少，有利于减小变形。例如，图 2-13a 所示结构焊缝的数目多于图 2-13b、c 所示结构的焊缝数，焊接变形相对较大。

（5）**合理安排焊缝位置**　尽量使焊缝对称分布或接近于构件截面的中性轴，这样焊后构件收缩所引起的变形便大部分可相互抵消，所以焊件整体基本不会产生弯曲变形，如图 2-14 所示。

（6）**尽量减小结构变形**　采用能量集中的热源，对称焊（图 2-15）、分段焊（图 2-16）和多层多道焊等可有效减小焊接变形。因为焊接时热量集中、热输入小，可减少焊接区的受热；对称施焊可使焊接过程中产生的变形相互抵消；分段焊可使焊接区的温度分布较均匀，显著减小结构变形。

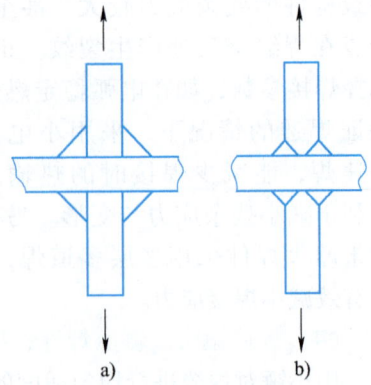

图 2-12　相同承载能力十字形接头的设计

a）不开坡口　b）开坡口

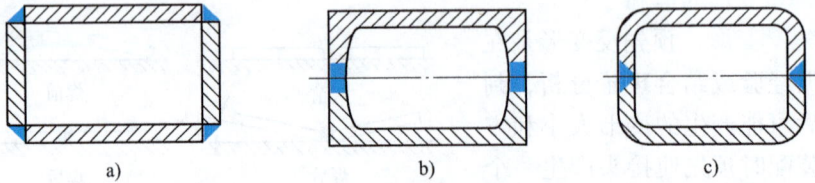

图 2-13　减少焊缝数量的设计

a）4 块钢板焊接　b）两根槽钢焊接　c）两个冲压件焊接

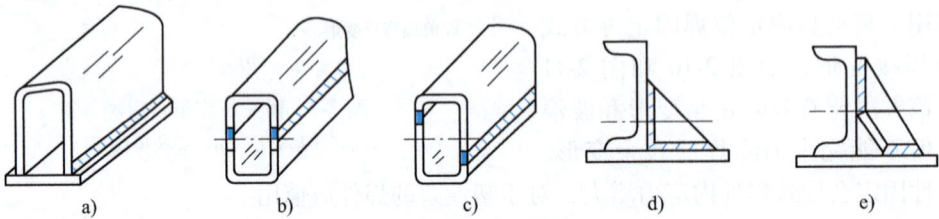

图 2-14　合理安排焊缝位置的设计

a）、d）不合理　b）、c）、e）合理

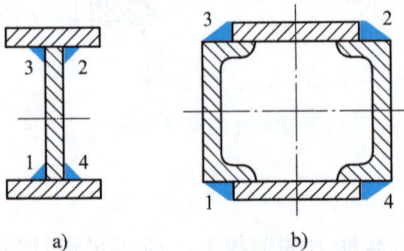

图 2-15　对称焊

a）工字梁　b）箱形梁

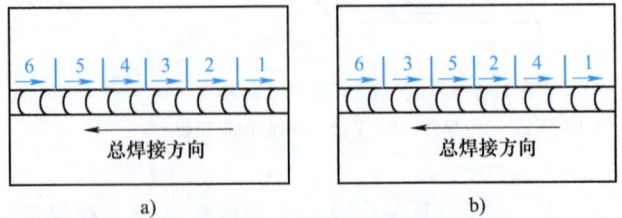

图 2-16　长焊缝的分段焊法

a）逐步退焊法　b）跳焊法

4. 焊接变形矫正方法

焊件的焊接变形过大，会使焊件的尺寸形状不符合要求，因此，在实际生产中，常需对焊接变形进行矫正，其实质是使焊接结构产生新的变形，以抵消在焊接过程中产生的变形。常用的矫正变形方法如下：

（1）机械矫正法 机械矫正法是利用外力强迫焊件的变形区产生方向相反的塑性变形，以抵消原来产生的焊接变形，如图 2-17 所示，此法会使金属产生加工硬化效应，造成接头的塑性、韧性下降。机械矫正法适合于刚性好、塑性较好的焊件。

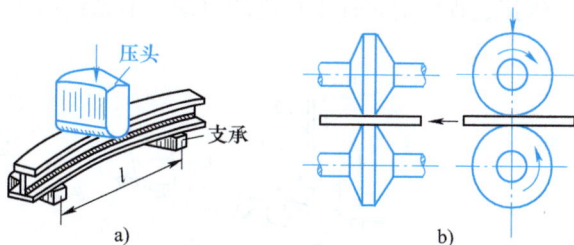

图 2-17 机械矫正变形示意图

a）用压力机矫正弯曲变形 b）用辊轮矫正失稳变形

（2）火焰加热矫正法 火焰加热矫正法如图 2-18 所示，一般是利用氧乙炔火焰对焊件上已产生伸长变形的部位进行加热，利用冷却时产生的收缩变形来矫正焊件原有的伸长变形。加热区一般呈点状、三角形或条状，加热时应防止热量过分集中。虽然火焰加热无须专用设备，机动性好，应用广

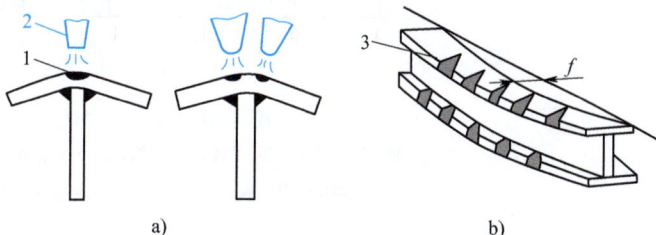

图 2-18 梁火焰加热矫正法示意图

a）矫正角变形 b）矫正挠曲变形
1,3—加热区域 2—焰炬 f—挠度

泛，但对焊件加热位置、加热面积和加热温度的选择，需要有一定的实践经验和结构力学知识，否则不仅消除不了变形，还可能增大原有的变形。

2.3 其他焊接方法

2.3.1 埋弧焊

埋弧焊的工作原理如图 2-19 所示。埋弧焊是利用焊丝和焊件之间电弧所产生的热量熔化焊丝、焊剂和焊件而形成焊缝的。焊丝作为填充金属，而焊剂对焊接区起保护作用。由于焊接时电弧掩埋在焊剂层下燃烧，电弧光不外露，因此被称为埋弧焊。

埋弧焊的焊接过程如图 2-20 所示。焊接时，当焊丝端部与焊件接触后，颗粒状焊剂经焊剂漏斗流出并均匀地堆覆在焊丝周围装配好的焊件上，焊丝由送丝电动机驱动，经送丝滚轮、导电嘴送入焊

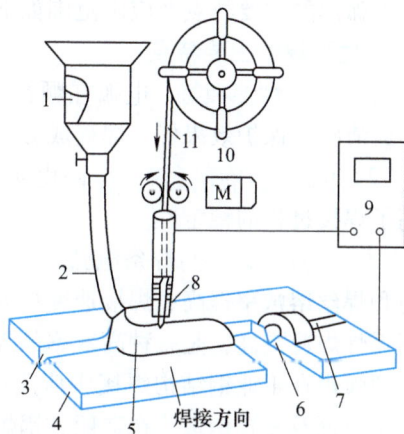

图 2-19 埋弧焊的工作原理示意图

1—焊剂漏斗 2—软管 3—坡口 4—焊件
5—焊剂 6—熔敷金属 7—渣壳 8—导电嘴
9—电源 10—送丝机构 11—焊丝

接区。送丝机构、焊剂漏斗和操作控制盘等安装在一台小车上。通过操作控制盘上的按钮，控制电弧引燃后焊丝的送进和焊接电弧的移动，通过操作控制盘上的按钮或旋钮调整焊接参数，焊接过程的稳定性由焊机的自动调节系统给予保证。

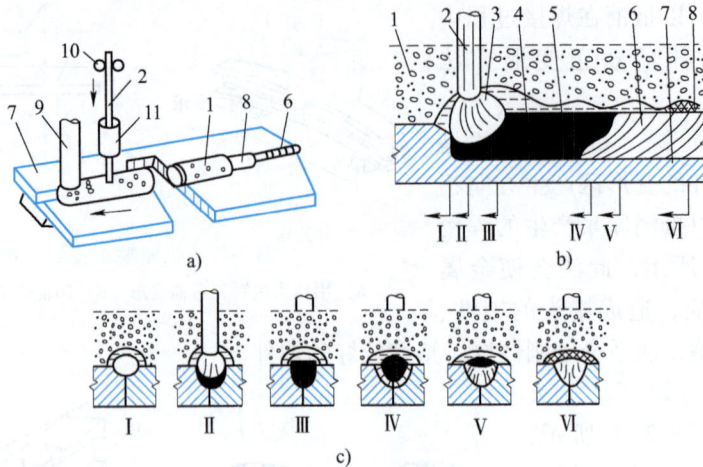

图 2-20　埋弧焊焊接过程
1—焊剂　2—焊丝　3—电弧　4—熔池　5—熔渣　6—焊缝　7—工件
8—焊渣　9—焊剂漏斗　10—送丝滚轮　11—导电嘴

埋弧焊时，一旦焊丝和焊件之间产生电弧，周围的焊件、焊丝和焊剂部分就会熔化甚至蒸发。在熔池前沿形成气泡，电弧在其中稳定燃烧。熔池的下部是液态金属，上部被一层熔融的焊剂和熔渣构成的渣膜覆盖。这层渣膜不仅能够隔离电弧和熔池与周围的空气，还能够阻止电弧辐射光的散射，提高电弧的热效率。随着电弧向前移动，电弧力将熔池中的液态金属排向后方，形成新的熔池。在电弧后方，熔池金属则冷却凝固成为焊缝，熔渣也凝固成渣壳覆盖在焊缝表面。

埋弧焊的主要特点及应用范围如下：

1. 埋弧焊的主要特点

（1）电弧性能独特　电弧在颗粒状焊剂下产生，在金属和焊剂的蒸气气泡中燃烧，顶部形成渣膜，保护效果好，焊缝成分稳定，力学性能优良，质量高，操作条件优越。

（2）弧柱电场强度较高　高电场强度使得设备调节性能好，具有较高的调节灵敏度，提高了焊接过程的稳定性。

（3）生产率高　与焊条电弧焊相比，埋弧焊焊丝导电长度缩短，电流密度增加，熔透能力和焊丝熔敷率提高，焊接速度可大幅提高。单丝埋弧焊焊速可达 30~50m/h，双丝或多丝埋弧焊焊速更高，是一种高效率的焊接方法。

埋弧焊在工业钢结构焊接中应用广泛，可用于焊接碳素结构钢、低合金结构钢、不锈钢、耐热钢及复合钢板。在造船、锅炉、化工容器、桥梁、起重及冶金机械制造中是主要的焊接方法。此外，还可用于焊接镍基合金、铜合金，以及堆焊耐磨、耐蚀合金。其应用局限性包括焊接位置的限制和焊接材料的限制。

2. 埋弧焊的应用范围

埋弧焊在工业生产中是一种常用的高效焊接方法。适用于焊缝保持在水平位置或有轻微倾斜度的焊件，可用于对接、角接和搭接接头的焊接，适用于批量较大、较厚、较长的直线及较大直径的环形焊缝的焊接。可用于焊接各种钢板结构，以及焊接碳素结构钢、低合金结构钢、不锈钢、耐热钢、复合钢板、镍基合金和铜基合金。还可在基体表面堆焊耐磨、耐腐蚀的合金层。然而，不适用于焊接铸铁、铝、镁、铅、锌等低熔点金属材料。

2.3.2 电渣焊

电渣焊是利用电流通过液体熔渣所产生的电阻热进行焊接的方法。其原理如图 2-21 所示。

根据所用电极形状不同，电渣焊可分为以下几种。

1. 丝极电渣焊

丝极电渣焊是应用最早、最多的一种电渣焊方法。它是利用不断送进的焊丝作为熔化电极（填充金属），如图 2-22 所示。根据焊件厚度不同，可同时采用 1~3 根焊丝。在焊丝数量不变的情况下，为了增加所焊焊件的厚度并使母材在厚度方向上受热熔化均匀，焊丝可以沿着厚度方向做横向往复摆动。在采用多根焊丝焊接时，焊接设备和焊接技术比较复杂。丝极电渣焊一般用于焊接厚度为 40~450mm，并且焊缝较长的焊件以及环焊缝的焊接。

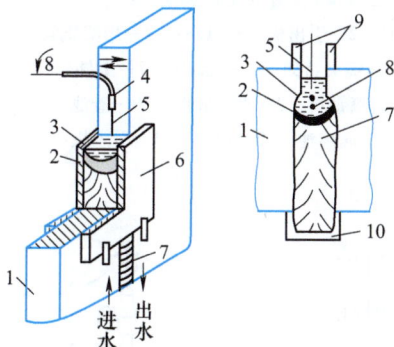

图 2-21 电渣焊焊接过程示意图

1—焊件 2—金属熔池 3—渣池
4—导电嘴 5—焊丝 6—冷却滑块
7—焊缝 8—金属熔滴 9、10—引入板

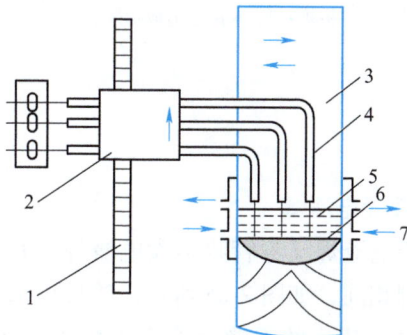

图 2-22 丝极电渣焊示意图

1—导轨 2—焊机机头 3—工件
4—导电嘴 5—渣池 6—金属熔池
7—水冷成形滑块

2. 板极电渣焊

板极电渣焊是用金属板条作为熔化电极，如图 2-23 所示。根据焊件厚度不同，板极电渣焊可以采用一块或数块板极进行焊接。由于焊接时板极只需要向下送进，不做横向摆动，而且板极的送进速度很慢（1~3m/h），完全可以手动送进，因而板极电渣焊设备比较简单。板极材料的化学成分与焊件相同或相近即可，因此可用板材的边角料制作，既方便又经济。但板极电渣焊需要采用大功率电源（因电极的截面大）；同时，要求板极的长度为焊缝长度的 4~5 倍，若焊缝长度增加，板极长度也要增加。这样板极长度会受到自身刚度和送进机构的高度限制，所以板极电渣焊的焊缝长度受到限制。

3. 熔嘴电渣焊

熔嘴电渣焊是利用不断送进的焊丝和固定于焊件装配间隙并与焊件绝缘的熔嘴共同作为

填充金属的电渣焊方法，如图 2-24 所示。熔嘴是由与焊件截面形状相同的熔嘴板和导丝管组成。焊接时，熔嘴不仅起到导电嘴作用，熔化后还可成为填充金属的一部分。根据焊件厚度不同，可以采用一个或多个熔嘴同时焊接。熔嘴电渣焊的可焊焊件厚度可达 2m，焊缝长度可达 10m 以上。

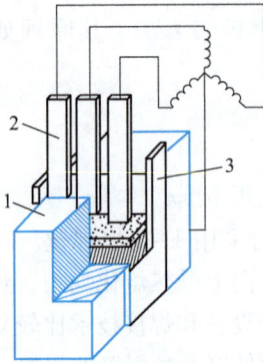

图 2-23　板极电渣焊示意图

1—焊件　2—板极　3—水冷强迫成形装置

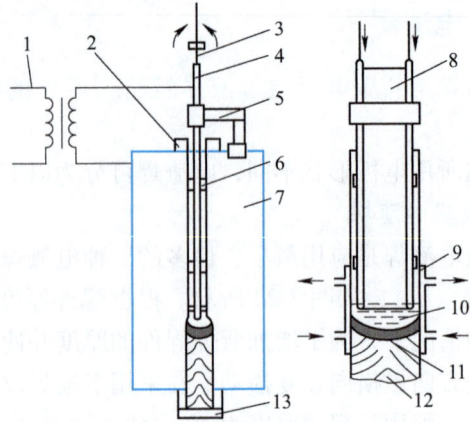

图 2-24　熔嘴电渣焊示意图

1—电源　2—引出板　3—焊丝　4—熔嘴钢管
5—熔嘴夹持架　6—绝缘块　7—工件
8—熔嘴铜块　9—水冷成形　10—渣池
11—金属熔池　12—焊缝　13—引入板

4. 管极电渣焊

管极电渣焊又称管状熔嘴电渣焊，其基本原理与熔嘴电渣焊相同，如图 2-25 所示。管极电渣焊采用一根在外表面涂有药皮的无缝钢管充当熔嘴，在焊接过程中，药皮除了起到绝缘作用并使装配间隙减小外，还可以起到随时补充熔渣及向焊缝过渡合金元素的作用，适用于焊接厚度为 20~60mm 的焊件。

电渣焊适用于焊接厚度较大的焊件，目前可以焊接的最大厚度可达 300mm。焊件越厚、焊缝越长采用电渣焊越合理。一般用于难以采用埋弧焊的某些曲线或曲面焊缝、由于现场施工或起重设备的限制必须在垂直位置焊接的焊缝以及大面积的堆焊、某些焊接性较差的金属如高碳钢、铸铁的焊接等。电渣焊不仅是一种优质、高效、低成本的焊接方法，还为生产、制造大型构件和重型设备开辟了新途径。利用电渣焊方法，可将一些外形尺寸和重量受到生产条件限制的大型铸造和锻造结构，采用铸-焊、锻-焊或轧-焊结构来代替，从而显著地提高工厂生产能力。

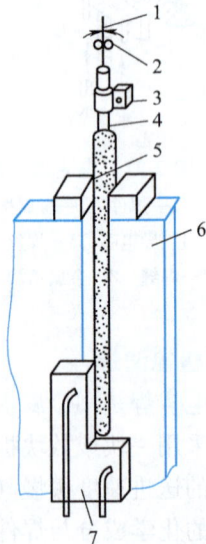

图 2-25　管极电渣焊示意图

1—焊丝　2—送丝滚轮
3—管极夹持机构
4—管极钢管　5—管极涂料
6—焊件　7—水冷成形滑块

2.3.3　压焊

1. 电阻焊

电阻焊是压焊中应用最为广泛的焊接方法，其应用大至航天器，小至精细的半导体器件和各种厚、薄膜集成电路；可焊接各种结构钢、钛合金、铜合金、铝合金、镁合金、难熔合金和烧结铝之类的烧结材料。据统计，大约有 1/4 的焊接工作量是由电阻焊完成的。

电阻焊又称接触焊，是通过两个电极对组合工件施加一定压力，利用电流通过接头的接触面及邻近区域产生的电阻热进行焊接的方法。电阻焊的特点是低电压（几伏至十几伏）、大电流（几千安至几万安），焊接时间极短，一般只有 0.1s 至几十秒。与其他焊接方法相比，电阻焊操作简单，对工人的操作技术水平要求低，生产率很高，焊件变形小，无须填充金属和焊剂等，劳动条件较好，易于实现机械化和自动化。但电阻焊设备较复杂，一次性投入大，耗电量大，对焊件厚度和截面形状有一定限制，可单件小批量生产，更多用于成批大量生产。根据使用的电极形式不同，电阻焊可分为电阻点焊、缝焊和对焊，如图 2-26 所示。

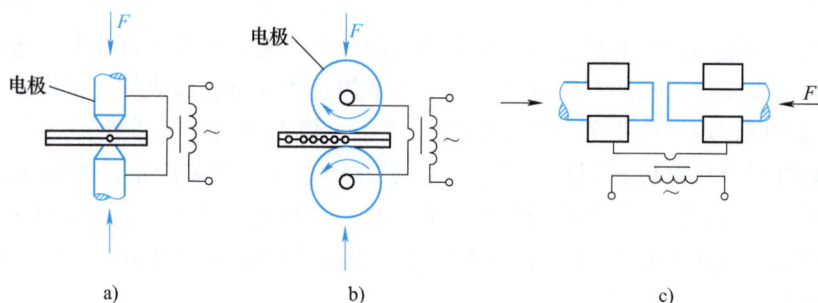

图 2-26　电阻焊方法示意图

a）点焊　b）缝焊　c）对焊

（1）点焊　点焊是将两个被焊工件装配成搭接接头，并压紧在上、下两个电极之间，利用电阻热熔化母材金属，冷却结晶后形成焊点的电阻焊方法，如图 2-26a 所示。电阻点焊使用的电极通常是具有良好导电和导热性能的铜（或铜合金）电极，焊接时，电极中间通入冷却水，与焊件接触处的电极上的热量及时被冷却水带走，升温有限，因此，电极与工件之间不会焊合在一起。

点焊的焊接过程如下：先对焊件施加一定压力，然后在两个电极中通以电流，被压紧的两焊件之间以及焊件与电极的接触处，由于接触电阻热和工件本身的电阻热使温度急剧升高，焊件产生局部熔化形成熔核，未熔化的周围金属呈塑性状态。之后断电，继续保持一定的焊接压力，封闭在塑性环中的熔核在电极压力作用下冷却结晶，形成一个组织致密的焊点。待焊第二点时，部分电流会通过已经焊好的焊点，这种现象称为分流现象。分流会使待焊接处的有效电流减小，导致焊点强度降低，故一般要求两个焊点之间应保持一定距离，其数值大小与被焊材料的材质及厚度有关，材料的导电性越强，厚度越大，分流现象越严重，为了保证焊点质量，焊点距离应该足够大。

一般金属材料点焊时的最小点距见表 2-2。

表 2-2　最小点距　　　　　　　　　　　　　（单位：mm）

工件厚度	最小点距		
	碳钢、低合金钢	不锈钢、耐热钢	铝合金、铜合金
0.5	10	7	11
1.0	12	10	15
1.5	14	12	18
2.0	18	14	22
3.0	24	18	30

电阻点焊一般采用搭接接头。影响电阻点焊质量的因素主要有焊接电流、通电时间、电极压力及焊件表面清理质量等。电阻点焊主要适用于厚度为 4mm 以下的各种薄板、板料冲压结构及钢筋构件，可焊接低碳钢、不锈钢、铝合金和钛合金等，广泛应用于飞机、汽车、轻工、电子器件、仪表和日常生活用品的生产中。

（2）缝焊　缝焊是电阻焊方法之一，用于将工件装配成搭接或对接接头，并通过两个滚轮电极施加压力和转动，在连续或断续通电的情况下形成一条连续焊缝。这种焊接方法与电阻点焊类似，使用圆盘形电极代替点焊时使用的柱状电极。在焊接过程中，通过滚轮电极通电，压紧并滚动工件，从而在工件上形成由多个焊点相互重叠而成的连续焊缝。

缝焊通电时间很短，使得邻近焊点的间距很小，焊点之间相互重叠，通常达到 50% 以上，这使得焊缝具有良好的密封性。然而，由于缝焊中分流现象严重，所以相较于电阻点焊，焊接相同厚度的焊件需要更高的焊接电流（1.5~2.0 倍）和压力（1.2~1.6 倍）。缝焊主要适用于焊接厚度在 3mm 以下且具有密封性要求的薄壁结构和管道，如消声器、自行车钢圈、汽车油箱、小型容器等。

（3）对焊　对焊是一种将两个被焊工件装配成对接接头，使工件沿整个接触面焊合在一起的电阻焊工艺。根据工艺过程的不同，对焊可以分为电阻对焊和闪光对焊两种类型。

1）电阻对焊是将工件装配成对接接头，使其端面紧密接触，然后利用电阻热将其加热至塑性状态，最后迅速施加顶锻力完成焊接。这种方法操作简单，生产率高，接头外形较为圆滑，但要求焊件表面清理干净，否则易造成加热不均匀，接头质量降低。电阻对焊适用于截面形状简单、直径在 20mm 以下的棒料和管材的焊接。

2）闪光对焊是将工件装配成对接接头，通电后使工件两端面逐渐靠近达到局部接触，利用电阻热加热这些接触点，使端面金属迅速熔化，然后迅速施加顶锻力完成焊接。闪光对焊的接头质量高，适应性强，对焊件端面的清理要求不严，可焊接截面形状复杂的焊件。闪光对焊广泛应用于建筑、机械制造、电气工程等领域，可以焊接细小金属丝、钢轨、大直径油管等，还可以进行不同材质之间的焊接，如钢圈、自行车轮圈、电缆接头等。闪光对焊的缺点包括耗电量大、金属损耗多以及接头处焊后有毛刺需要加工清理。

2. 摩擦焊

摩擦焊是使两焊件连接表面相互接触并做相对旋转运动，同时施加一定压力，利用相互摩擦所产生的热量使焊件端面达到塑性状态，然后迅速施加顶锻力，在压力作用下完成焊接的压焊方法。摩擦焊的焊接过程如图 2-27 所示，先将两被焊工件同心地安装在焊机的夹紧装置中，回转夹具 5 做高速旋转，非回转夹具 7 做轴向移动，使两工件端面相互接触，并施加一定轴向压力，依靠接触面的摩擦产生的热量将接触面金属迅速加热到塑性状态。当达到一定的变形量后，利用制动器 3 使焊件立即停止旋转，同时对接头施加较大的轴向顶锻压力，使两焊件产生塑性变形而焊接起来。摩擦焊常用的接头形式如图 2-28 所示。

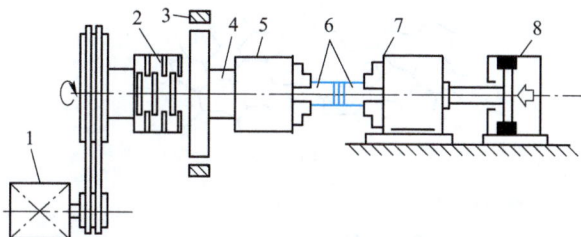

图 2-27　摩擦焊焊接过程
1—电动机　2—离合器　3—制动器　4—主轴　5—回转夹具
6—焊件　7—非回转夹具　8—轴向加压液压缸

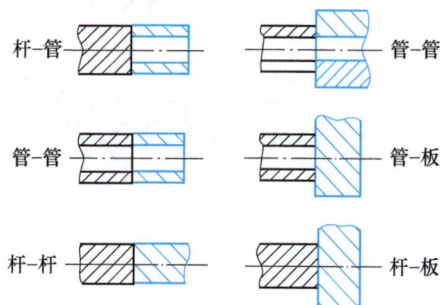

图 2-28　摩擦焊常用的接头形式

摩擦焊的特点是焊接部位在焊前不需要进行特殊清理，不需填充金属，焊接过程中焊件表面不易氧化，不易产生夹渣、气孔等缺陷，接头质量高且稳定，焊件尺寸精度高；焊接操作简单，劳动条件好、生产率高，易于实现机械化和自动化，同种金属及异种金属，甚至复合材料均可焊接。缺点是摩擦焊主要用于圆形截面的棒材或管材，对于非圆形截面、大截面尺寸或薄壁件以及脆性大的材料难以进行焊接，设备一次性投资大。摩擦焊在金属切削刀具、石油钻探、电站锅炉、汽车、拖拉机、纺织等工业部门得到了广泛应用。

3. 扩散焊

（1）**焊接原理**　扩散焊是在真空或保护气氛中进行的一种焊接方法。在焊接过程中，被焊接表面在高温和压力下发生微观塑性流变后相互紧密接触，经过一定时间的保温使原子相互扩散（或利用中间扩散层和过渡相加速扩散过程），使焊接区的成分和组织均匀化，最终达到完全冶金连接的目的。

（2）**焊接过程**　真空扩散焊接设备示意图如图 2-29 所示。扩散焊接时，将焊件置于真空室内，通过感应加热和液压加压，焊接过程如图 2-30 所示，具体可分为三个阶段：第一阶段，在一定的温度、压力和真空条件下，使焊件接合面产生塑性变形，形成金属键连接的交界面；第二阶段，通过原子扩散使交界面上晶界迁移，微孔减小、减少；第三阶段，通过原子扩散，微孔和界面消失，形成完整晶粒并达到冶金结合，形成焊接接头。

扩散焊过程中，被焊件表面状态对扩散焊的焊接质量影响很大。因此，在焊前必须对焊件进行精密加工、抛光、去除油污，使其表面尽可能光洁、平整、无氧化物。

扩散焊与传统的热压焊不同，扩散焊所用压力一般较小，焊接表面所发生的塑性流变量也很小，两个被焊件的加热温度基本相同。扩散焊与钎焊在焊接过程中母材都不熔化，但钎焊在焊缝被钎料填充后基本保持钎料的原始成分，在随后

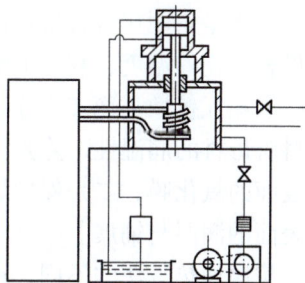

图 2-29　真空扩散焊接设备示意图

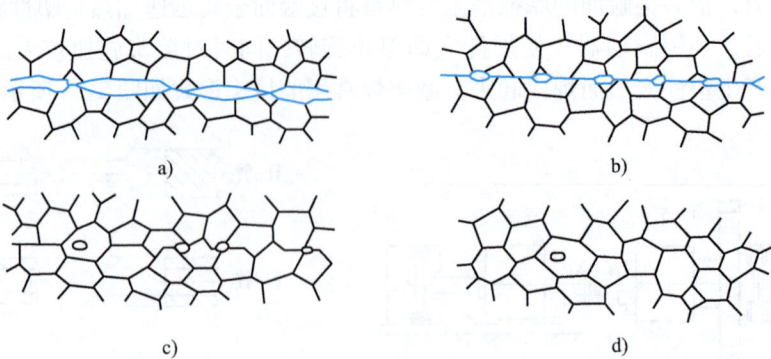

图 2-30　扩散焊接过程

a) 凹凸不平的初始接触　b) 第 1 阶段：变形和交界面的形成
c) 第 2 阶段：晶界迁移和微孔减少　d) 第 3 阶段：体积扩散、微孔清除

的冷却过程中形成铸造组织，因此能够达到与母材一致的性能；而扩散焊完全没有液相或仅有极少量的过渡液相，经过扩散后接头部分的成分和组织基本与母材均匀一致，接头内不存在任何铸造组织，原始界面完全消失，接头性能与母材基本一致。

（3）扩散焊的特点及应用　扩散焊的主要特点如下：

1）扩散焊接头的成分、组织和性能基本相同，甚至完全相同，减少了因组织不均匀引起的局部腐蚀和应力腐蚀导致开裂的危险；焊接精度高，变形小。

2）扩散焊不会过热、不熔化母材，在不损坏性能的情况下可以焊接各种金属和非金属，特别是难以焊接的材料，如强化的高温合金、纤维强化的铝复合材料、金属间化合物等。

3）可以焊接不同类型的材料，包括异种金属、金属与陶瓷等完全不相容的材料，如金属与玻璃、铝与钢、铜与铝等，亦可用于新材料的焊接，如非晶态合金、单晶合金等。

4）扩散焊可以焊接结构复杂、厚度差异大的工件，也可进行大面积板材和圆柱的连接。

（4）扩散焊的应用　扩散焊已广泛应用于航空、航天、原子能、电子信息等尖端技术领域的主要结构件和精密零件，如发动机喷管、飞机蒙皮、复合金属板、钻头与钻杆等。

2.3.4　钎焊

钎焊是采用比母材熔点低的金属填料作为钎料，将焊件和钎料加热到高于钎料熔点、低于母材熔化的温度，利用毛细作用使液态钎料润湿母材，并填充接头间隙，通过钎料与母材之间的相互扩散从而实现连接的方法。钎焊过程如图 2-31 所示。在钎焊过程中，为了改善钎料对母材的润湿性，除真空钎焊外，一般都需要使用钎剂。钎剂的作用一是清除钎料和母材表面的氧化膜；二是保护焊件和液态钎料在钎焊过程中免于继续氧化，促进液态钎料在母材表面的润湿与铺展。

按照加热方法的不同，钎焊可分为火焰钎焊、电阻钎焊、感应钎焊、真空钎焊、盐浴钎焊及烙铁钎焊等。具体的钎焊加热方法应根据工件材质、工件形状与尺寸、接头质量要求与生产批量等因素综合考虑进行选择。钎焊接头的承载能力在很大程度上取决于钎料及钎焊加

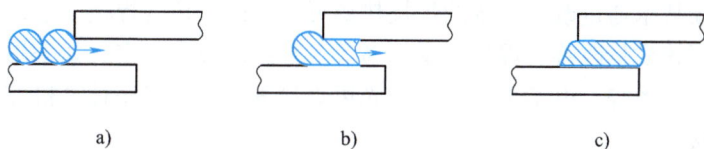

图 2-31　钎焊过程

a）在焊件接头处安置钎料并进行加热　b）熔化的钎料开始流入焊件接头间隙内
c）钎料填满间隙后，与母材相互扩散、凝固形成钎焊接头

热方法的选择应用。根据所用钎料的熔点高低不同，钎焊可分为硬钎焊和软钎焊两大类。钎焊的接头形式通常采用板料搭接和套件镶接，如图 2-32 所示。

1. 硬钎焊

熔点高于 450℃ 的钎料称为硬钎料，相应的钎焊方法称为硬钎焊。常用的硬钎料有铜基、铝基、银基、镍基等合金。硬钎焊钎剂主要有硼砂、硼酸、氟化物、氯化物等。加热方法有火焰加热、电阻加热、盐浴加热、高频感应加热等。硬钎焊接头的强度较高，工作温度高，主要用于受力较大的钢铁件、

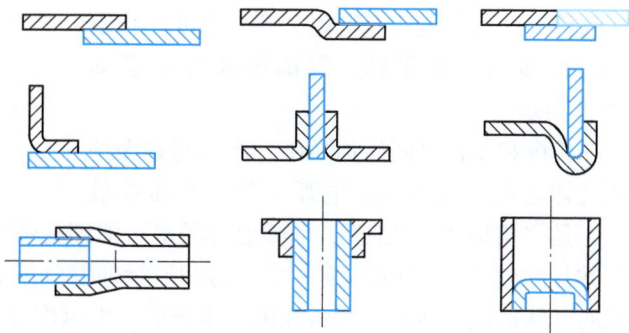

图 2-32　钎焊接头形式

铜合金构件以及工具、刀具的焊接。如钎焊自行车车架、切削刀具等。

2. 软钎焊

熔点低于 450℃ 的钎料称为软钎料，相应的钎焊方法称为软钎焊。常用的软钎料有锡基、铅基、镉基和锌基合金等。软钎焊钎剂主要有松香、氯化锌溶液等。软钎料多采用烙铁加热。软钎焊接头强度低，受钎料熔点限制，其工作温度也低。Sn-Pb 钎料俗称锡焊，接头具有良好的导电性，经常用来焊接电源导线等。软钎焊主要应用于受力不大的电子线路元件、电器仪表等的连接。

3. 钎焊的特点与应用

钎焊具有加热温度低、生产效率高、焊件变形小、钎缝成形美观、焊件尺寸精确等特点。钎焊既可用于同种金属，也可用于异种金属，甚至非金属和复合材料的连接，大多数钎焊设备简单，易于实现生产过程自动化。钎焊的应用范围非常广泛，主要用于机械制造、航空航天、电工电子、仪器仪表以及日常生活中的一些受力不大、工作温度不高的薄板结构、蜂窝结构以及异种金属、复合材料的连接中。例如，硬质合金刀具、铝和铜制热交换器、压气机部件、异种不锈钢电磁阀、电动机、容器、各种电子元器件及导线的连接等。

2.4　焊接成形新技术

随着现代科学技术的突飞猛进，特别是原子能、航空、航天等技术的发展，新的焊接材料和结构不断出现，促进了焊接技术和工艺的迅速发展，很多新的焊接技术不断出现并迅速

得到应用。焊接新技术通过改变传统的焊接热源形式或改进传统焊接工艺，使得焊接工件的材料范围扩大、焊接质量改善、焊接效率提高等。焊接新技术很多，如采用高能量束流的等离子弧焊接、搅拌摩擦焊、电子束焊接、激光束焊接等，还有采用计算机控制焊接过程和焊接机器人等的焊接。

2.4.1 等离子弧焊

1. 焊接原理

一般电弧焊所产生的电弧没有受到外界约束，称为自由电弧，电弧区内的气体尚未完全电离，能量也未高度集中。如果让自由电弧受到压缩，弧柱中的气体就完全电离，产生温度比自由电弧高得多的等离子弧。等离子弧焊装置如图 2-33 所示。

在钨极和工件之间施加高压，通过高频振荡器使气体电离形成电弧，电弧受到三个压缩效应

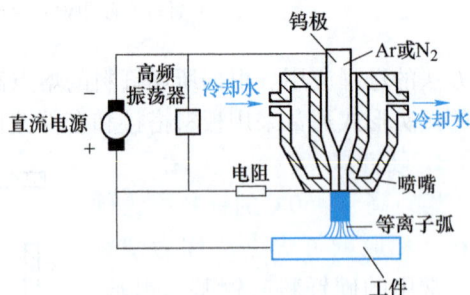

图 2-33　等离子弧焊接装置

应：一是"机械压缩效应"，电弧通过经水冷的细孔喷嘴时被强迫缩小，不能自由扩展；二是"热压缩效应"，当通入有一定压力和流量的氩气或氮气气流时，由于水冷作用，喷嘴管道壁的气体被强烈冷却，使弧柱进一步压缩，电离度大幅提高，从而使弧柱温度和能量密度增大；三是"电磁收缩效应"，带电粒子流在弧柱中的运动类似电流在一束平行的"导线"中移动，其自身磁场产生的电磁力，使这些"导线"相互吸引靠近，弧柱又进一步被压缩。在上述三个效应作用下形成等离子弧，弧柱能量高度集中，能量密度可达 $10^2 \sim 10^6 W/cm^2$，温度可达 20000~50000K，因此能够迅速熔化金属材料，可以用来焊接和切割。等离子弧焊分为大电流等离子弧焊和微束等离子弧焊两类。

大电流等离子弧焊适用于厚度大于 2.5mm 的工件。大电流等离子弧焊有两种工艺：一种是穿透型等离子弧焊，在等离子弧电流足够大且等离子流量较大的条件下焊接时，工件上产生穿透小孔，小孔随等离子弧移动，这种现象称为小孔效应，稳定的小孔是完全焊透的重要标志。由于等离子弧能量密度难以提高到较高程度，致使穿透型等离子弧焊只能用于一定厚度板材的单面焊接；另一种是熔透型等离子弧焊，当等离子气流足够小时，小孔效应消失，此时等离子弧与一般钨极氩弧焊相似，适用于薄板焊接、多层焊和角焊缝的焊接。

微束等离子弧焊时电流在 30A 以下。由于电流小到 1A 时等离子弧仍十分稳定，所以电弧能保持良好的方向性。适用于焊接 0.025~1mm 的金属箔材和薄板。

2. 焊接特点及应用

（1）特点　等离子弧焊除了具备氩弧焊的优点外，还具有以下两个特点：一是具有小孔效应且穿透能力强，因此 10~12mm 厚的焊件可不开坡口，就可实现单面焊双面自由成形；二是微束等离子弧焊能够焊接非常薄的箔材。但等离子弧焊接设备较为复杂，气体消耗量大，因此只适合于室内焊接。

（2）应用　等离子弧焊广泛应用于航空、航天等领域尖端技术中使用的铜合金、钛合金、合金钢、钼、钴等金属的焊接，例如钛合金导弹壳体、波纹管及膜盒、微型继电器、飞机上的薄壁容器等。

2.4.2　真空电子束焊

随着原子能和航空航天技术的发展，钽、铌、钼、钨、锆、钛、镍等难熔金属或稀有金属及其合金被广泛应用。这些金属具有高熔点、高活性的特点，采用一般的焊接技术往往难以获得令人满意的效果。真空电子束焊技术的成功应用为这些金属的焊接开辟了一条有效途径。

1. 焊接原理

真空电子束焊示意图如图 2-34 所示。将电子枪、工件、夹具放置于真空室内（真空度保持在 6.66×10^{-2} Pa 以上）。电子枪由加热灯丝、阴极、阳极及聚焦装置等组成：当阴极的钨丝加热至 2600 K 时能够发出大量电子。电子束经过聚焦、加速后撞击工件表面，动能转化为热能，能量密度可达 $10^6 \sim 10^8$ W/cm^2，使焊接金属迅速熔化甚至气化。通过适当速度移动焊件，可获得理想的焊接接头。

真空电子束焊一般不加填充焊丝，若要求焊缝的正面和背面有一定堆高，可在接缝处预先加垫片。真空电子束焊焊前必须严格除锈和清洗，不允许残留有机物。对接缝间隙不得超过 0.2mm。

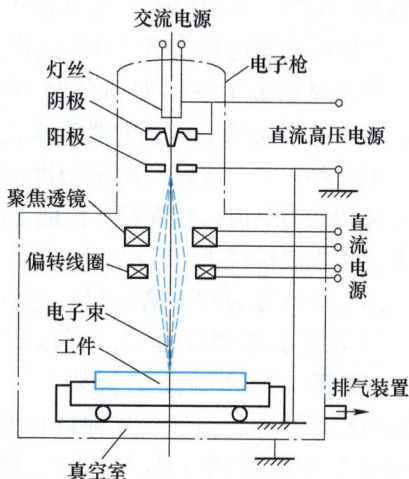

图 2-34　真空电子束焊示意图

2. 真空电子束焊的特点及应用

（1）特点　真空电子束焊在真空环境中进行焊接，保护效果极佳，焊接质量好，具有如下特点：

1）焊缝金属不会被氧化、氮化，且无金属电极污染。没有弧坑或其他表面缺陷，内部熔合良好，无气孔和夹渣。特别适用于活性强、纯度高和极易大气污染的金属，如铝、钛、钼、锆、高强度钢、不锈钢等。

2）热源能量密度大、熔深大、焊速快，焊缝宽度深度比可达 1∶20 ~ 1∶50；能够单道焊厚板，钢板焊接厚度可达 200 ~ 300mm，铝合金焊接厚度可超过 300mm。

3）焊接变形小，可焊接已经精密加工好的组合零件，如多联齿轮组合零件等。

4）焊接参数调节范围广，焊接过程控制灵活，适应性强。可焊接 0.1mm 的薄板，也可焊接 200 ~ 300mm 的厚板；适用于普通的合金钢，也可焊接难熔金属、活性金属以及复合材料、异种金属等，还能焊接一般焊接方法难以实现的复杂形状的工件。

5）焊接设备复杂、成本高。

（2）应用　目前真空电子束焊在原子能、航空航天等尖端技术领域应用日益广泛，从微型电子线路组件、真空容器、钼箔蜂窝结构、原子能燃料元件、导弹外壳，到核电站压力容器等部件都已经采用了真空电子束焊。此外，对于热导率、溶解度等差异很大的异种金属构件，以及真空环境下使用的器件和内部要求真空密封的器件等，采用真空电子束焊也能获得良好的焊接接头。但由于真空电子束焊在压强低于 10^{-2} Pa 的真空中进行，易蒸发的金属和含气量较高的材料在焊接过程中易于挥发，妨碍焊接过程的连续进行，因此，含锌较高的铝合金（如铝-锌-镁合金）和铜合金（黄铜）以及未脱氧处理的低碳钢，不适合采用真空电子束焊接。

2.4.3　激光焊

1. 焊接原理

激光焊是利用原子受激辐射的原理，将工件暴露在一种单色性好、方向性强、强度高的激光束中，从而实现材料的熔化和焊接。激光器是产生激光的关键设备，目前主要有固体和气体两种类型。其中固体激光器常用的激光材料主要有钕玻璃、红宝石和掺钕钇铝石榴石等；气体激光器通常采用二氧化碳作为激光材料。

激光焊系统示意图如图 2-35 所示。在激光焊过程中，焊接部位经过聚焦后的激光束能量密度极高，可达 $10^5 \sim 10^{13}\,W/cm^2$，这种高能量密度能够在极短的时间内将光能转换为热能，使焊接部位的温度迅速升至 10000℃ 以上，形成焊接接头。

激光焊可分为脉冲激光焊和连续激光焊两类。脉冲激光焊适用于微型件焊接，可以实现对薄片（0.2mm内）、薄膜（十几到几十微米）、细丝（直径 0.02 ～ 0.2mm）以及异种金属、异种材料的焊接。而连续激光焊则通常采用大功率 CO_2 气体激光器，连续输出功率可达 100kW，适用于从薄板精密焊到厚板（50mm）穿透焊的各种焊接需求。

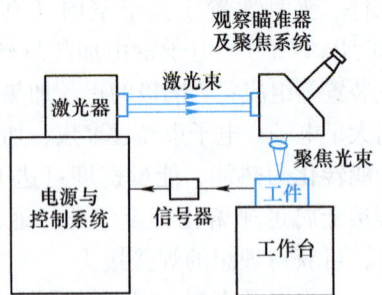

图 2-35　激光焊系统示意图

激光焊具有焊接速度快、焊接质量高、热影响区小等优点，在电子工业、航空航天、汽车制造等领域有着广泛的应用前景。

2. 激光焊的特点及应用

（1）特点　激光焊的能量密度大且释放极为迅速，适合于高速加工，能避免热损伤和焊接变形，故可进行精密零件、热敏感性材料的加工；被焊材料不易氧化，可以在大气中焊接，不需要气体保护或真空环境。此外，由于激光束可通过反射镜或偏转棱镜将其在任何方向上聚焦，无须与被焊工件接触，因此激光焊可以焊接一般焊接方法难以接近的部位，如真空管中的电子元件焊接。采用激光焊还可对绝缘材料直接焊接，对异种金属材料焊接也比较容易，甚至能将金属与非金属焊接在一起。不足的是，目前激光设备的功率较小，可焊接的厚度受到一定限制，且设备操作与技术要求高。

（2）应用　脉冲激光点焊特别适合微型、精密度高、排列非常密集和热敏感材料的焊接，已广泛应用于微电子元件的焊接，如集成电路内外引线焊接、微型继电器、电容器、石英晶体的管壳封焊，以及仪表游丝的焊接等。

2.4.4　爆炸焊

1. 焊接原理

爆炸焊的原理是利用炸药产生的冲击波使焊件迅速撞击，从而在高温下产生金属射流，清除表面氧化物，液态金属在高压下冷却并形成焊接接头。以复合板爆炸焊为例，其安装方式有平行法和角度法两种，如图 2-36 所示。大面积复合板通常采用平行法安装，而小型试验时平行法和角度法均可使用。

爆炸焊的工艺过程如图2-37所示。先将炸药、雷管和焊件安装好，引爆炸药所产生的化学能释放出高压（700MPa）、高温（3000℃）、高速（500～1000m/s）的冲击波。这些冲击波作用于焊件，使其发生剧烈撞击，形成射流，清除金属表面的氧化膜和吸附层。在高压下，洁净的金属接触并结合。随着炸药爆炸，接合界面不断前移，形成焊接接头。

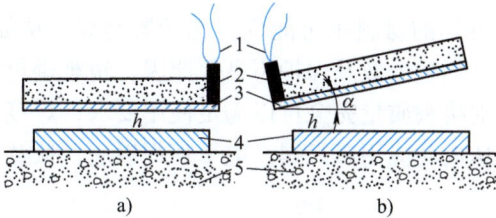

图2-36　复合板爆炸焊安装方式

a）平行法　b）角度法

1—雷管　2—炸药　3—复板　4—基板　5—地面

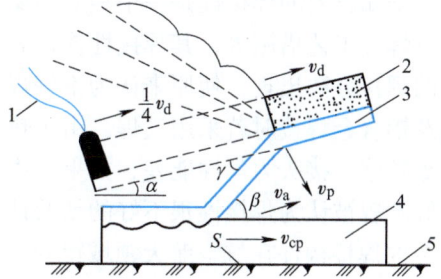

图2-37　爆炸焊的工艺过程

1—雷管　2—炸药　3—复板　4—基板　5—地面
v_d—炸药冲击速度，$1/4v_d$—爆炸物速度，
v_p—复版下落速度，v_{cp}—碰撞点S的移动速度，
v_a—气体的排出速度；α—安装角，
β—碰撞角，γ—弯折角

2. 爆炸焊的特点及应用

（1）特点　爆炸焊具有如下特点：

1）适用于同种或异种金属焊接，可形成高强度冶金结合焊缝。尤其适用于焊接易产生脆性化合物层的异种金属，如铝、钛、锆等与碳钢、合金钢、不锈钢的焊接。

2）可以焊接的尺寸范围广泛，包括大面积的复合板、复合管棒等。例如，复合板的焊接面积可达$13～28mm^2$，复板厚度可为$0.03～32mm$。

3）工艺简单，无须复杂设备，应用方便。

4）可进行双层、多层复合板的焊接，适用于各种金属的对接焊缝、搭接焊缝及电阻焊。

5）使用的炸药通常是铵盐类低速混合炸药，价格低廉、安全、方便，并且不需要复杂的表面清理，只需去除较厚的氧化物和油污即可。

6）焊件材料需要具有一定的韧性以抵抗冲击，屈服强度大于690MP的金属难以进行爆炸焊。不适用于突变截面的焊接。

（2）应用　爆炸焊主要用于焊接物理和化学性能相差较大的金属材料，例如热胀系数相差较大的钛和钢，以及硬度相差较大的铝和钽等。广泛应用于制造石油化工、化肥、农药、医药、轻工等设备的零件。

2.5　金属材料的焊接性能

2.5.1　金属材料的焊接性

金属材料的焊接性是指在一定的焊接条件下，金属材料获得优质接头的难易程度，即金属材料在一定的焊接条件下表现出"好焊"和"不好焊"的差异。金属材料的焊接性受到焊接方法、焊接材料、焊接参数和结构形式等因素的影响。焊接性通常包括以下两方面的内容：一是结合性能，指某种材料在给定的焊接条件下，在焊接接头中是否易产生焊接缺陷；二是使用性能，指在给定的焊接条件下，焊接接头或整体结构是否满足使用要求。

金属材料的焊接性是一个相对的概念，同一种被焊材料，采用不同的焊接方法、焊接材料及焊接工艺措施等，其焊接性往往表现出很大差异。另外，随着焊接技术的发展，一些先进的焊接方法出现，使原来认为不好焊，甚至不可焊的材料也可能变得比较容易焊。例如，铝及铝合金焊接时若采用气焊，由于热源温度低、热量分散及保护不良等原因，很难避免气孔等缺陷，接头力学性能差；如果采用氩弧焊，则接头质量完全可以满足使用要求，焊接性良好。曾被认为焊接性很不好的钛及钛合金，自从成功应用氩弧焊、电子束焊以后，钛及钛合金的焊接构件在航空航天领域得到了广泛应用。

国际焊接学会推荐的碳钢和低合金结构钢的碳当量计算公式为

$$CE = C + \frac{Mn}{6} + \frac{Cr + Mo + V}{5} + \frac{Cu + N}{15}(\%)$$

式中的化学元素符号表示该元素在钢材中的含量（质量百分数，$w(t)\%$）。

实践表明，钢材的碳当量值越高，其淬硬倾向和冷裂敏感性越大，焊接性就越差。当 $CE<0.4\%$ 时，钢材的淬硬倾向和冷裂敏感性都不大，焊接性良好，接头焊接时一般不需进行预热；当 $CE=0.4\%\sim0.6\%$ 时，钢材的淬硬倾向和冷裂敏感性增大，焊接性变差，焊接时需要采取预热、控制焊接热输入、焊后缓冷等措施；当 $CE>0.6\%$ 时，钢材的塑性低、淬硬倾向很大，容易产生冷裂纹，焊接性很差，焊接时需要预热到较高温度、焊后进行热处理和采取其他更为严格的措施。由于碳当量计算公式仅考虑了材料的化学成分对焊接性的影响，没有考虑冷却速度、结构特点等因素对金属材料焊接性的影响，所以利用碳当量法只能在一定范围内粗略评定焊接性。对于实际应用金属的焊接性，应综合考虑各方面因素，通过焊接性试验进行确定。

2.5.2 合金结构钢的焊接

1. 高强钢的焊接性分析

高强钢强度级别较低（屈服强度 300~400MPa）时，其焊接性较好，接近于低碳钢。随着高强钢中合金元素增加，强度级别提高，焊接性逐渐变差，主要问题有：结晶裂纹、冷裂纹及热影响区的性能变化等。

（1）结晶裂纹　焊缝中的结晶裂纹是在焊缝凝固后期，由于低熔共晶在晶界形成液态薄膜，在拉伸应力作用下沿晶界开裂而形成的。结晶裂纹的产生与焊缝中的杂质（如硫、磷、碳等）含量有关。热轧钢、正火钢和低碳调质钢含碳量较低，合金元素的含量较低，这类钢结晶裂纹的敏感性较小。中碳调质钢的含碳量及合金元素的含量较高（如30CrMnSiA），结晶区较宽，会引起较大的偏析，具有较大的结晶裂纹倾向，尤其在焊接弧坑及焊缝凹陷部位更易形成结晶裂纹。

（2）冷裂纹　高强钢焊接时，冷裂纹是最常见的缺陷，随着钢种强度级别的提高，产生冷裂纹的倾向增大。产生冷裂纹主要与焊缝中的扩散氢含量、接头的拘束程度以及金属的淬硬组织有关。

（3）**热影响区脆化** 焊接热影响区可分为过热区、重结晶区和不完全重结晶区，其中除重结晶区由于晶粒细小，具有较好的综合力学性能外，不完全重结晶区、过热区的脆化严重。不同种类的钢，引起热影响区的脆化原因也不同。

（4）**热影响区软化** 焊接调质钢时，在 Ac_1 温度以下，热影响区中加热的峰值温度超过母材调质处理时的回火温度就会出现软化现象，软化程度大小与焊前母材的回火温度有关。回火温度越低，软化区就越宽，软化越严重。

2. 高强钢的焊接工艺

（1）**热轧钢及正火钢的焊接工艺** 热轧钢和正火钢有良好的焊接性，只有在焊接工艺不当时才会出现接头性能问题，主要包括以下几个方面：

1）焊接方法及焊接参数。热轧钢、正火钢适合于各种焊接方法，通常可采用焊条电弧焊、埋弧焊、二氧化碳气体保护焊和电渣焊等方法进行焊接。为避免过热区脆化，宜选用小的热输入。在焊接厚大工件和母材合金元素较多的钢种时，可采用偏小热输入及预热措施，并控制层间温度以防止产生裂纹。

2）焊接材料的选择。采用焊条电弧焊时，可以选择强度级别和母材相当的焊条，对强度级别高的钢，一般应选择低氢型焊条。采用埋弧焊时，对强度级别不大、接头厚度不大的热轧钢、正火钢，可选高硅高锰焊剂，如 HJ431 和相应焊丝（不含或含少量锰、硅焊丝）。对钢的强度级别较高或厚度较大的接头，应选择中硅焊剂如 HJ350、HJ250，并配合含锰合金焊丝，以保证接头足够的强度。

3）焊接接头热处理。热轧钢焊接接头可以在焊态下使用，不必进行焊后热处理，正火钢的焊接接头焊接后应及时进行消除应力处理，以防止裂纹。

（2）**低碳调质钢的焊接** 低碳调质钢焊接性的主要问题是冷裂纹、热影响区组织脆化及软化。

1）焊接方法及焊接参数的选择。为了减少热影响区的脆化、软化及液化裂纹产生，应选择能量密度高、热源集中的焊接方法，如钨极和熔化极气体保护焊。如选择焊条电弧焊和埋弧焊方式，其焊接热输入应偏小些。为防止冷裂纹产生，尤其是延迟裂纹，还需控制接头中含氢量、预热、控制多层焊缝层间温度等措施。

2）焊接材料的选择。由于低碳调质钢焊后一般不再进行热处理，因此选择焊接材料时必须使焊缝的性能接近母材的机能。焊条电弧焊时选用低氢型焊条，埋弧焊时应选择中硅焊剂。

3）焊后热处理。在正常情况下，低碳调质钢焊后不必再进行热处理。对于电渣焊接头或热输入较大的埋弧焊接头，为消除应力、改善组织和性能，焊后须进行调质处理。

（3）**中碳调质钢的焊接** 中碳调质钢一般在退火状态下进行焊接，焊后整体进行调质处理，常用的焊接方法均能适用。在选择焊接材料时，要保证焊缝和母材调质处理后具有相同的性能，并严格控制焊缝中的杂质及有害元素。为防止冷裂纹，可采用合适的热输入，不能采用太高的预热温度、层间温度（250~350℃），焊后及时进行调质处理。如不能及时进行调质处理，可及时进行一次中间退火或回火。

如果必须在调质状态下进行焊接，焊接主要问题是防止冷裂纹和避免接头软化。首先，需要正确选择预热温度及焊后及时回火处理；其次，为减少热影响区的软化，应采用热源集中、能量密度大的焊接能源，并且采用较低的热输入，如氩弧焊等。

3. 特殊用钢的焊接

(1) 珠光体型耐热钢的焊接 珠光体型耐热钢是以 Cr-Mo 为基的低碳合金钢，一般在正火-回火或淬火-回火状态下焊接，在热影响区中可能出现硬化和软化，以及冷裂纹和消除应力裂纹（再热裂纹）倾向。珠光体型耐热钢常用的焊接方法有焊条电弧焊、埋弧焊、电渣焊等，有时还可用 CO_2 气体保护焊。采用焊条电弧焊时，一般用钼和铬钼耐热钢焊条；埋弧焊用低锰中硅（HJ250）焊剂或中锰中硅（HJ350）焊剂配 H08CrMoA、H10CrMo、H08CrMoVA 等焊丝。为了减少软化区、改善热强性和减小冷裂倾向，尽可能采用较低的热输入和预热等措施。

(2) 低温钢的焊接 低温钢主要是工作温度在 -40 ～ -196℃ 时的用钢，分为无镍钢和含镍钢两大类。焊接问题主要是焊缝和近缝区的晶粒粗化而使韧性降低。焊接材料的选择原则是保持焊缝中有足够的锰和铜，同时还渗入 Mo、W、Nb、V、Ti 等元素，使晶粒细化。对含有 $w_{Ni} = 2.5\%$ ～ 3.5% 的低温用钢，焊接材料的成分应与母材相同，另添加 Ti 元素来细化晶粒，并降低含碳量。加入 Mo 可控制回火脆性。9% Ni 钢属低碳马氏体型钢，可采用高 Ni 合金焊丝或 Cr16-Ni13 型的奥氏体型钢焊丝，但要注意防止结晶裂纹。焊接低温钢时需要选择热输入小、快速多道焊，以细化晶粒，提高韧性。

(3) 耐蚀钢的焊接 主要讨论含铝低合金耐蚀钢和含磷低合金耐蚀钢的焊接，具体如下：

1) 含铝低合金耐蚀钢的焊接 常选用不含铝的 E5015（J507）、E5515G（J557）钼钒焊条进行电弧焊，对含铝量较高的耐蚀钢，选 Cr-Ni 系焊条和 Mn-Al 系焊条。为防止铁素体带脆化，可采用调整成分的措施。但对含铝较多的钢，应采取小热输入和多层多道焊，避免接头过热，减少铁素体带脆化倾向。

2) 含磷低合金耐蚀钢的焊接冷裂纹敏感性小，但铜、磷在焊接接头局部熔化区的晶界偏析，可能会增加脆化和液化裂纹倾向，所以宜选用较小的热输入。

2.5.3 耐热钢、不锈钢焊接

1. 珠光体型耐热钢的焊接

珠光体型耐热钢是一种以 Cr、Mo 为主要合金元素的低、中合金钢。一般含 Cr 的质量分数为 0.5%～5%，含 Mo 的质量分数为 0.5% 或 1%，随着使用温度的提高，钢中往往还加入 V、W、Nb、B 等微量强化元素，合金元素总含量的质量分数一般小于 5%，常用的有 15CrMo、12Cr1MoV 等。珠光体型耐热钢广泛应用于 600℃ 以下工作的石油化工及动力工业设备中，不仅具有良好的抗氧化性和热强性，还具有一定的抗硫、氢腐蚀能力，以及良好的冷热加工性能。

(1) 珠光体型耐热钢的焊接性 珠光体型耐热钢的焊接问题与低碳调质钢相似。珠光体型耐热钢的主要合金元素为 Cr 和 Mo，能够显著提高钢的淬硬性，增加接头冷裂纹敏感性；若结构约束度较大，粗晶部位会在消除应力处理或高温长期使用时出现消除应力（再热）裂纹；母材合金化越高，焊前原始硬度越大，焊后软化程度越严重，焊后高温回火不但不能使"软化区"硬度恢复，甚至还会导致硬度略有降低，只有经正火+回火后才能消除软化问题；焊缝金属的回火脆性较母材区域更加敏感，这是因为焊接材料中的杂质难以控制。要获得低回火脆性的焊缝，必须严格控制 P 和 Si 含量（Si 促进 P 偏析），P 的质量分数

$w(P) \leqslant 0.015\%$。

(2) 珠光体型耐热钢的焊接工艺 与普通低碳钢和低合金结构钢相比，制定珠光体型耐热钢焊接工艺时，除防止焊接裂纹外，最重要的是保证接头性能，特别是满足高温性能要求。焊接珠光体型耐热钢的常用方法有焊条电弧焊、钨极和熔化极氩弧焊、埋弧焊和电渣焊。

珠光体型耐热钢焊接材料的选择应根据母材金属的合金成分，而不是强度性能。为了确保接头的耐热性，焊接材料的合金含量应相当或略高于母材。为了防止焊缝出现热裂纹，其含碳的质量分数应小于 0.12%，但不得低于 0.07%，否则焊缝金属的可热处理性、冲击韧性、热强性变差。

预热是珠光体型耐热钢焊接时防止焊接冷裂纹的有效工艺措施。预热温度一般在 150~330℃。用钨极氩弧焊打底时，可以降低预热温度或不预热。珠光体型耐热钢焊后立即做高温回火处理，以防止延迟裂纹、消除应力和改善组织，提高接头高温力学性能。回火温度应避免在回火脆性及消除应力裂纹敏感温度范围内（150~330℃）进行，并要在危险区间内保证较快的加热速度。

2. 铁素体、马氏体型钢的焊接

(1) 铁素体型钢的焊接 铁素体型钢是 $w_{(Cr)} = 12\%~30\%$ 的高合金钢，其化学成分的特点是低碳而高 Cr，如 06Cr13Al、10Cr15 等。铁素体型钢耐蚀性好，主要用作不锈钢（耐硝酸、氨水腐蚀），也可用于抗高温氧化钢。

1) 铁素体型钢焊接时的主要问题是：因铁素体型钢在加热冷却过程中不发生相变，焊缝及热影响区（HAZ）晶粒长大严重，易形成粗大铁素体组织，且不能通过热处理来改善，导致接头韧性比母材更低；多层焊时，焊道间重复加热，可能导致 σ 相析出和 475℃脆性，进一步增加接头脆化。对于在耐蚀条件下使用的铁素体钢，还要注意近缝区的晶间腐蚀倾向。因此，铁素体型钢焊接时宜采用热输入量较低的焊接方法，如焊条电弧焊、钨极氩弧焊等。为防止裂纹，改善接头塑性和耐蚀性，焊接时要选择与母材相近的铁素体型铬钢和铬镍奥氏体型钢作为填充材料。用于高温条件下的铁素体型钢，必须采用成分基本与母材匹配的填充材料。

2) 提高铁素体型钢焊接质量的主要工艺措施为：低温预热至 150℃左右，使材料在富有韧性的状态下焊接。含 Cr 量越高，预热温度应越高。最好采用低热输入的钨极氩弧焊，小电流快速施焊，减少横向摆动，待前一道焊缝冷却到预热温度后再焊下一道焊缝。焊后进行 750~800℃退火处理，使铬均匀化，恢复耐蚀性，并可改善接头塑性。退火后应快冷，防止出现 σ 相及 475℃脆化。

(2) 马氏体型钢的焊接 在铁素体型钢基础上，适当增加含 C 量、减少含 Cr 量，高温时可以获得较多的奥氏体组织，快速冷却后，室温下得到具有马氏体组织的钢，即马氏体型钢，主要型号有 12Cr12、20Cr13、14Cr17Ni2 等。马氏体型钢有高的强度、硬度及耐磨性、耐蚀性，在工业中被广泛用作不锈钢或热强钢。

马氏体型钢焊接性很差，焊缝及热影响区在焊态下组织多为硬而脆的马氏体，所以焊接时有强烈的冷裂纹倾向；其导热性差，焊接时易过热，故热影响区易形成粗大的马氏体组织；此外，接头的热影响区也存在明显的软化问题。

马氏体型钢的焊接最好采用无氢源的钨极或熔化极氩弧焊，采用与母材成分基本相同的同类焊材或采用奥氏体填充金属。由于奥氏体焊缝金属具有良好的塑性，可以缓解接头的残余应力，它还可溶解大量的氢，因此可大大降低接头产生冷裂纹的可能性，简化焊接工艺。焊接时，预热是不可缺少的工序，是防止冷裂纹、降低接头各区硬度和应力峰值的有效措施。预热温度范围一般为 150～400℃。焊后冷至 100～150℃，并保温 0.5～1h 后再加热回火。

马氏体型钢一般在调质状态下焊接，故焊后只需做高温回火（650～750℃）处理。

3. 奥氏体型钢的焊接

奥氏体型钢是在耐热、耐蚀条件下应用的一类高合金钢。奥氏体型钢是以铁为基，主要以镍、铬、锰、氮等元素合金化，使马氏体转变点降至室温以下，空冷至室温时组织仍然是奥氏体，如 12Cr18Ni9、06Cr18Ni11Nb、022Cr19Ni10N 等。

（1）奥氏体型钢的焊接性　　奥氏体型钢具有面心立方晶体结构，室温下塑韧性很好，因此焊接冷裂倾向很小。从这一点看，其焊接性比铁素体型钢、马氏体型钢都要好。奥氏体型钢焊接时存在的主要问题是：焊缝及热影响区热裂纹敏感性高；接头产生碳化铬沉淀析出，出现诸如晶间腐蚀、应力腐蚀开裂，使耐蚀性下降；接头中铁素体含量高时，可能出现 475℃ 脆性或 σ 相脆化。

（2）奥氏体型钢的焊接工艺　　奥氏体型钢可以采用所有的熔化焊方法，但钨极氩弧焊是最理想的方法。因为钨极氩弧焊在焊接过程中合金元素的烧损很小，焊缝金属表面洁净无渣，焊缝成形好。此外由于焊接热输入量低，特别适宜对过热敏感的奥氏体钢焊接。

对工作在高温条件下的奥氏体型钢，要求填充材料的成分大致与母材成分相匹配，同时应当考虑对焊缝金属中铁素体含量的控制。在铬镍的质量分数均大于 20% 的奥氏体型钢中，为获得抗裂性高的纯奥氏体组织，选用 $w_{(Mn)}$ 为 6%～8% 的焊材是一种行之有效且经济的解决办法。对于在腐蚀介质下工作的奥氏体型不锈钢，一般选用与母材成分相同或相近的焊条。由于碳含量对奥氏体型不锈钢的抗蚀性能有很大影响，因此熔敷金属中碳含量不要高于母材。在强腐蚀介质下工作的设备，要选用含 Ti 或 Nb 等稳定元素或超低碳焊材；对于耐酸腐蚀性能要求较高的工件，常选用含 Mo 的焊材。奥氏体型钢焊接时应注意以下几点：

1）焊前不预热。因奥氏体型钢具有较好的塑性，冷裂纹倾向很小。多层焊时要避免层间温度过高，一般应冷到 100℃ 以下再焊次层。

2）防止接头过热。采用较小焊接电流（比焊低碳钢时小 10%～20%），短弧快速焊，直线运条，避免重复加热，强制冷却焊缝（加铜垫板、喷水冷却）等。

3）注意保护工件表面。焊件表面损伤是产生腐蚀的根源，应避免碰撞损伤；避免在焊件表面进行引弧，造成局部烧伤；防止焊件表面溅落飞溅物等。

4）焊后热处理。奥氏体型钢焊接后，原则上不进行热处理。只有焊接接头产生了脆化或要进一步提高其耐蚀能力时，才要根据需要选择固溶处理、稳定化处理或消除应力处理。

2.5.4　有色金属焊接

1. 铝及铝合金的焊接

铝具有密度小、耐蚀性好、导电性及导热性能优良等特点。在纯铝中加入少量合金元素，如铜、镁、锰等形成的铝合金，可显著提高其强度等各项性能。

（1）铝及铝合金焊接存在的主要问题

1）氧化性极强。铝及其合金与氧的化学结合力很强，因此容易在焊件表面形成一层厚度为 $0.1 \sim 0.2 \mu m$、熔点约为 $2050 ℃$ 的 Al_2O_3 薄膜，Al_2O_3 的熔点远超过铝及其合金的熔点（$660℃$）。加之铝及其合金的导热性强，焊接时容易造成不熔合现象，Al_2O_3 也容易成为焊缝金属的夹杂物。

2）焊缝易出现氢气孔。在平衡条件下，氢在液态铝中的溶解度为 $0.69mL/100g$，而在 $660℃$ 凝固温度时降到 $0.04mL/100g$，使原来溶于液态铝中的氢大量析出，形成气泡。另外，由于铝及铝合金的密度小，气泡在熔池中的上升速度较慢，加之铝及合金的导热性很强，熔池冷凝快，气泡来不及浮出便容易成为气孔。

3）焊接热裂纹。铝及铝合金的线胀系数为钢的 2 倍，凝固时的体积收缩率达 6.5% 左右，为钢的 3 倍，易产生较大的焊接应力，因此焊接时具有较大的热裂纹倾向。

4）焊接接头与母材不等强度。铝及铝合金焊接接头的热影响区由于受焊接热循环作用而发生软化，强度降低，使接头强度低于母材，出现焊接接头与母材不等强度的问题。工业纯铝及非热处理强化铝合金的接头强度约为母材强度的 75% ~ 100%；热处理强化铝合金的接头强度仅为母材强度的 40% ~ 50%。

5）焊接接头的耐蚀性下降。焊接接头的耐蚀性一般都低于母材，热处理强化铝合金（如硬铝）接头耐蚀性的降低尤其明显。接头耐蚀性的下降，主要与接头的组织不均匀有关（尤其是有析出相存在时），主要由接头各部位的电极电位不均匀性所致。

6）焊（烧）穿。铝及铝合金从固态转变为液态时无明显的颜色变化，施焊时可能会因温度过高而导致焊件烧穿。

(2) **焊接工艺特点及焊接方法的选用**　铝及其合金的导热性强、线胀系数大、熔点低、高温强度小，给焊接工艺带来一定困难。因此必须解决以下问题：

1）能量集中的热源，以保证熔合良好。

2）采用垫板和夹具，以保证装配质量并防止焊接变形。

3）焊前清理焊丝和母材的氧化膜和表面油污，清理后的焊件应在 4h 内施焊。薄板（厚度 3~6mm）焊接一般不开坡口，采用大功率焊接时，不开坡口可焊透的厚度还可增大。厚度小于 3mm 时，可采用卷边接头。

钨极氩弧焊（TIG）和熔化极氩弧焊（MIG）是铝及其合金首选的熔化焊方法。TIG 多用于焊接薄板，通常是采用工频交流或交流方波电源，并采用高频振荡器引弧；而 MIG 主要用在板厚 3mm 以上的产品上，焊接时采用直流电源反接法（DCRP），焊接电流超过"临界电流"值，以便获得稳定的射流过渡。熔化极脉冲氩弧焊（脉冲电源）用于薄板焊接具有优越性，例如，使用直径 1.6mm 焊丝，可成功地焊接板厚 1.6~2.0mm 的构件。由于熔化极脉冲氩弧焊的热作用小，很适合于焊接热处理强化铝合金。

2. 铜及铜合金的焊接

铜及铜合金有良好的导电性、导热性、较高的强度、优良的塑性和冷热加工成形性，并且在非氧化酸中有耐蚀性，是电力、化工、航空、交通、矿山等领域不可缺少的贵重材料。

(1) **铜及铜合金的焊接性**　铜及铜合金的焊接性不良，主要问题包括：

1）氧化性。铜在常温时不易氧化，但当温度超过 $300℃$ 时铜的氧化加快，接近熔点时，氧化能力最强。氧化的结果是生成氧化亚铜（Cu_2O），焊接熔池结晶时氧化亚铜与铜形成低熔点共晶（$1064℃$）分布在铜的晶界上，大大降低了接头的力学性能；有益合金元素的氧化和蒸发等，使接头塑性严重变差，导电性和耐蚀性能下降。

2）焊缝成形能力差。因为铜和大多数铜合金的热导率比碳钢大得多（高7~11倍），焊接时散热严重，焊接区难以达到熔化温度，且铜在熔化温度时的表面张力比铁小1/3，流动性比钢大1~1.5倍。因此，熔化焊接铜及大多数铜合金时容易出现母材难以熔合、未熔透和表面成形差等问题。

3）气孔倾向严重。气孔是铜及铜合金焊接时的一个主要问题，主要形式有：

①扩散气孔。即铜在液态时能溶解较多的氢，凝固时氢的溶解度急剧降低，造成氢在铜中的过饱和固溶，过量的氢如果来不及扩散逸出，很容易出现气孔。

②反应性气孔，即在焊接高温时，铜与氧生成 Cu_2O 与铜中的氢发生反应：

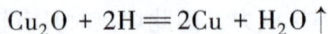

$$Cu_2O + 2H = 2Cu + H_2O\uparrow$$

生成的水蒸气不溶解于铜，如果来不及逸出便形成气孔。为了减少和消除铜焊缝中的气孔，最重要的措施是限制氢和氧的来源。

4）热裂纹倾向。铜及铜合金焊接时，焊缝及热影响区容易产生热裂纹，主要原因为：

①铜与氧、铅、铋、硫等有害杂质易于形成低熔点共晶如 Cu-Bi（300℃）、Cu-Pb（326℃）、Cu_2O-Cu（1064℃）、Cu-Cu_2S（1067℃）等，分布在枝晶间或晶界处形成薄弱面。

②铜及其合金在加热过程中无同素异构转变，晶粒长大严重，有利于低熔点共晶薄弱面的形成。

③铜及其合金的线胀系数和断面收缩率较大，增加了焊接接头的应力，以及凝固金属中的过饱和氢向微间隙扩散造成的压力等。

(2) 铜及铜合金的焊接工艺　气焊、焊条电弧焊、氩弧焊、埋弧焊、等离子弧焊、电子束焊等熔化焊是铜及铜合金焊接均可选用的焊接方法。薄板（厚度小于6mm）以钨极氩弧焊、焊条电弧焊和气焊为好；中厚板以埋弧焊、熔化极氩弧焊为好。

铜及铜合金焊接前，应将吸附在焊丝表面和焊件坡口上两侧30mm范围内表面上的油脂、水分以及金属表面氧化膜清理干净，直至露出金属光泽。为了保证焊缝的良好成形及随后冷却中气体充分溢出，要进行焊前预热，并采用大热输入量焊接。接头形式设计尽量避免使用搭接接头、T形接头、内接头，可改为散热条件相同的对接接头；单面焊特别是开坡口的接头必须在背面加上垫板，防止液态铜流失；一般情况下，铜及铜合金不易实现立焊和仰焊。

采用不同焊接技术焊接铜及铜合金时，工艺特征如下：

1）钨极氩弧焊。除焊接铝青铜、铍青铜时为破除表面氧化膜而使焊接过程稳定，应当采用交流电源外，铜及铜合金钨极氩弧焊都应采用直流电源正接法，以获得较大的焊缝熔深。纯铜、青铜一般选用同材质焊丝，通常焊件厚度在4mm以下不预热，厚度4~12mm的纯铜板需预热200~450℃；磷青铜可不预热并严格控制道间温度低于100℃；其余青铜和白铜需预热至150~200℃；补焊大尺寸的黄铜和青铜时应预热至200~300℃；若采用 Ar+He 混合气体保护，则可不预热。

2）气焊工艺。纯铜、青铜气焊采用中性火焰；黄铜采用弱氧化火焰。纯铜小尺寸焊件预热温度为400~500℃，厚大焊件预热温度为600~700℃；黄铜、青铜预热温度可适当降低。纯铜气焊用低磷铜焊丝 HS202；黄铜气焊用焊丝 HS220、HS221、HS222。焊剂主要组成物是硼酸盐、卤化物，牌号为 CJ301、CJ401。

3）埋弧焊工艺。焊丝采用 T1、T2 纯铜丝、TUP 脱氧铜丝及 HS201 焊丝等；焊剂可用 HJ431、HJ260、HJ150 等多种钢用埋弧焊剂。

3. 钛及钛合金的焊接

钛是一种非磁性材料，具有密度小（4.5g/cm^3）、强度高（比铁约高 1 倍）、较好的高温强度和低温韧性以及良好的耐蚀性等特点，在航空、宇航、化学、造船等领域得到了广泛应用。

（1）钛及钛合金的焊接性

1）化学活性大。钛从 250℃ 开始吸收氢，400℃ 开始吸收氧，600℃ 开始吸收氮，处于高温熔化状态的熔池与熔滴金属极易被气体、水分、油脂等杂质污染，使接头变脆，塑性及韧性严重下降。

2）热物理性能特殊。和其他金属相比，钛和钛合金具有熔点高、热容量较小、热导率小等特点，因此接头过热区高温停留时间长，冷却速度缓慢，出现显著的粗大晶粒，导致过热区的塑性下降。

3）接头冷裂纹倾向大。溶解在焊缝热影响区的氢气含量较高，320℃ 时氢和钛发生共析转变析出 TiH_2，增大该区的脆性；另外，析出氢化物时体积膨胀引起较大的组织应力，加之氢原子向该区的高应力部位扩散及聚集，以致容易形成冷裂纹。

4）易产生氢气孔。焊缝气孔往往分布在熔合线附近，这是钛及钛合金气孔的一个特点。氢在钛中的溶解度随温度升高而降低，在凝固温度有跃变。熔池中部的氢易向熔池边缘扩散，易使熔池边缘氢过饱和而生成气孔。

（2）钛及钛合金的焊接工艺要点　钛及钛合金的焊接方法主要为钨极氩弧焊。近年来，等离子弧焊、真空电子束焊、电阻焊、缝焊、钎焊和扩散焊等焊接方法也有一定的应用。为了保证焊接质量，焊前焊件接头附近表面必须认真进行机械清理，再将焊件及焊丝进行酸洗，随后用清水洗净。临焊前，焊件表面及焊丝再用丙酮或酒精擦净。根据不同母材及性能要求，正确选用焊丝、焊接参数及必要的焊接热处理。

采用不同焊接技术焊接钛及钛合金时，工艺特征如下：

1）钨极氩弧焊。采用高纯度氩气保护。对处于 400℃ 以上的熔池后部焊缝及热影响区，均应采用拖罩进行氩气保护，焊缝背面也应采取相应的保护措施。有些结构复杂的零件可在充氩箱内焊接。通常采用与母材同质的焊丝，焊丝可比母材金属合金化程度稍低，如焊接 TC4 钛合金，可用 TC3 焊丝。

2）等离子弧焊。等离子弧焊具有能量集中、穿透力强、单面焊双面成形、坡口制备简单（直边坡口）、质量稳定及生产率高等一系列优点。所用离子气和保护气体均为氩气，很适合用于钛及钛合金的焊接。钛及钛合金的密度小，其液态的表面张力较大，故采用"小孔效应"等离子弧进行钛及钛合金焊接时，其厚度范围为 1.5～15mm。对于板厚在 1.5mm 以下的钛材，一般采用熔透背面成形（背面放铜板垫）的等离子弧焊。此时若采用脉冲等离子弧焊，可降低装配精度要求，更易于保证焊接质量。焊接板厚在 0.5mm 以下的钛及钛合金，最好采用微束等离子弧焊。用微束等离子弧焊焊接小于 0.5mm 厚的钛及钛合金板材很易保证质量，而采用钨极氩弧焊方法焊接厚度小于 0.5mm 的钛及钛合金板材则非常困难。

2.6 焊接结构工艺性

焊接结构设计合理与否，对焊接接头的质量和焊接生产率有较大影响。通常应在保证产品质量的前提下，尽量简化焊接工艺，以降低生产成本，提高经济效益。在设计焊接结构时，应根据焊件的使用性能合理选择焊接材料和焊接方法；此外，还应重点考虑接头形式和焊缝布置等因素，以使焊接操作方便、可行，确保焊接接头获得良好的质量。

2.6.1 接头形式和坡口设计

焊接生产中，焊接接头通常有 4 种基本形式，即对接接头、搭接接头、角接接头和 T 形接头，如图 2-38 所示。对接接头的焊缝熔深大，一般具有较高的强度，在承受外加载荷时，应力分布均匀，是焊接结构中应用最多的接头形式，但对接接头在焊前装配要求相对较高。搭接接头主要应用于电阻点焊及钎焊结构中。接头形式一般应根据接头性能要求、工件尺寸形状、工件厚度、变形大小和施工条件等情况进行合理选择。

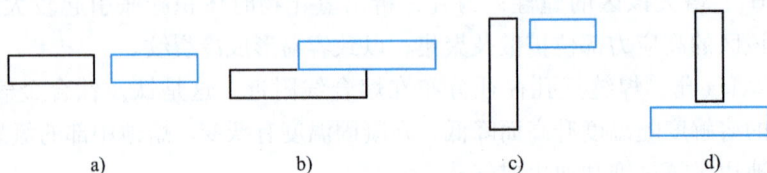

图 2-38　焊接接头基本形式
a）对接接头　b）搭接接头　c）角接接头　d）T 形接头

当焊件厚度较大时，为了保证焊透，应根据所选焊接方法的特点及结构的性能要求，将板材焊接部位加工出各种形式的坡口。这些坡口尺寸应按国家标准选用。对接接头常采用的坡口形式有 I 形坡口（不开坡口）、V 形坡口、X 形坡口、U 形坡口、双 U 形坡口，如图 2-39 所示。一般情况下，I 形坡口适用于板厚 1~6mm；V 形坡口适用于板厚 12~60mm；U 形坡口适用于板厚 20~60mm；双 U 形坡口适用于板厚 40~60mm。V 形坡口、U 形坡口可以单面焊双面成形，但如果控制不好易产生较大的角变形。X 形坡口、双 U 形坡口需要正反双面焊，使焊件受热均匀、焊件变形小，但坡口加工费时（特别是双 U 形坡口），成本相对较高，一般只在重要的承受动态载荷的厚板结构中采用。

应尽量避免厚薄相差很大的金属板焊接。如因结构需要，对于不同厚度的板材对接，两板的厚度差超过表 2-3 所列厚度范围时，应在厚板上加工出单面或双面斜边的过渡形式，如图 2-40a 所示。不同厚度钢板的角接与受力的 T 形接头焊缝可设计成如图 2-40b 和 c 的过渡形式，以避免应力集中和未焊透等缺陷。

表 2-3　不同厚度板材对接时允许的厚度差范围

较薄板厚度 δ/mm	2~5	6~8	9~11	≥12
允许厚度差 $(\delta_1-\delta)$/mm	1	2	3	4

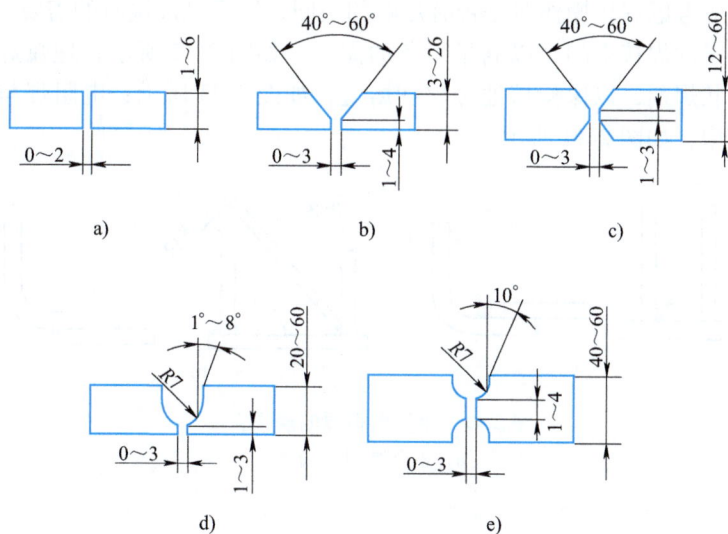

图 2-39 焊接坡口基本形式

a）I 形坡口　b）V 形坡口　c）X 形坡口　d）U 形坡口　e）双 U 形坡口

2.6.2 焊缝的布置

在焊接结构设计中，焊缝布置合理与否，将直接影响获得的接头的质量和焊接生产率。设计时应考虑以下原则。

1. 焊缝位置应方便操作

焊接操作时，根据焊缝所在空间位置的不同，可分为平焊、横焊、立焊和仰焊，如图 2-41 所示。平焊时，操作简

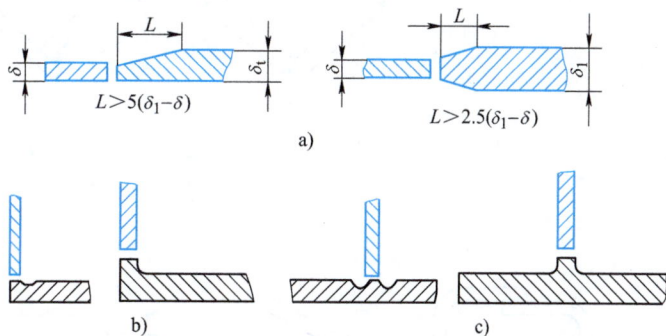

图 2-40 不同厚度板材焊接的过渡形式

a）对接接头　b）角接接头　c）T 形接头

单、方便，接头质量易于保证；受液态熔池金属重力的影响，立焊和横焊操作较为困难，而仰焊最难操作。因此，进行结构设计时，应尽量使焊件的焊缝分布在平焊的位置上，焊接时尽量减少翻转，使焊缝成形良好，并提高生产率。

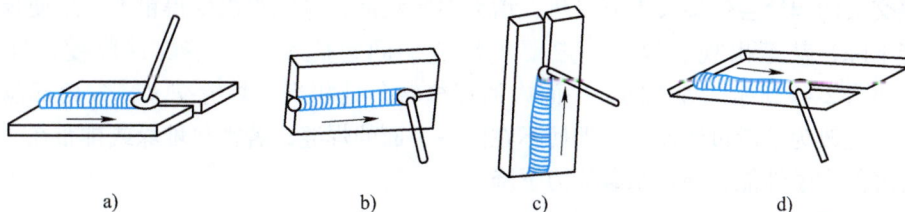

图 2-41 焊接空间位置示意图

a）平焊　b）横焊　c）立焊　d）仰焊

焊缝布置还应考虑焊接操作时是否有足够的空间，以满足焊接时的需要。例如，电弧焊时需考虑留有一定的焊接空间，以满足运条的需要，如图 2-42 所示；埋弧焊时应考虑接头处容易存放颗粒状焊剂，以保持熔池金属和熔渣，如图 2-43 所示；电阻焊与缝焊时应考虑电极能够伸入其中，如图 2-44 所示。

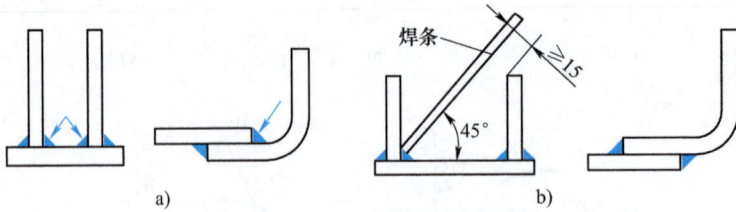

图 2-42　手工电弧焊的操作空间

a）不合理　b）合理

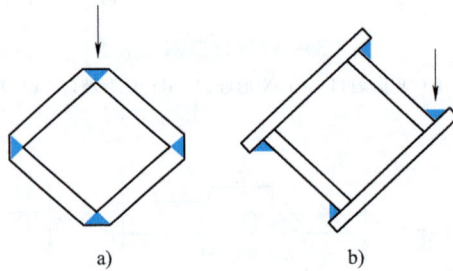

图 2-43　埋弧焊的接头设计

a）不合理　b）合理

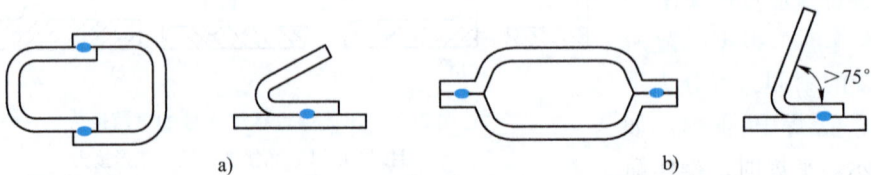

图 2-44　电阻焊和缝焊的电极的伸入

a）不合理　b）合理

2. 尽量使焊缝分散，避免密集、相互交叉

密集交叉的焊缝会使接头重复受热，增大热影响区，晶粒组织变得粗大，致使焊缝区域力学性能下降，甚至出现裂纹。一般要求焊缝的间距应大于 3 倍焊件厚度，且不小于100mm，如图 2-45 所示。处于同一平面内的焊缝转角处相当于焊缝交叉，尖角部位易产生应力集中，应改为平滑过渡连接；即使不在同一平面的焊缝，若密集堆垛或排布在一列，都会降低焊缝的力学性能，导致承载能力下降。

3. 焊缝布置应避开最大应力和应力集中位置

优质焊接接头一般能达到与母材等强度，但焊接时由于操作不当等多种原因，焊缝中难免会出现不同程度的焊接缺陷，使接头性能变差、结构的承载能力下降。由于焊接接头是焊

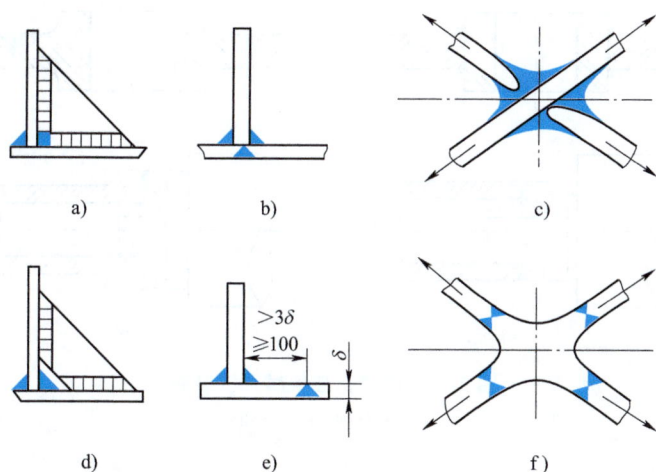

图 2-45　焊缝分散分布

a)、b)、c) 不合理　d)、e)、f) 合理

接结构的薄弱环节，拐角处等应力集中部位是结构的薄弱部位，因此，对于结构复杂、受力较大的焊接构件，为了确保安全，焊缝布置应避开最大应力和应力集中位置，如图 2-46 所示。

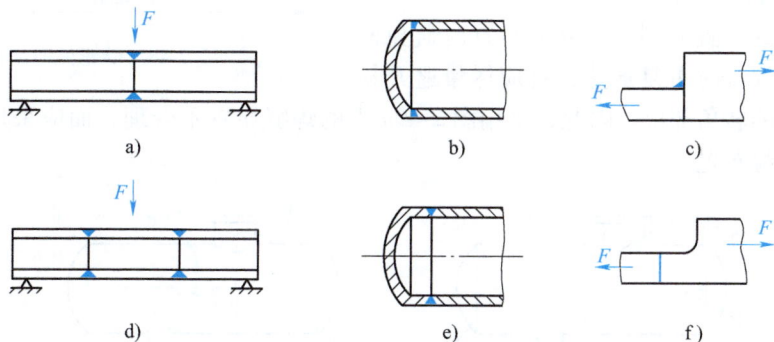

图 2-46　焊缝应避开最大应力和应力集中部位

a)、b)、c) 不合理　d)、e)、f) 合理

4. 焊缝应尽量远离机械加工表面

有些焊接件的某些部位需要先机械加工再进行焊接，此时焊缝位置应尽量远离已加工表面，以防止焊接时加工表面被损坏，避免接头中的残余应力影响机械加工精度。如果焊接结构要求整体焊接后再进行机械加工，由于焊接热的作用，靠近焊缝处往往会产生变形，并且焊缝的硬度一般较高，致使机械加工困难。因此，焊缝应尽量避开待加工的表面，如图 2-47 所示。

5. 应有利于减少焊接应力与变形

通过合理选材、减少焊缝数量以和焊缝对称布置等方式，尽量减少焊接结构的应力与变形。

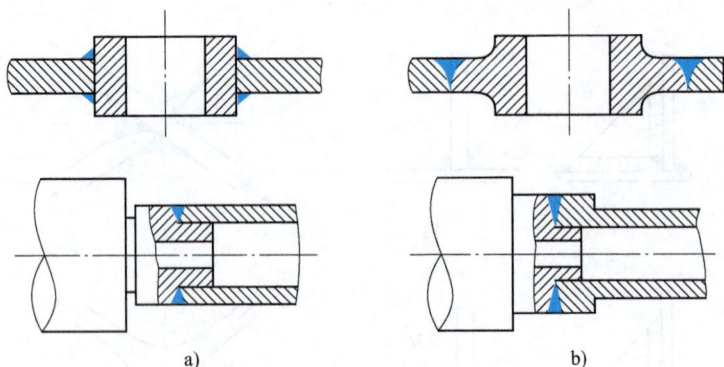

图 2-47 焊缝远离机械加工表面

a) 不合理 b) 合理

2.6.3 焊接结构工艺示例

储罐外形结构如图 2-48 所示,焊接质量要求较高。板料尺寸为 2000mm×5000mm×16mm,材料为 Q355 钢,人孔管和排污管壁厚分别为 16mm 和 10mm。现拟批量生产,请制定焊接工艺方案。

1. 结构工艺性分析

根据焊缝的布置原则,焊缝的布置应避免密集交叉,以免焊接时重复加热,且应尽量避开易产生应力集中的转角部位。因此,采用图 2-49a 中的焊缝布置不合理,而应采用图 2-49b 所示改进后的焊缝布置。

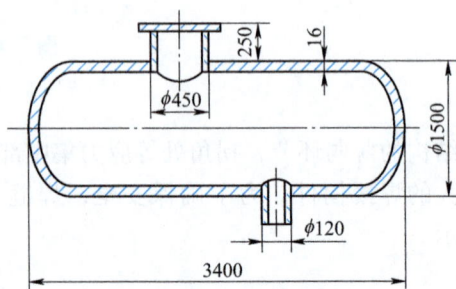

图 2-48 储罐外形结构

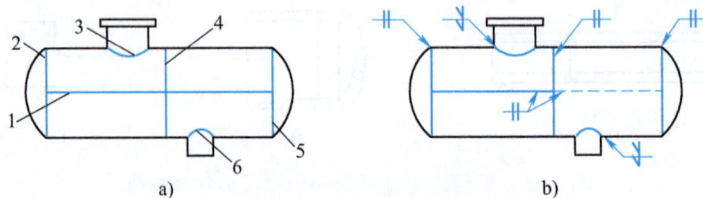

图 2-49 储罐焊缝布置

a) 不合理 b) 合理

1—筒身纵焊缝 2, 4, 5—筒身坏焊缝 3—人孔环焊缝 6—排污管环焊缝

2. 焊接方法及焊接材料的选择

由于筒身板厚较大,焊缝长且规则,故储罐的纵向焊缝及环焊缝宜采用埋弧焊方法焊接,焊接材料可选用焊丝 H08MnA 配合使用焊剂 HJ431。而两接管与筒身之间的焊缝较短且为不规则的空间曲线,因此宜选用焊条电弧焊,焊条可选用抗裂性较好的碱性焊条 E5015(J507)。

3. 其他工艺措施

根据所选焊接方法及结构特点,考虑到筒身焊缝质量要求较高,采用埋弧焊时,选择对接接头形式不开坡口（I 形坡口）可保证焊透。对于两接管焊缝，采用角接接头形式进行插入式装配较为方便，为确保焊透，应开单边 V 形坡口。尽管筒身板厚较大，但由于所用材料为强度级别较低的低合金结构钢 Q355，在室温焊接时无须采取焊前预热和焊后缓冷等措施，具体焊接方案见表 2-4。

表 2-4　储罐焊接工艺方案

焊接次序	焊缝名称	焊接方法及工艺	接头形式及坡口形式	焊接材料
1	筒身纵焊缝	在滚轮架上装配定位后焊接。采用埋弧焊双面焊接，先焊内缝，再焊外缝	对接接头，I 形坡口	焊丝：H08MnA(ϕ4mm) 焊剂：HJ431 焊条：E5015(ϕ3.2mm)
2	筒身环焊缝	在滚轮架上装配定位后焊接。采用埋弧焊先焊内缝，再焊外缝。最后一条环缝用焊条电弧焊焊内缝	对接接头，I 形坡口	焊丝：H08MnA(ϕ4mm) 焊剂：HJ431 焊条：E5015(ϕ3.2mm)
3	排污管环焊缝	采用焊条电弧焊双面焊接，先焊内缝，再焊外缝（3~4 层）	角接头，单边 V 形坡口	焊条：E5015(ϕ4mm)
4	人孔管环焊缝			

2.6.4　焊接缺陷及接头质量的检验

焊接质量对焊接构件的安全使用至关重要。焊接生产中，需要重视结构的焊接质量，并通过采取工艺措施减少焊缝缺陷。同时，对焊接质量进行有效的检验也非常重要。

1. 焊接缺陷及其产生原因

（1）焊缝外形尺寸不符合要求　可能表现为焊缝高低不平、宽度不均匀、波形粗糙等。主要原因包括坡口角度不当、装配间隙不均匀、电流控制不当、焊接操作技术不够熟练等。

（2）焊瘤　即焊缝边缘存在未与焊件熔合的堆积金属。主要原因可能是焊接速度过快、电弧过长、焊接方法不正确等。

（3）夹渣　焊缝内存在熔渣。产生原因可能包括焊接时电弧未搅拌熔池、焊件表面不洁、电流控制不当等。

（4）咬边　在焊件与焊缝交界处有小的沟槽。可能原因包括电流过大、焊接角度不正确等。

（5）裂纹　在焊缝或焊件表面或内部存在裂纹。可能原因包括焊接应力过大、焊件含有高含量的碳、硫、磷等元素以及焊缝所处的气候环境不合适等。

（6）气孔　焊缝表面或内部存在气泡。主要原因可能是焊件清理不干净、焊条受潮、焊接速度过快等。

（7）未焊透　即熔敷金属和焊件之间未完全熔合。可能原因包括装配间隙太小、坡口间隙不合适、电流控制不当等。

2. 焊接质量检验

焊接结构中的缺陷会影响焊接接头的质量。评定焊接接头质量优劣的依据是缺陷的种类、大小、数量、形态、分布及危害程度。若接头中存在焊接缺陷，一般可以通过补焊来修复，或者采取铲除焊道后重新焊接，有时也直接作为判废的依据。因此，焊接质量检验是鉴定焊接产品质量优劣的手段，也是焊接结构件生产过程中必不可少的组成部分。只有经过焊接质量检验后的焊接产品，其安全使用性能才能得到保证。

焊接质量检验通常包括焊前检验、焊接生产过程中的检验及焊后成品检验。焊前检验是指焊接前对焊接原材料的检验、对设计图纸与技术文件的论证检查以及焊前对焊工的培训考核等，焊前检验是防止焊接缺陷产生的必要条件。生产过程中的检验是在焊接生产各工序间的检验，这种检验通常由每道工序具体进行操作的焊工在焊完此焊缝后自己认真检验，主要是外观检验；成品检验是焊接产品制成后的最终质量评定检验。

焊接质量检验的方法可分为破坏性检验和非破坏性检验两大类。非破坏性检验即无损检验，是在不损坏被检查材料和制品的完整性的前提下检测其是否存在缺陷的方法，如外观检验、X射线检验、超声波检验、磁粉检验、着色检验、气密性检验和水压试验等。而破坏性试验是从焊件或试件上切取试样，或产品（或模拟件）整体破坏进行试验，有力学性能试验、化学成分分析、金相组织检验、耐腐蚀试验等。通常根据焊接结构的质量和技术要求，按照相关国家标准及其检验方法的程序和步骤进行。

复习思考题

2-1 常用的焊接方法按热源不同有哪些？简述其各自的特点及应用。

2-2 焊接时为什么要对焊接区域进行保护？常用的措施有哪些？

2-3 焊条和焊芯的作用分别是什么？选用原则有哪些？

2-4 焊接接头由哪些区域组成，各区域的组织及性能有何特点？如何改善焊接接头的组织和性能？

2-5 如何选择焊接方法？下列情况应选用什么焊接方法？简述理由。

① 低碳钢桁架结构，如厂房屋架；② 厚度20mm的Q355（16Mn）钢板拼成大型工字梁；③ 纯铝低压容器；④ 低碳钢薄板（厚1mm）皮带罩；⑤ 供水管道维修。

2-6 电渣焊和埋弧焊的焊接过程有什么不同？其特点和应用有何不同？

2-7 为什么会产生焊接变形？如何防止焊接变形？矫正焊接变形的方法有哪几种？

2-8 产生焊接热裂纹和冷裂纹的原因是什么？如何减少或防止？

2-9 材料焊接性能的影响因素有哪些？如何评价材料的焊接性能？

2-10 比较低碳钢、中碳钢、普通低合金钢的焊接性能。

2-11 普通低合金钢焊接的主要问题是什么？焊接时应采取哪些措施？

2-12 焊接接头的形式有哪几种？如何选择？

2-13 焊接时为什么要开坡口？一般焊件板厚多少可以开坡口？常用的坡口形式有哪些？

2-14 工程上有时需要把不锈钢与低碳钢或低合金钢焊接在一起，如06Cr18Ni11Ti与Q235焊接，通常用焊条电弧焊。如何选择焊条？

2-15 制造下列焊件，应采用哪种焊接方法和焊接材料？采取哪些工艺措施？

① 壁厚2mm的低碳钢油箱；② 壁厚60mm的Q355压力容器；③ 壁厚15mm的Q235大型减速器箱体。

第3章　金属塑性成形的理论基础

3.1　金属塑性成形的力学理论基础

金属塑性成形是对金属施加外力，在不破坏其本身完整性的条件下改变形状，从而获得所需工件的一种加工方法。塑性变形不仅会引起金属形状上的改变，也会引起金属内部组织及性能的改变。金属塑性加工力学，是在塑性力学的基础上着重研究材料塑性成形工艺过程中的塑性力学问题。

由于材料塑性成形是一个非常复杂的过程，同时也受到数学上处理问题的限制，获得塑性加工问题的精确解较为困难。因此，为得到对工程设计和实际生产有指导意义的解，在研究材料塑性成形力学行为时，通常采用以下五个假设：

（1）材料是各向同性的均匀连续体　也就是说，变形体内各质点的组织、化学成分相同，各质点在各个方向上的物理性能和力学性能相同，不随坐标的改变而变化。这是因为该假设要求变形体连续，即整个变形体内不存在任何空隙。因此，应力、应变和位移等物理量是坐标的连续函数。

（2）体积力为零　材料塑性成形是利用材料的塑性，在外力作用下使其成形的一种加工方法。外力可分为表面力和体积力。表面力又称为面力，是作用在物体表面上的力，主要由工具或者传力介质对变形体作用而产生；面力可以是集中力，但一般是分布载荷。体积力是作用在物体内每个质点上的力，如重力、磁力和惯性力等。对于塑性加工而言，除高速锻造、爆炸成形和电磁成形等少数情况外，体积力一般可以忽略不计。

（3）变形体在外力作用下处于平衡状态　在塑性加工理论中，将工具或变形体的整体作为研究对象，通常假设工具或者变形体处于平衡状态；当把这个整体划分为有限个单元体作为基本研究对象时，每个单元体仍处于平衡状态。而变形体处于平衡状态的充分和必要条件是：作用于每个变形体的整体以及从整个变形体中分离出来的每个单元体上的外力系的矢量和必定为零，并且外力系对任一点的合力矩也必定为零。

（4）初始应力为零　物体在没有外力作用时也存在内力。内力是物体内各质点间的相互作用力，是材料本身具有的特性。在外力的作用下，物体内原有的内力将发生变化，即产生了抵抗外力的附加内力，这种附加的内力会使物体的形状发生改变。当附加内力达到定值时，就可以产生塑性流动。

（5）体积不变　物体发生弹性变形时，体积虽然也有微量变化，但远小于塑性变形量，可以忽略不计。

3.1.1 金属的力学性质

1. 金属的塑性性质

工业上大多数承受塑性成形加工的金属都具有多晶结构，也就是说，这些金属是由大量在空间随机排列的、相对很小的晶体颗粒所组成。每个晶体的颗粒按其晶体方向而表现出各向异性的力学性质。然而，多晶金属在退火情况下，由于大量细小晶粒的随机排列而表现出近似的各向同性。通常，多晶体较单晶体具有更大的变形抗力。很多因素被认为是造成单晶金属与多晶金属成形性差异的原因有很多，但多晶集合体中与晶粒边界有关的复合效应是其中的主要原因。

2. 金属对于变形抗力的应变率

应变率是材料相对于时间的应变（变形）变化。应变率对应力-应变曲线的影响是研究塑性成形过程的重要内在因素之一。在大多数实用塑性成形加工中，室温下的这种影响是不太重要的。但在较高温度下，变形的金属应变率效应明显地比室温下强烈。对于镍钢，在温度为500℃的情况下，尽管使用标准塑性成形的应变率值，变形阻力的增加也十分明显的。

在特定环境中，单个数值可能足以描述应变，因此也能描述应变速率。例如，当长而均匀的材料在端部处逐渐拉伸时，应变可以被定义为拉伸量与带材原始长度之间的比率

$$\varepsilon_t = \frac{L(t) - L_0}{L_0}$$

式中，L_0 为原始长度；$L(t)$ 为每个时间 t 时的长度。那么应变率可以写为

$$\varepsilon_{(t)}^* = \frac{\mathrm{d}\varepsilon}{\mathrm{d}t} = \frac{1}{L_0}\frac{\mathrm{d}L(t)}{\mathrm{d}t} = \frac{v(t)}{L_0}$$

式中，$v(t)$ 为端部彼此远离的速度。

3. 理想应力-应变曲线

在塑性成形理论的很多问题中，对真实的应力-应变关系进行计算，得到的数学解十分复杂。因此，将材料性质进行理想化假设，做出简化的应力-应变曲线，是常用且有效的方式。最普通的简化方法是忽略弹性变形。因为在大多数的塑性成形过程中，塑性变形通常较弹性变形大两个数量级，所以这种做法对物理真实性的偏离不会太远。更进一步的简化则与应力-应变曲线的塑性范围有关。

单向拉伸的标准试件是最常用的测试金属力学性质的方法。对较短的实心圆柱进行压缩以及对薄壁圆管试件进行扭转也都是常用的方法。根据拉伸试验，可以由加载力 P 与伸长曲线图得到应力-应变曲线，例如，图3-1所示为锌的应力-应变曲线关系图。

3.1.2 应力与应变理论

1. 应力状态

物体的任意一点处的应力状态由九个应力分量确定，该分量以单位面积上的力度量。应力分量的正方向如图3-2所示。

以 σ 表示正应力分量，τ 为剪切应力。通过微小单元立方体的中心轴，取力矩的平衡条件，给出等式 $\tau_{xy} = \tau_{yx}$、$\tau_{zx} = \tau_{xz}$、$\tau_{zy} = \tau_{yz}$。因此，独立应力分量的数目可减少为六个，它

们组成对称张量。

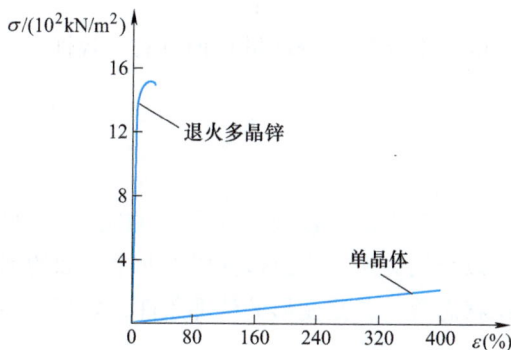

图 3-1　锌的应力-应变曲线

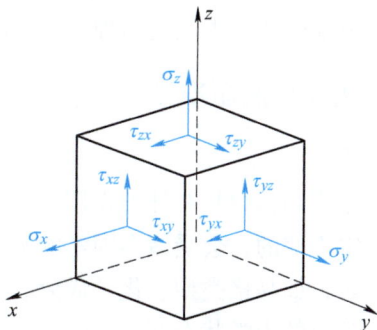

图 3-2　应力分量的正方向

$$\begin{bmatrix} \sigma_x\, \tau_{xy}\, \tau_{xz} \\ \tau_{yx}\, \sigma_y\, \tau_{yz} \\ \tau_{zx}\, \tau_{zy}\, \sigma_z \end{bmatrix}$$

当使用下标记号时，可以简写成 $\sigma_{ij}(i,\ j=1,\ 2,\ 3)$。在下标记号中，坐标轴可以表示成：$x=x_1$，$y=y_2$、$z=z_3$。应力张量的分量按格式将表示为

$$\begin{bmatrix} \sigma_{11}\, \sigma_{12}\, \sigma_{13} \\ \sigma_{21}\, \sigma_{22}\, \sigma_{23} \\ \sigma_{31}\, \sigma_{32}\, \sigma_{33} \end{bmatrix}$$

对比两个矩阵能找到相同应力分量的相应标记。

2. 应变状态

物体在力的作用下内部质点的相对位置和形状发生变化，即产生了变形。应变是一个表示物体变形大小的物理量。物体变形时其体内各个质点在各方向上都会有应变。若细长杆受单向均匀拉伸，变形前杆长为 l_0，变形后杆长为 l，则有：

（1）工程应变

$$\varepsilon = \frac{l-l_0}{l_0}$$

（2）对数应变（自然应变、真实应变）

$$\varepsilon^* = \int_{l_0}^{l} \frac{\mathrm{d}l}{l} = \ln\frac{l}{l_0}$$

$$\varepsilon^* = \ln\frac{l}{l_0} = \ln\left(\frac{l-l_0}{l_0}+1\right) = \ln(1+\varepsilon) = \varepsilon - \frac{\varepsilon^2}{2} + \frac{\varepsilon^3}{3} + \frac{\varepsilon^4}{4} + \cdots + \frac{(-1)^{n-1}\varepsilon^n}{n} + \cdots$$

当 $|\varepsilon|>1$ 时，该级数发散；当 $-1<\varepsilon\le +1$ 时，该级数收敛。

工程应变的无限小增量表示直线单元长度的变化与原来长度 l_0 之比，即：

$$\varepsilon = \frac{l-l_0}{l_0}, \mathrm{d}\varepsilon = \mathrm{d}\left(\frac{l-l_0}{l_0}\right) = \frac{\mathrm{d}l}{l_0}$$

对数应变的无限小增量表示直线单元长度的变化与其瞬时长度之比，即：

$$d\varepsilon^* = d\left(\ln\frac{l}{l_0}\right) = \frac{dl}{l} = d[\ln(1+\varepsilon)] = \frac{d\varepsilon}{1+\varepsilon}$$

对于微小应变，用上述两种方法求出来的应变（和应变增量）值具有一致性。

3.1.3 塑性与屈服准则

1. 塑性

塑性是指固体材料在外力作用下发生永久性变形而不被破坏其完整性的能力。材料的塑性不是固定不变的，会受诸多因素的影响。以金属为例，大致包括以下两个方面的因素：一是内在因素，如晶格类型、化学成分、组织状态等；二是变形的外部条件，如变形温度、应变速率、变形的力学状态等。

2. 屈服准则

屈服准则是描述不同应力状态下变形体内某点由弹性状态进入塑性状态，并使塑性变形状态持续进行所必须遵守的条件，因此又称为屈服条件。

在单向应力状态下，随着外力的增加，作用在变形体内的应力随之增加，当应力的数值等于材料的屈服强度时，变形体由弹性变形状态进入塑性变形状态，因此，单向应力状态下的屈服准则可以进行表述。对于任意的应力状态，表述变形体内某点的应力状态需要六个应力分量或者三个主应力分量，此时当主应力分量有两个或三个不为零时，可能的应力分量之间的组合是无限多的，难以按照所有可能的应力组合进行试验。因此，在任意的应力状态下描述材料由弹性变形状态进入塑性变形状态的判断依据仅是一种假说。

通过对简单拉伸试验的分析可知，在单向应力状态下，材料由弹性状态初次进入塑性状态的条件是作用在变形体上的应力等于材料的屈服强度。当应力小于材料的屈服强度时，材料处于弹性状态；当应力等于材料的屈服强度时，材料开始进入塑性状态。对于具有应变硬化的材料，进入塑性状态后卸载并重新加载时，材料由弹性状态进入塑性状态的条件是作用在变形体上的应力等于瞬时屈服强度。

当材料进入塑性状态之后，应力与应变之间的关系是非线性的，并且不再保持弹性阶段的那种单值关系，而与加载力有关。对于同一个应力数值，可以有许多不同的应变数值与之对应；同样，对于同一个应变数值，可以有多个应力数值与之对应。

值得注意的是，简单拉伸试验的结果会随材料状态、变形条件的变化而改变。例如，材料的组织状态、变形温度、应变速率、等静压力等，对于单向应力状态，这些因素的影响有些可以忽略，有些可以用屈服强度反映出来。

常用的屈服准则有屈雷斯加（Tresca）屈服准则和米塞斯（Mises）屈服准则。

（1）Tresca 屈服准则　1864 年，法国工程师屈雷斯加（Tresca）根据库仑在土力学中的研究结果，结合金属挤压试验，提出材料的屈服与最大切应力有关。当材料中的最大切应力达到某一定值时，该点材料发生屈服即材料处于塑性状态，其最大切应力是一不变的定值，而与应力状态无关，因此又称为最大切应力不变条件。Tresca 屈服准则的表达式为

$$\tau_{max} = C$$

设材料某点所受的三个主应力分别为 σ_1、σ_2 和 σ_3，屈服应力为 σ_s，其中 $\sigma_1 > \sigma_2 > \sigma_3$，则根据上式可得：

$$\tau_{\max} = \frac{1}{2}(\sigma_1 - \sigma_3) = C$$

式中 C 可通过试验求出。由于 C 值与应力状态无关，因此常采用简单拉伸试验确定。当拉伸试样屈服时，$\sigma_2 = \sigma_3 = 0$，$\sigma_1 = \sigma_s$，带入得：

$$C = \frac{1}{2}\sigma_s$$

于是 Tresca 屈服准则的数学表达式为

$$\sigma_1 - \sigma_3 = \sigma_s$$

（2）Mises 屈服准则　德国力学家米塞斯（Mises）于 1913 年提出，塑性变形与应力偏张量有关，且只与应力偏张量的第二不变量 J_2 有关。即在一定的塑性变形条件下，当受力物体内一点的应力偏张量的第二不变量 J_2 达到某一定值时，该点就进入塑性状态。

已知拉伸试样屈服时，$\sigma_2 = \sigma_3 = 0$，$\sigma_1 = \sigma_s$；其主应力表达式为

$$(\sigma_1 - \sigma_2)^2 + (\sigma_2 - \sigma_3)^2 + (\sigma_3 - \sigma_1)^2 = 2\sigma_s^2$$

在单向拉伸应力状态下，Tresca 屈服准则和 Mises 屈服准则的结果一致性较好，两种准则都指示了相同的屈服条件，即当最大主应力达到材料的屈服强度时，材料开始进入塑性状态。

然而，在纯剪切状态和平面应变状态下，两个准则的差别较大，如图 3-3 所示。Tresca 屈服准则只考虑了最大主应力，而 Mises 屈服准则考虑了应力状态中的三个主应力，并将它们组合成应力偏张量的第二不变量（J_2）。因此，在这些情况下，Tresca 屈服准则和 Mises 屈服准则可能会给出不同的屈服预测。另外，与 Tresca 屈服准则相比，Mises 屈服准则考虑了中间应力，这使得 Mises 屈服准则在描述复杂应力状态时更为全面。此外，Mises 屈服准则的使用也更加方便，因为它只涉及一个参数（J_2），而不需要考虑应力状态中的所有主应力。

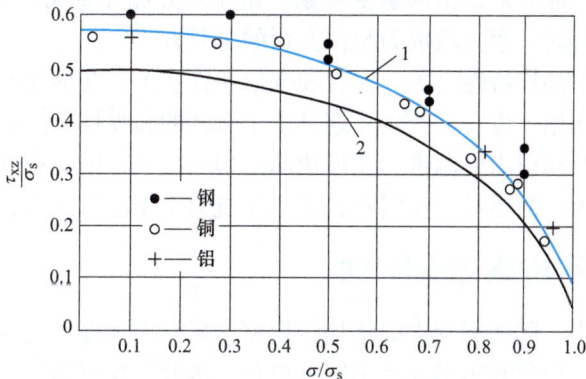

图 3-3　Mises 屈服准则和 Tresca 屈服准则对比

1—Mises 屈服准则　2—Tresca 屈服准则（泰勒及奎乃实验资料）

3.2　金属的塑性变形

3.2.1　金属塑性变形的实质

大量的试验证明，单晶体塑性变形的主要方式为滑移与孪生（双晶）。

1. 滑移

滑移是指晶体在外力作用下，晶体的一部分沿一定的晶面和晶向相对晶体的另一部分发生相对移动（相对切变），此晶面称为滑移面，此晶向称为滑移方向。滑移时原子移动的距离是原子间距的整数倍，滑移后晶体各部分的位向不变，滑移的结果是使大量的原子逐步地从一个稳定位置移到另一个稳定位置，产生了宏观的塑性变形。

一般在各类金属的晶格中，滑移并不是沿任何晶面和晶向都可以发生的，而是沿原子密度最大的晶面（滑移面）和原子密度最大的晶向（滑移方向）发生。因为原子密度最大的晶面，原子间距小，原子间结合力强，而其晶面间的距离则较大，则晶面与晶面间的结合力较弱。同理也可以解释滑移为什么沿原子密度最大的晶向发生。

2. 孪生

晶体除上述的滑移方式发生塑性变形外，还可以按孪生方式发生变形。孪生是指在切应力作用下晶体的一部分相对于另一部分沿一定晶面和晶向，按一定关系发生相对的位向移动。移动的结果使晶体的一部分与原晶体位向处于相互对称的位置，发生孪生的晶面称为双晶面，发生孪生的晶向就是孪生方向。

孪生也是晶体进行切变的一种形式，但是，它和沿滑移面上的滑移方向产生的相对切变不同，孪生要改变晶体的取向。发生孪生变形时，所有平行于孪生面的原子平面都朝着一个方向移动，每一个晶面移动距离的大小与它们距孪生面的距离成正比。

孪生的形成大致可分为形核和扩展两个阶段。晶体变形时，先以极快的速度爆发出薄片双晶，称为形核。然后双晶界面扩展开来加长增宽。

孪生是否出现，和晶体的对称性有密切关系。面心立方晶体金属由于对称性高，容易滑移，孪生不常见，只在少数低温变形情况下才能见到。体心立方晶体金属在高速变形时，如冲击载荷作用或低温拉伸时常常出现孪生现象。密排六方晶体金属，其对称性低，滑移少，当晶体取向不利于滑移时，孪生就成为塑性变形的主要方式。

孪生的产生不仅与晶格特性有关，而且和变形条件有关。变形速度增加可促使晶体孪生的产生，在冲击力的作用下也容易产生。这是由于滑移的临界切应力受温度和变形速率的影响很大，而孪生的临界切应力受温度和变形速率的影响不大，因此在低温高速变形时，滑移临界的切应力增长较大，故不易产生滑移；而孪生抗力小于滑移抗力，故产生孪生。

3.2.2 塑性变形后的金属组织和性能

金属在压力加工中，随变形程度的增加，根据变形温度和变形速度的不同，在变形物体内可能产生加工硬化、回复和再结晶等不同的过程。因此，变形结果所获得的金属组织结构和性能也就不同。为此，可以把金属的塑性变形分为热塑性变形和冷塑性变形。

1. 冷塑性变形

冷塑性变形是指在再结晶温度以下，一般为常温下的塑性成形。如钢在常温下进行的冲压、冷挤压、冷轧等。

（1）冷塑性变形后的组织变化　在外力作用下，金属内部的晶粒沿着变形方向拉长，同时会产生晶粒破碎和晶格扭曲。冷塑性变形过程中还会伴随着内部应力的生成，金属组织的变化具体表现在以下几个方面。

1）晶粒形状改变。金属和合金在冷变形过程中，随着外部应变的施加，其晶粒的形状也会相应改变，如图 3-4 所示。在拉伸过程中，晶粒会沿着拉伸方向逐渐延长；而在压缩过程中，晶粒则会被压扁成扁平形状。

2）形成亚结构。经过充分的冷塑性变形后，金属晶体内部会形成许多取向不同的区域，这些区域是由于金属受到变形而碎裂成许多小块，如图 3-5 所示，这些小晶块被称为亚晶，而形成的组织被称为亚结构或嵌镶组织。通过电子显微镜观察可以发现，这些小块之间由大量位错组成的位错缠结相连，而小晶块内部的位错密度较低。

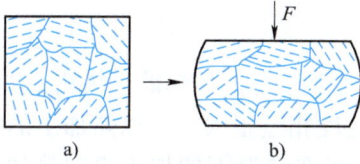

图 3-4　多晶体的冷塑性变形
a）变形前　b）变形后

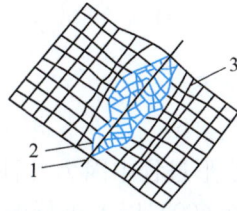

图 3-5　滑移面附近的晶格畸变和碎晶
1—滑移面　2—碎晶　3—晶格畸变

3）变形织构。在冷变形过程中，由于外力的限制、晶粒间的相互作用以及变形发展方向的影响，晶粒会相对于外力轴发生转动，使得某些滑移系产生向作用力轴方向或最大主变形方向转动的趋势。随着变形程度的增加，大多数晶粒的某个滑移系最终会转到同一方向或接近一致的方向，导致晶粒原本无序的位向逐渐有序化，这个过程被称为择优取向，形成的有严格位向关系的纤维组织称为变形织构。变形织构通常分为丝织构和板织构两种，具体形成取决于冷变形的条件和晶粒的特性。

（2）冷塑性变形后的性能变化　在冷变形过程中，金属材料的性能也会发生变化，主要表现为产生加工硬化和物理及物理化学性能的改变。

1）产生加工硬化。冷变形加工后，金属材料的强度（硬度）会显著提高，而塑性则会下降，归因于变形过程中晶粒形变和位错增加，导致了金属材料内部结构的复杂化和强化。

2）物理及物理化学性能的改变。冷塑性变形过程中，晶内和晶间物质的破碎会导致变形金属内部产生大量微小裂纹和空隙，从而使得金属的密度降低。此外，电阻增加、导热性降低、溶解性增加以及耐蚀性降低等变化也会发生，这些改变是由于金属内部结构和晶粒形貌的改变所引起的。

（3）冷塑性变形后的再结晶退火　冷变形后的材料由于塑性和延性的降低，给进一步变形带来困难，甚至导致开裂和断裂；冷变形后的纤维组织还会引起材料的不均匀变形，可通过再结晶退火消除纤维组织，提高塑性和延性。再结晶退火后，金属经历了回复过程（晶格畸变消除）和再结晶过程（拉长的晶粒经重新形核及晶粒长大），最终形成细小的等轴晶粒，如图 3-6 所示。回复温度为 $(0.25 \sim 0.30)T_m(K)$，再结晶温度一般为 $0.4T_m(K)$，T_m 为金属的熔点。

（4）冷塑性变形成形的特点　冷变形由于其强化现象无再结晶组织，因此工件的强度和硬度较高；同时，冷变形工件没有氧化皮，可以获得较高的公差精度和较小的表面粗糙度，从而提高工件的表面质量。然而，由于冷变形金属存在内在的残余应力和塑性差异等，变形程度不宜过大，以免产生裂纹；在进行大变形量成形时，通常需要进行中间退火（再结晶退火）。

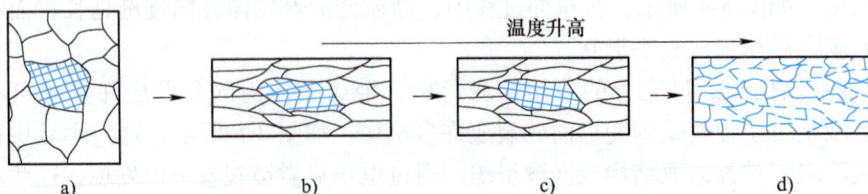

图 3-6　冷塑性变形后金属的回复与再结晶

a）原始组织　b）塑性变形后的组织　c）回复组织　d）再结晶组织

2. 热塑性变形

金属在完全再结晶条件下进行的变形，称为热塑性变形，如热锻、热轧、热挤压等。

在热塑性变形过程中因为各种金属的再结晶温度相差很大，所以热加工的概念是相对的。例如铁，在600℃以上进行的加工叫热加工，铅在常温下的加工也叫热加工，而钨在1000℃以下进行的加工却叫冷加工（钨的最低再结晶温度约为1200℃）。热变形一般发生在金属熔点热力学温度的0.75~0.95倍的温度范围内。目前，除一些铸件和烧结件外，几乎所有的铸锭、型材、制品都经过热变形，其中一部分为最终产品，另一部分为中间产品。不论中间产品或最终产品，其性能都将受到热变形后组织结构的影响。因此，热变形在压力加工中占有非常重要的地位。

（1）热加工材料的组织特征

1）加工流线。热加工时，由于夹杂物、偏析、第二相以及晶界、相界等随着应变量的增大，逐渐向变形方向延伸，经侵蚀后宏观表面上会出现流线或热加工纤维组织，这种组织的存在，会使材料的力学性能呈现各向异性，如图3-7所示。顺纤维的方向比垂直于纤维方向具有更高的力学性能，特别是塑性与韧性。

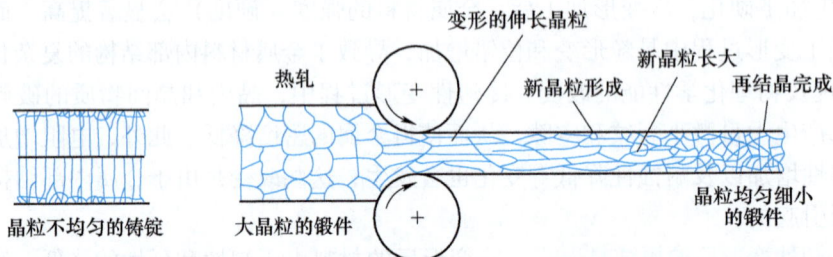

图 3-7　热轧过程中金属组织的变化（动态回复与再结晶）

2）带状组织。复相合金中的各个相，在热加工时沿着变形方向交替地成带状分布，这种组织称为"带状组织"。例如，低碳钢经热轧后，珠光体和铁素体常沿轧向呈带状或层状分布，构成"带状组织"。对于高碳高合金钢，由于存在较多的共晶碳化物，因而在加热时也会呈带状分布。

带状组织的存在也将引起性能明显的方向性，尤其是在同时兼有纤维状夹杂物的情况下，其横向的塑性和冲击韧性显著降低。为了防止和消除带状组织，一是不在两相区变形；二是减小夹杂物元素含量；三是可用正火处理或高温扩散退火加正火处理消除。

（2）热加工对室温力学性能的影响　热加工不会使金属材料发生加工硬化，但能消除铸造中的某些缺陷，将气孔、疏松焊合；改善夹杂物和脆性物质的形状、大小及分布；部分消除某些偏析；将粗大柱状晶、树枝晶变为细小、均匀的等轴晶粒，其结果使材料的致密度和力学性能有所提高。因此，金属材料经热加工后比铸态有更佳的力学性能。

3. 温塑性变形

温塑性变形是指在材料再结晶温度以下、室温以上（通常为 $0.3 \sim 0.5 T_\mathrm{m}$）进行的塑性变形过程。此过程中，动态回复与加工硬化同时发生：动态回复通过位错重排部分抵消硬化效应，但因未达到再结晶温度，最终仍会残留部分加工硬化。与冷变形相比，温塑性变形需要的变形力较低；与热变形相比，温塑性变形可以在较低的加热温度下进行，从而减少热损失，提高产品尺寸精度和表面质量，并降低能耗。

常见的温塑性变形加工方法包括温锻、温挤压和温拉深等。对于室温下难以加工的材料，如不锈钢、铁合金、镍合金等，温塑性变形具有更实用的意义。

3.2.3　金属的塑性成形性能

金属的塑性成形性能受多种因素影响，主要可分为金属内在因素和外部加工条件两个方面。

1. 金属内在因素的影响

（1）化学成分　不同金属材料的化学成分对其塑性成形性能有着重要影响。纯金属通常具有良好的塑性，因此其锻造性能较好。但是，随着合金元素的添加，金属的塑性和变形抗力会发生变化。例如，碳素钢随着碳含量的增加，其锻造性能会降低。而在合金钢中，添加某些能提高高温强度的合金元素（如钨、钼、钒、钛等）后，其锻造性能会进一步下降。

（2）组织结构　金属的组织结构对其塑性成形性能有着显著影响。一般来说，纯金属和固溶体具有良好的可锻性，尤其是奥氏体，因其塑性好、变形抗力小而具备较好的锻造性能。相反，某些化合物（如渗碳体等）由于具有高硬度和低塑性，其锻造性能往往较差。此外，金属晶粒的尺寸和形貌也会对其塑性成形性能产生影响。晶粒越细小、越均匀，金属的塑性越高、可锻性越好。在铸态组织中，晶粒细小且均匀的组织通常比柱状组织或粗晶粒组织具有更好的锻造性能。

这些因素综合影响着金属的塑性成形性能，在设计金属零件时需要考虑到这些因素，并选择适当的材料和加工工艺，以确保最终产品具备所需的性能和品质。

2. 金属外部变形条件的影响

（1）变形温度　在不产生过热的条件下，金属的变形温度升高，可锻性变好。钢的变形温度对其塑性成形性的影响如图 3-8 所示。提高金属变形温度，可使原子动能增加、结合力减弱、塑性增加、变形抗力减小。高温下再结晶过程很迅速，能及时克服冷变形强化现象。因此，适当提高变形温度可改善金属锻造性能。

（2）变形速率　变形速率即单位时间内的变形量。钢的变形速率对其塑性成形性的影响如图 3-9 所示。随着变形速率的提高，金属的冷变形强化现象不能通过回复和再结晶及时消除，使塑性下降，变形抗力增加，锻造性能变差。但是，当变形速率超过临界值后，由于塑性变形的热效应使金属温度升高，加快了再结晶过程，使其塑性增加、变形抗力减小。变形速率越高，金属热效应越明显。

根据这个原理，利用高速锤锻造、爆炸成形等工艺加工低塑性材料，可显著提高其可锻性。但生产中常用的锻造设备都不可能超过临界变形速率，因此，塑性较差的金属（如高合金钢等）或大型锻件，宜采用较小的变形速率，以防锻裂坯料。

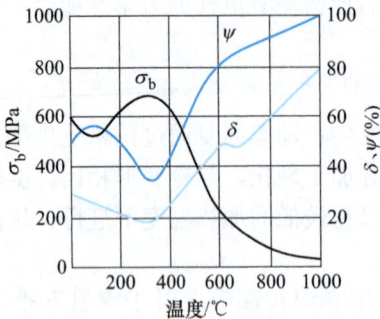

图 3-8　变形温度对钢的塑性成形性的影响

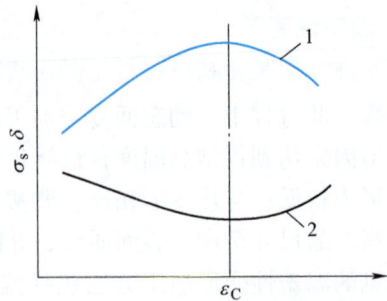

图 3-9　变形速率对钢的塑性成形性的影响

1—变形抗力曲线　2—塑性曲线

（3）应力状态　用不同的锻造方法使金属变形时，其内部产生的应力大小和性质（压或拉）是不同的，甚至在同一变形方式下，金属内部不同部位的应力状态也可能不同。不同塑性成形方法时工件内部的应力状态如图 3-10 所示。

挤压是三向压应力状态；拉拔是轴向受拉，径向受压；自由锻镦粗时，锻件中心是三向压应力，而侧表面层水平方向为拉伸应力。实践证明，三个方向中压应力数目越多，可锻性越好；拉伸应力数目越多，可锻性越差。这是因为在三向压应力状态下，金属中的某些缺陷难以扩展，而拉伸应力的出现使这些缺陷易于扩展，从而易导致金属的破坏。因此，许多用普通锻造效果不好的材料改用挤压后即可获得良好的成形性。

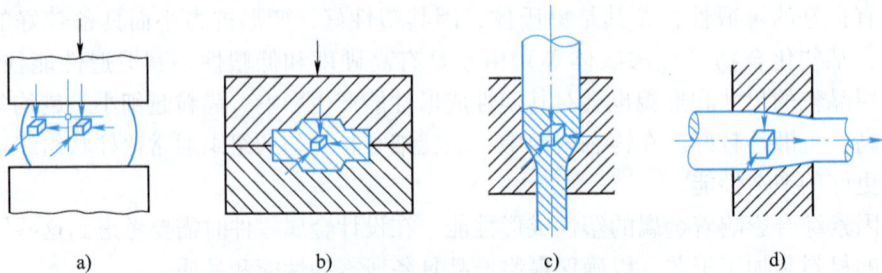

图 3-10　不同塑性成形方法时工件内部的应力状态

a）自由锻　b）模锻　c）挤压　d）拉拔

复习思考题

3-1　简述屈雷斯加（Tresca）屈服准则和米塞斯（Mises）屈服准则的异同。

3-2　金属塑性变形的实质是什么？

3-3　金属热塑性成形与冷塑性成形的成形温度、组织变化、性能变化各有什么特点？

3-4　金属塑性成形性能的影响因素有哪些？

第4章 金属塑性成形工艺

4.1 金属塑性成形方法

4.1.1 自由锻

　　自由锻是指只用简单的通用性工具，或在锻造设备的上、下砧间直接使坯料变形而获得所需的几何形状及内部质量锻件的方法。自由锻可分为手工自由锻（简称手工锻）和机器自由锻（简称机锻）。

1. 自由锻的工艺特点与应用

（1）特点　自由锻的特点如下：

　　1）自由锻应用设备和工具具有很强的通用性，工具简单，因此只能锻造形状简单的锻件，工人的劳动强度大，生产率低。

　　2）自由锻可以锻造出质量从不及1kg到200~300t的锻件，对于大型锻件，自由锻是唯一的加工方法，因此自由锻在重型机械制造中具有特别重要的作用。

　　3）自由锻依靠操作者控制其形状和尺寸，锻件精度低，表面质量差，金属损耗大。

（2）应用　自由锻主要用于品种多、产量不大的单件或小批量生产，也可用于模锻前的制坯工序。例如，自由锻可用于生产水轮发电机机轴、涡轮盘、船用柴油机曲轴及轧辊等重型锻件（质量可达250t）。

2. 自由锻的基本工序

（1）镦粗　镦粗是使坯料高度减小，横截面积增大的锻造工序，如图4-1所示。镦粗一般用来制造盘套类锻件，如法兰盘、齿轮坯等，在锻造套筒、环类等空心锻件时，镦粗是冲孔前的预备工序，用于减小冲孔高度。镦粗可分为完全镦粗和局部镦粗。完全镦粗是指坯

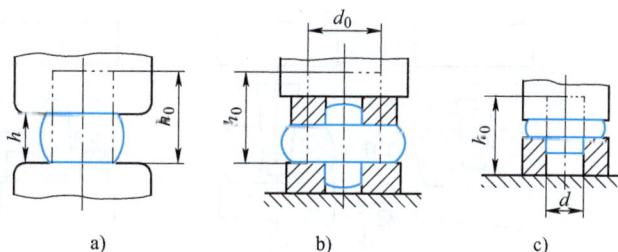

图 4-1 镦粗

a）平砧镦粗　b）局部镦粗　c）漏盘中镦粗

料沿整个高度产生变形，局部镦粗是借助漏盘或胎模使坯料的一端或中间镦粗。镦粗时，坯料的两个端面与上、下砧间产生的摩擦力具有阻止金属流动的作用，故圆柱形坯料经镦粗后成鼓形。为防止镦粗时坯料产生纵向弯曲，坯料的高度 h 与直径 d 之比为 2.5~3.0，坯料两端面要平整，并垂直于轴线。

（2）拔长　拔长是使坯料横截面积减小，长度增加的锻造工序，如图 4-2 所示。拔长主要用来制造光轴、台阶轴、曲轴、拉杆和连杆等具有长轴线的锻件。

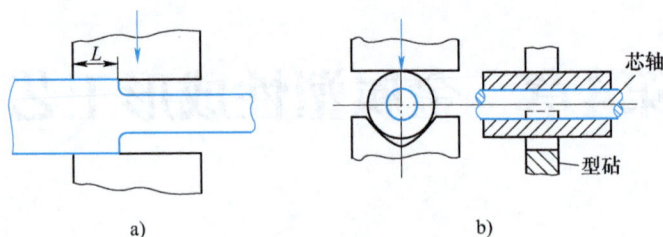

图 4-2　拔长
a）平砧拔长　b）型砧芯轴拔长

拔长分为平砧拔长和型砧芯轴拔长等。在平砧上将直径较大的圆坯料拔长为直径较小的圆坯料前，应先将坯料锻打成方形截面，当拔长到方形的边长接近工件的直径时，将方形锻成八角形，最后倒棱滚打成圆形。锻造带台阶或凹档的锻件时，首先在坯料上用小直径圆棒压痕或用三角刀切肩，然后进行局部拔长，锻打成所需形状。锻造有孔的长轴线锻件时，应将已冲孔的坯料套入接近孔径的芯轴中拔长，使壁厚减小、长度增加。为提高拔长效率，可在上平、下 V 型砧或上、下 V 型砧中锻打。

（3）冲孔　冲孔是指将冲压坯内的材料以封闭的轮廓分离开来，得到带孔制件的一种冲压方法，如图 4-3a 和 b 所示。冲孔主要用于制造带孔的锻件。冲孔可分为实心冲头冲孔和空心冲头冲孔。

采用实心冲头冲孔时，冲头为一实心体，主要用于冲直径较小的孔。对于较薄的坯料，常采用单面冲孔；对于较厚的坯料，常采用双面冲孔。采用空心冲头冲孔时，冲头为一空心圆环，多用于冲孔径大于 400mm 的孔。冲孔前，一般先将坯料镦粗，以减小冲孔深度，并避免冲孔时坯料胀裂。将坯料加热到始锻温度，内外均匀热透，以便在冲头冲入后，坯料仍有良好的塑性和较低的变形抗力，避免冲裂。

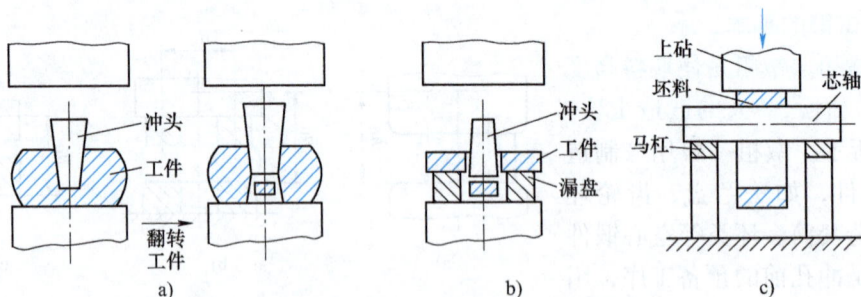

图 4-3　冲孔和扩孔
a）厚料冲孔　b）薄料冲孔　c）芯轴扩孔

（4）扩孔　扩孔是指减小空心坯料壁厚而增加其内、外径的锻造工序。扩孔主要用来制造环形锻件，如轴承圈等。扩孔的基本方法可分为冲头扩孔和芯轴扩孔两种。

1）冲头扩孔是指利用冲头锥面引起的径向分力而进行扩孔的一种扩孔方法。冲头扩孔适用于坯料外径与内径之比大于 1.7 的情况。采用冲头扩孔方法扩孔时，每次的孔径扩大量不宜太大，否则坯料易胀裂。

2）芯轴扩孔又称马杠扩孔，是指利用上砧和马杠对空心坯料沿圆周依次连续压缩而实现扩孔的方法。如图 4-3c 所示扩孔时将带孔的坯料套在芯轴上，芯轴架在马杠上，围绕圆周对坯料进行锤击，每锤击一到两次，必须旋转送进坯料，经多次圆周旋转锤击后，坯料的壁厚减小，内、外径增大，达到所要求的尺寸。采用芯轴扩孔方法扩孔时扩孔量大，可以锻造大孔径的薄壁锻件。

（5）弯曲 弯曲是指采用一定的工模具将坯料弯成规定外形的锻造工序。弯曲用于锻造吊钩、链环和弯板等锻件。弯曲时，锻件的加热部分最好只限于被弯曲的一段，加热必须均匀。在空气锤上进行弯曲时，将坯料夹在上、下砧间，露出欲弯曲的部分，用手锤或大锤将坯料打弯。

（6）扭转 扭转是指将坯料的一部分相对于另一部分绕其轴线旋转一定角度的锻造工序。采用扭转的方法，可使由几部分在不同平面内组成的锻件（如曲轴等），先在一个平面内锻造成形，然后分别扭转到所要求的位置，从而简化锻造工序。

（7）切割 切割是指将坯料分成几部分或部分地割开，或从坯料的外部割掉一部分，或从内部割出一部分的锻造工序，如切去料头、下料和切割成一定形状等。手工切割小毛坯时，把工件放在砧面上，錾子垂直于工件轴线，边錾边旋转工件，当快切断时，应将切口稍移至砧边处，轻轻将工件切断。大截面毛坯是在锻锤或压力机上切断的，方形截面的切割是先用剁刀垂直切入锻件，至快断开时，将工件翻转 180°，再用剁刀或錾子把工件切断。

（8）错移 错移是指将坯料的一部分相对另一部分错移开，但仍保持轴心平行的锻造工序。错移常用于锻造曲轴类锻件。错移前，坯料须先进行压肩等辅助工序；错移时应先在错移部位切肩，然后再锻打错开。

4.1.2 模锻

将加热到锻造温度的金属坯料放到固定在锻造设备上的模膛内，使坯料受压产生塑性变形，充满模膛以获得锻件的成形方法称为模型锻造，也称为模锻。生产中常用的模锻成形方法有锤上模锻、胎模锻及压力机上模锻等。

1. 模锻的特点和应用

（1）模锻的特点 模锻时坯料的变形完全在模膛内进行，可以锻制形状较为复杂的锻件，锻件形状和尺寸较精确，加工余量小，材料消耗量低，生产率高，操作简单，劳动强度低，易实现机械化和自动化生产；但锻模制造复杂，周期长，成本高，模锻设备昂贵而且能源消耗大。

（2）模锻的应用 模锻适用于形状复杂的中、小型锻件的中批和大批生产，不适用于单件小批生产。受设备吨位限制，锻件质量不能太大，一般不超过 150kg。

2. 模锻的主要类别

（1）锤上模锻 锤上模锻是将上模固定在锤头上，下模紧固在模垫上，通过随锤头做上下往复运动的上模，对置于下模中的金属坯料施以直接锻击，来获取锻件的锻造方法。锤上模锻的设备费用也相对较低，是我国模锻生产中应用最多的模锻方法。锤上模锻使用的设备有蒸汽-空气锤、无砧座锤和高速锤等。

锤上模锻的工艺特点是：金属在模腔中是在一定速度下经过多次连续锤击而逐步成形的；锤头的行程、打击速度均可调节，能实现轻重缓急不同力度的打击，因此可进行制坯工作；由于惯性作用，金属在上模模腔中具有更好的充填效果；锤上模锻的适应性强，可生产多种类型的锻件，可以单腔模锻，也可以多腔模锻。

（2）胎模锻　胎模锻是在自由锻设备上使用可移动的简单模具生产锻件的一种介于自由锻与模锻间的锻造方法。对于形状较为复杂的锻件，通常是先采用自由锻方法使坯料初步成形，然后在胎模中终锻成形。锻件的主要尺寸和形状依靠胎模的型腔来保证。胎模不固定在设备上，根据工艺过程的需要随时放上或取下。

与自由锻相比，胎模锻可获得形状较为复杂、尺寸较为精确的锻件，节约金属，生产率更高，但需准备专用工具——胎模；与模锻相比，胎模锻可利用自由锻设备组织生产各类锻件，不需要昂贵的设备，胎模制造简单，使用方便，成本较低，但劳动强度大，辅助操作多，在锻件质量、生产率和模具寿命等方面均低于模锻。胎模锻适用于小件批量不大的生产。

胎模结构可分为以下几类：

1）摔模，用于锻造回转体锻件。

2）扣模，用于锻造平整侧面。

3）套筒模，用于镦粗锻件。

4）合模，用于锻造比较复杂的锻件。

（3）压力机上模锻　目前在锻压生产中，锤上模锻的锻造方法应用广泛，但是模锻锤在工作中存在振动和噪声大、劳动条件差、蒸汽效率低及能源消耗多等难以克服的缺点。因此近年来大吨位模锻锤有逐步被压力机所取代的趋势。

4.1.3　板料冲压

板料冲压是指利用冲模在压力机上使板料分离或变形，从而获得冲压件的加工方法。冲压的板料厚度一般小于4mm，通常在常温下冲压，故又称为冷冲压，简称冲压。板料厚度超过8~10mm时，才用热冲压。

1. 板料冲压的工艺特点与应用

（1）工艺特点

1）冲压生产操作简单，生产率高，易于实现机械化和自动化。

2）冲压件的尺寸精确，表面光洁，质量稳定，互换性好，一般不需要再进行机械加工，可直接作为零件使用。

3）金属薄板经过冲压塑性变形获得一定的几何形状，并产生冷变形强化，使冲压件具有质量小、强度高和刚性好的优点。

4）冲压模具的结构复杂，精度要求高，制造费用相对较高，故冲压适用于大批生产。

（2）应用　用于冲压的原材料可以是具有塑性的金属材料，如低碳钢、奥氏体型不锈钢、铜或铝及其合金等，也可以是非金属材料，如胶木、云母、纤维板和皮革等。

2. 板料冲压工序

板料冲压基本工序可分为分离工序和变形工序两大类。

（1）分离工序　分离工序是使板料的一部分与另一部分分离的加工工序，主要包括切断、落料和冲孔等。其中，切断是指使板料沿不封闭轮廓线分离的工序；落料是指从板料上冲出一定外形的零件或坯料的工序，落下部分是工件成品；冲孔是指在板料上冲出孔的工序，冲下部分是废料。冲孔和落料统称为冲裁，如图 4-4 所示。

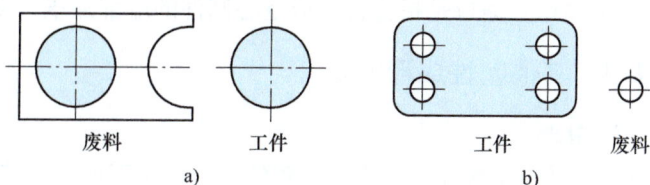

图 4-4　冲裁
a）落料　b）冲孔

在冲裁变形过程中，冲裁的刃口必须足够锋利，凸模和凹模之间留有一定间隙，板料的冲裁过程可分为弹性变形、塑性变形和分离三个阶段。

1）弹性变形阶段：当凸模施加压力时，凸、凹模刃口附近的材料发生弹性变形。

2）塑性变形阶段：凸模继续下压，由于凸、凹模刃口的作用，板料产生塑性变形，出现裂纹。

3）分离阶段：当板料的上、下裂纹相遇时，冲裁件实现与坯料的分离。

冲裁件在条料上的布置方法称为排样，分为有废料排样法、少废料排样法和无废料排样法三种。

1）有废料排样法：沿冲裁件周边都有工艺余料（称为搭边），冲裁沿冲裁件轮廓进行，冲裁件质量和模具使用寿命较高，但材料利用率较低。

2）少废料排样法：沿冲裁件部分周边有工艺余料。这样的排样法，冲裁沿工件部分轮廓进行，材料的利用率较有废料排样法高，但冲裁件精度有所降低。

3）无废料排样法：沿冲裁件周边没有工艺余料，采用这种排样法时，冲裁件实际是由切断条料获得的，材料的利用率高，但冲裁件精度低，模具使用寿命不高。

（2）变形工序　变形工序是使坯料的一部分相对于另一部分产生塑性变形而不被破坏的工序，如拉深、弯曲和翻边等。

1）拉深：拉深是指利用刚性模具对坯料施加拉或压应力，使平板坯料形成带凸缘或不带凸缘的圆柱形或圆锥形件，而厚度基本不变的加工方法。拉深是一个重要的冲压工序，应用广泛，如汽车、农机及工程机械的覆盖件，仪器仪表的壳体，日用品中的金属容器等都需用拉深方法制作。

2）弯曲：弯曲是指将板料、型材或管材在弯矩作用下弯成具有一定曲率和角度的制件的成形方法，如图 4-5 所示。弯曲方法可分为压弯、拉弯、折弯和辊弯等，最常见的是在压力机上压弯。

3）翻边：翻边是指将坯料的平面部分或曲面部分的边缘，沿一定曲线翻起竖立直边的成形方法。翻边的种类较多，常用的是圆孔翻边。

4）胀形：胀形是指板料或空心坯料在双向拉应力作用下，使其产生塑性变形取得所需制件的成形方法。胀形是冲压成形的一种基本形式，也常和其他方式结合出现于复杂形状零件的冲压过程之中。胀形主要包括平板坯料胀形、管坯胀形、球体胀形和拉形等方式。

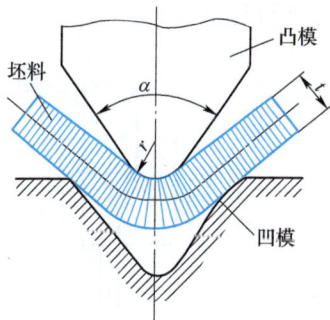

图 4-5　弯曲

5）缩口：缩口是指将管件或空心制件的端部加压，使其径向尺寸缩小的加工方法。

4.1.4　其他塑性成形方法

1. 轧制

轧制是指金属坯料在旋转轧辊的压力作用下产生连续塑性变形，从而获得所要求的截面形状并改变其性能的加工方法。常采用的轧制方法包括辊锻、横轧和斜轧等，如图 4-6 所示。轧制生产所用坯料主要是金属铸锭。坯料在轧制过程中，主要依靠摩擦力得以连续通过轧辊孔隙而受压变形，结果坯料的截面减小，长度增加。合理设计轧辊上的各种不同的孔型（与产品截面轮廓相似），可以轧制出不同截面的原材料，如钢板、型材和无缝管材等，也可以直接轧制出毛坯或零件。

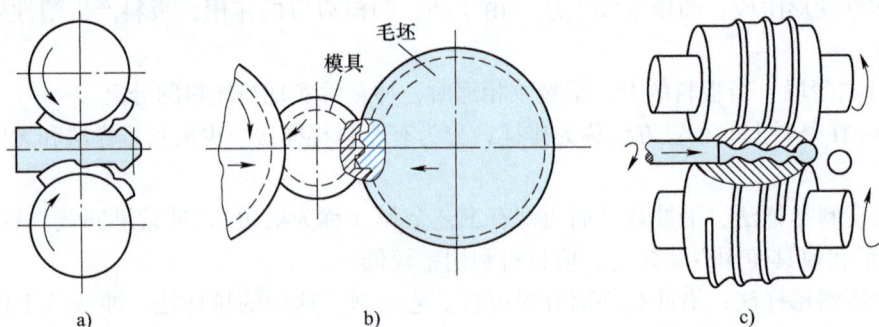

图 4-6　轧制
a）辊锻　b）横轧　c）斜轧

2. 挤压

挤压是指坯料在封闭模腔内受三向不均匀压力作用下，从模具的孔口或缝隙挤出，使之横截面积缩小，成为所需制品的加工方法，包括正挤压、反挤压和径向挤压等，如图 4-7 所示。挤压过程中，金属坯料的截面依照模孔的形状减小，坯料的长度增加。挤压可以与其他工艺结合，制备各种复杂截面的型材或零件，如复合挤压、镦挤复合等，如图 4-8 所示。挤压适用于加工低碳钢、有色金属及其合金。若能采取适当的工艺措施，还可对合金钢和难熔合金进行挤压生产。

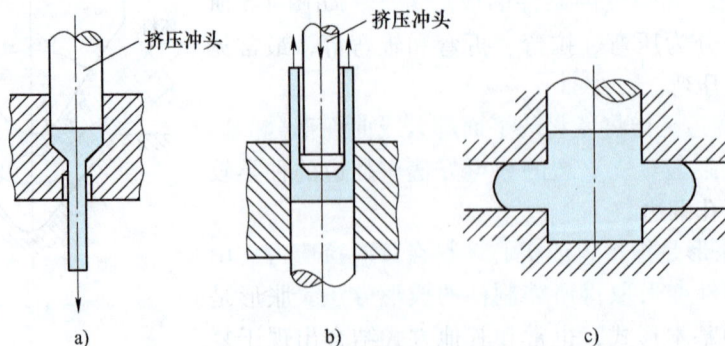

图 4-7　挤压
a）正挤压　b）反挤压　c）径向挤压

3. 拉拔

拉拔是指坯料在牵引力作用下通过模孔拉出，使之产生塑性变形而得到截面减小、长度增加的工艺，如图 4-9 所示。拉拔模孔的截面形状和使用性能对产品有着决定性影响。由于模孔在工作中受到强烈的摩擦作用，为保持其几何形状的准确性和使用寿命，应选用耐磨的硬质合金制作。拉拔主要用于制造各种细线材、薄壁管和各种特殊几何形状的型材，如电缆等。拉拔加工多在冷态下进行，所得到的产品具有较高的尺寸精度和表面质量，故拉拔常用于轧制件的再加工，以提高产品质量。低碳钢和大多数有色金属及其合金都可以拉拔成形。

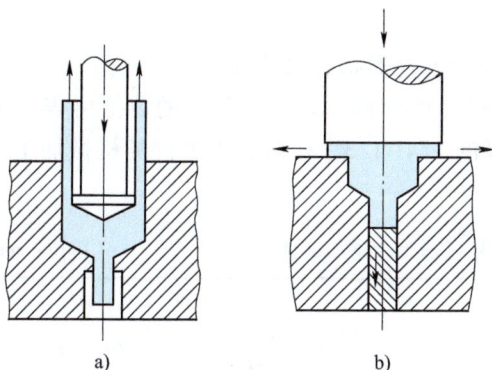

图 4-8　复合挤压和镦挤复合
a）复合挤压　b）镦挤复合

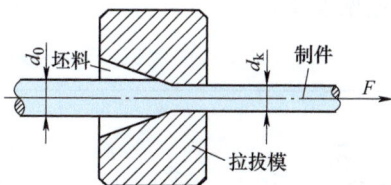

图 4-9　拉拔

4.2　金属塑性成形工艺设计

塑性成形方法很多，本节主要介绍生产中常用的自由锻、模锻、冲压的工艺设计。塑性成形工艺设计是生产中必不可少的技术工作，是组织生产过程、规定操作规范、控制和检查产品质量的依据。

4.2.1　自由锻工艺设计

自由锻工艺设计的主要内容有：绘制锻件图、计算坯料的质量和尺寸、确定锻造工序、选择锻造设备、确定锻造温度范围和加热/冷却规范等。

1. 绘制锻件图

锻件图是制订锻造工艺过程和检验的依据，绘制时以零件图为基础，并需要考虑余块、机械加工余量及锻件公差等工艺参数。

（1）余块　某些零件上的精细结构，如键槽、齿槽、退刀槽以及小孔（直径 $\phi<25mm$）、不通孔、台阶等，难以由自由锻锻出，必须在锻件的某些地方添加一些大于机械加工余量的金属以简化锻件形状及锻造过程，这部分添加的金属称为余块（或敷料），如图 4-10 所示，在切削加工时去除余块。

（2）机械加工余量　由于自由锻的精度较低，表面质量较差，一般需要进一步切削加

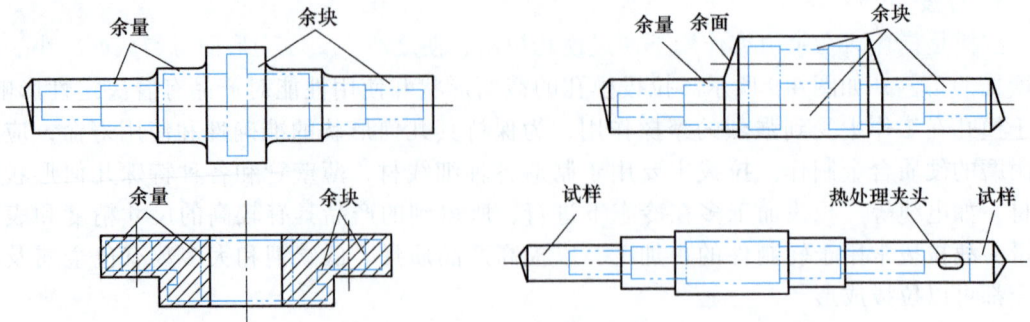

图 4-10 锻件上的不同余块

工，所以零件表面要留机械加工余量，其大小与零件形状、尺寸等因素有关。

（3）锻件公差 锻件公差是指锻件实际尺寸的允许变动量。公差的数值可查有关国家标准（GB/T 21471—2008），通常为加工余量的 1/4~1/3。台阶轴类锻件的机械加工余量与锻件公差见表 4-1。

表 4-1 台阶轴类锻件机械加工余量与锻件公差 （单位：mm）

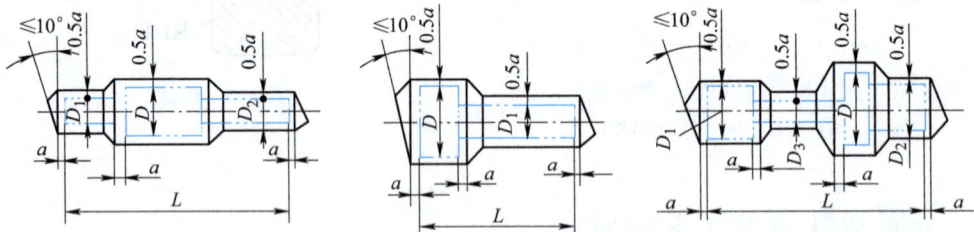

零件总长 L	零件直径 D							
	0~40	40~63	63~100	100~160	160~200	200~250	250~315	315~400
	余量 a 与极限偏差							
0~315	7±2	8±3	9±3	10±4	—	—	—	—
>315~630	8±3	9±3	10±4	11±4	12±5	13±5	—	—
>630~1000	9±3	10±4	11±4	12±5	13±5	14±6	16±7	18±8
>1000~1600	10±4	12±5	13±5	14±6	15±6	16±7	18±8	19±8
>1600~2500	—	13±5	14±6	15±6	16±7	17±7	19±8	20±8
>2500~4000	—	—	16±7	17±7	18±8	19±8	21±9	22±9
>4000~6000	—	—	—	19±8	20±8	21±9	23±10	—

（4）锻件图 绘制锻件图时，锻件轮廓用粗实线绘出，零件轮廓用双点画线表示。锻件基本尺寸和公差一般标注在尺寸线上方，零件尺寸标注在相应锻件尺寸线下方的括号内，如图 4-11 所示。

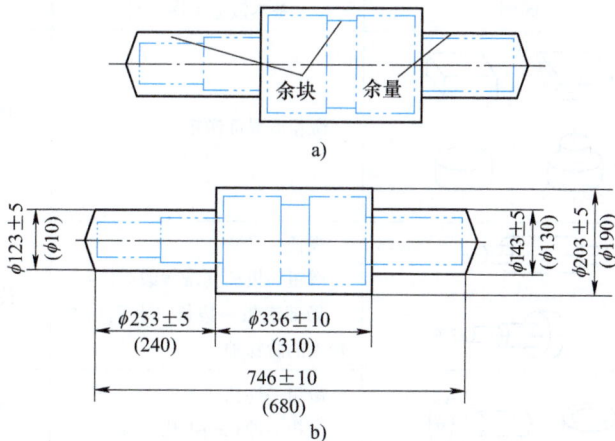

图 4-11　典型的锻件图

a）锻件的机械加工余量及余块　b）锻件图

2. 计算坯料的质量和尺寸

（1）坯料质量的计算

$$m_{坯} = m_{锻} + m_{烧} + m_{芯} + m_{切}$$

式中，$m_{坯}$ 为坯料质量；$m_{锻}$ 为锻件质量，可根据锻件图计算；$m_{烧}$ 为加热时坯料因表面氧化而烧损的质量。一般燃料炉加热的烧损量为坯料质量的 2%～3%，电炉加热的烧损量为 0.5%～1%。以后各次加热坯料，烧损量可减半；$m_{芯}$ 为冲孔时芯料的质量，与冲孔方式、孔径 d、坯料高度 H 有关。$m_{芯} = Kd^2H$，实心冲头冲孔 $K = 1.18～1.57$，空心冲头冲孔 $K = 6.16$，垫环冲孔 $K = 4.32～4.71$；$m_{切}$ 为端部切头损失质量。一般中、小型锻件采用型材，可不考虑此项；但用钢锭作坯料时要考虑切掉的钢锭头部和尾部的质量。

（2）确定坯料尺寸　首先根据材料的密度和坯料质量计算出坯料的体积，然后根据基本工序的类型（如拔长、镦粗）及锻造比计算坯料横截面积、直径、边长等尺寸。

1）首道工序为镦粗的工件，为避免镦弯，要保证坯料高径比为 1.25～2.5，坯料尺寸可由坯料的体积 $V_{坯}$ 计算得出，公式为

圆坯料直径：$D_0 = (0.8～1.0)V_{坯}^{1/3}$

方坯料边长：$A_0 = (0.75～0.9)V_{坯}^{1/3}$

坯料的直径或边长确定后，其高度 H_0 为 $H_0 = V_{坯}/F_{坯}$

2）对首道工序为拔长的工件，为保证坯料拔长后最大截面的锻造比，坯料截面积 $F_{坯}$ 应为锻件最大截面积的 1.1～1.5 倍，坯料尺寸计算公式为

圆坯料直径：$D_0 = 1.13F_{坯}^{1/2}$

方坯料边长：$A_0 = F_{坯}^{1/2}$

坯料的直径或边长确定后，其长度 L_0 为 $L_0 = V_{坯}/F_{坯}$

3. 确定锻造工序

根据不同类型的锻件选择不同的锻造工序，锻件的分类及相应锻造工序见表 4-2。

表 4-2 锻件的分类及相应锻造工序

序号	类别	图例	基本锻造工序方案	实例
1	饼块类		镦粗或局部镦粗	圆盘、齿轮、模块、锤头等
2	轴杆类		拔长 镦粗→拔长（增大锻造比） 局部镦粗→拔长（截面相差较大的阶梯轴）	传动轴、主轴、连杆等
3	空心类		镦粗→冲孔 镦粗→冲孔→扩孔 镦粗→冲孔→芯轴上拔长	圆环、法兰、齿圈、圆筒、空心轴
4	弯曲类		轴杆类锻件工序→弯曲	吊钩、弯杆、轴瓦盖等
5	曲轴类		拔长→位错（单拐曲轴）	曲轴、偏心轴等
6	复杂形状类		前几类锻造工序的组合	阀杆、叉杆、十字轴、吊环等

4. 选择锻造设备

选用锻造设备时主要考虑锻件材料、形状及尺寸等，并结合实际生产条件确定设备吨位。对于中、小型碳钢及低合金钢锻件，自由锻锤的锻造能力见表 4-3。

表 4-3 自由锻锤的锻造能力范围

锻件类型		锻锤落下部分质量/t						
		0.25	0.5	0.75	1	2	3	5
圆盘	D/mm	<200	<250	<300	≤400	≤500	≤600	≤750
	H/mm	<35	<50	<100	<150	<200	≤300	≤300
圆环	D/mm	<150	<350	<400	≤500	≤600	≤1000	≤1200
	H/mm	≤60	≤75	<100	<150	<200	<250	≤300
圆筒	D/mm	<150	<175	<250	<275	<320	<350	≤700
	H/mm	≥100	≥125	>125	>125	>125	>150	>150
	L/mm	≤165	≤200	≤275	≤300	≤350	≤400	≤550
圆轴	D/mm	<80	<125	<150	≤175	≤225	≤275	≤350
	G/kg	<100	<200	<300	<500	≤750	≤1000	≤1500
方块	$H=B$/mm	≤80	≤150	≤175	≤200	≤250	≤300	≤450
	G/kg	<25	<50	<70	≤100	≤350	≤800	≤1000

（续）

锻件类型		锻锤落下部分质量/t						
		0.25	0.5	0.75	1	2	3	5
扁方	B/mm	≤100	>160	>175	≤200	<400	≤600	≤700
	H/mm	≤7	≥15	≥20	≥25	≥40	≥50	≥70
钢锭直径/mm		125	200	250	300	400	450	600
钢坯直径/mm		100	175	225	275	350	400	550

5. 确定锻造温度范围和加热/冷却规范

（1）加热温度　锻造的温度决定材料的锻造性能及锻件质量，常用金属材料的锻造温度范围见表 4-4。

表 4-4　常用金属材料的锻造温度范围

金属类型		始锻温度/℃	终锻温度/℃
碳钢	$w_C ≤ 0.3\%$	1200~1250	800~850
	$w_C = 0.3\%~0.5\%$	1150~1200	800~850
	$w_C = 0.5\%~0.9\%$	1100~1150	800~850
	$w_C = 0.9\%~1.4\%$	1050~1100	800~850
合金钢	合金结构钢	1150~1200	800~850
	合金工具钢	1050~1150	800~850
	耐热钢	1100~1150	850~900
铜合金		700~800	650~750
铝合金		450~490	350~400
镁合金		370~430	300~350
钛合金		1050~1150	750~900

（2）冷却方式　锻件的冷却方式对其质量有较大影响。冷却速度大时，锻件易产生变形或开裂缺陷。低、中碳钢的小型锻件在锻后常采用空冷或堆冷的方式；低合金钢锻件及截面较大的锻件需采用坑冷或灰砂冷的方式；高合金钢锻件、大型锻件及形状复杂的重要锻件冷却速度要缓慢，可采用炉冷的方式。

6. 自由锻工艺设计实例

图 4-12 所示为 45 钢台阶轴的零件图，小批量生产，试进行自由锻工艺设计。

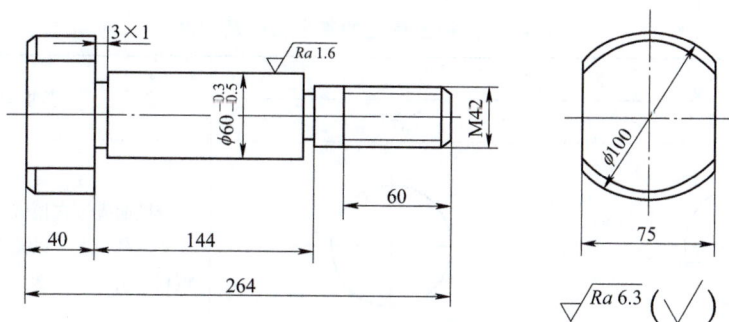

图 4-12　45 钢台阶轴的零件图

（1）**零件分析** 该零件为轴类件，形状较简单，尺寸较小。其生产为小批量，可用普通自由锻锤进行锻造。

（2）**绘制锻件图** 台阶轴上的退刀槽、螺纹和头部的削平部位应增加余块。参考表4-1，确定锻件各尺寸的机械加工余量和公差。绘制的锻件图如图4-13所示。

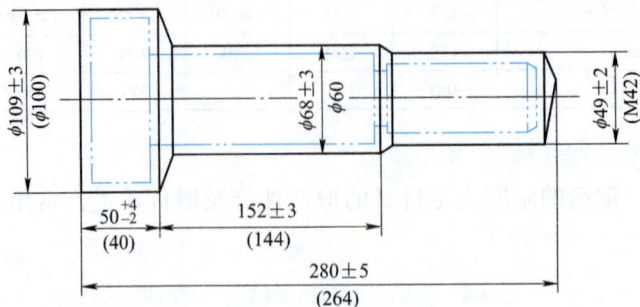

图4-13 台阶轴锻件图

（3）**计算坯料质量和尺寸**（略）。

（4）**确定变形工序** 参考表4-2，确定台阶轴的变形工序为：局部镦粗→拔长→切肩→锻台阶。

（5）**选择设备** 参考表4-3，选用0.5t的自由锻锤。

（6）**加热温度与冷却方式** 根据表4-4，确定始锻温度为1200℃，终锻温度为800℃。由于工件形状简单，变形容易，加热一次即可锻出所有工序。冷却方式采用空冷。

4.2.2 模锻工艺设计

模锻工艺设计的主要内容包括绘制模锻件图、计算坯料质量和尺寸、确定模锻工序、选择模锻设备等。

1. 绘制模锻件图

模锻件图是设计和制造锻模、计算坯料及检验模锻件的依据，绘制模锻件图时应以零件图为基础，并考虑分模面、余块、加工余量和锻件公差、模锻斜度、圆角半径、冲孔连皮等。

（1）**分模面选择** 分模面是上、下锻模的分界面，可以是平面，也可以是曲面。分模面确定的基本原则及图例见表4-5。

表4-5 分模面确定的基本原则及图例

图　　例		基本原则
不合理	合理	
		分模面应选在模锻件的最大水平投影尺寸的截面上，以使模锻件能从模膛中顺利取出

（续）

图　　例		基本原则
不合理	合理	
		分模面应尽量选在能使模膛深度最浅的位置上，以利于金属变形充填和模锻件取出
		分模面应尽量采用平面，以利于制造模具
		分模面应使模锻件上的余块尽量减少，以减少切削加工工作量和材料损耗
		分模面不应取在模锻件中部的端面上，以利于检查上、下锻模的相对错移和切除飞边

　　图 4-14 为齿轮坯模锻件的分模方案，根据表 4-5 中的原则可知，*a—a*、*b—b*、*c—c* 分模方案均不太合理，应选择 *d—d* 分模方案。

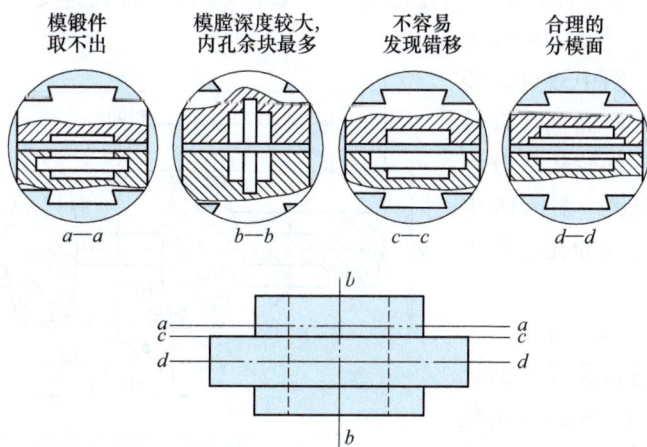

图 4-14　齿轮坯模锻件的分模方案

（2）**加工余量和锻件公差**　模锻件加工余量和公差比自由锻小得多。一般余量为1~4mm，公差为0.3~3mm。其具体数值可查GB/T 12362—2016《钢质模锻件　公差及机械加工余量》标准。

（3）**模锻斜度**　为使锻件从模腔中取出，在垂直于分模面的锻件表面上必须有一定斜度，如图4-15所示。外斜度α_1一般取5°~10°，内斜度α_2一般取7°~15°。

（4）**圆角半径**　为使金属容易充满模腔，避免锻模内尖角处产生裂纹，减缓锻模外尖角处的磨损，提高锻模的使用寿命，模锻件上所有平面的交角处均需为圆角，如图4-16所示。钢的模锻件的外圆角半径r取1.5~12mm，内圆角半径R比外圆角半径大2~3倍。模腔越深，圆角半径的取值就越大。

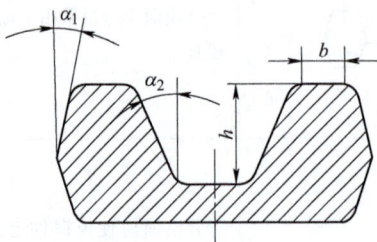

图4-15　模锻斜度

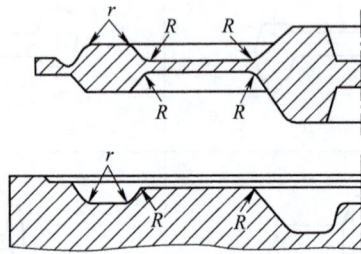

图4-16　圆角半径

（5）**冲孔连皮**　许多模锻件都具有孔形，当模锻件的孔径大于25mm时，应锻出该孔形。但由于模锻时不能靠上、下锻模的凸起部分把孔内金属完全挤掉，因此无法锻出通孔，需在孔中留出冲孔连皮，如图4-17所示。锻后可利用切边模将冲孔连皮去除。

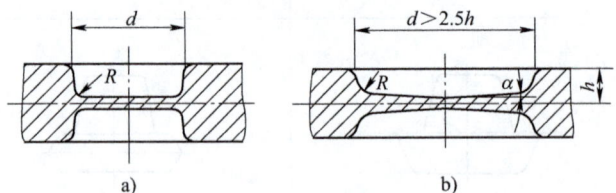

图4-17　连皮类型

a）平底连皮　b）斜底连皮

冲孔连皮的厚度依孔径而定，当孔径为$\phi25~\phi80$mm时，冲孔连皮的厚度取4~8mm。

（6）**模锻件图**　图4-18所示为齿轮坯模锻件图。图中双点画线为零件外形轮廓，分模面选在锻件高度方向的中部。零件轮毂部分不加工，故不留加工余量。图4-18中内孔中部的两条线段为冲孔连皮去除后的痕迹。

2. 计算坯料质量和尺寸

模锻时，坯料质量和尺寸的计算步骤与自由锻相同。坯料质量包括锻件质量、飞边质量、冲孔连皮质量及烧损质量。

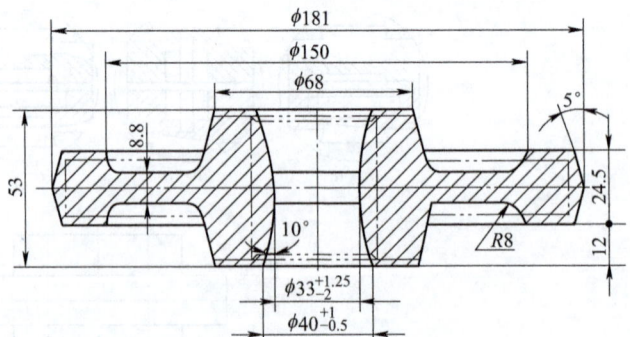

图4-18　齿轮坯模锻件图

3. 确定模锻工序

模锻工序主要是根据模锻件的形状和尺寸来确定的。模锻件按形状可分为两大类，一类是长轴类零件，如阶梯轴、连杆等，如图 4-19 所示；另一类是盘类零件，如齿轮、法兰盘等，如图 4-20 所示。

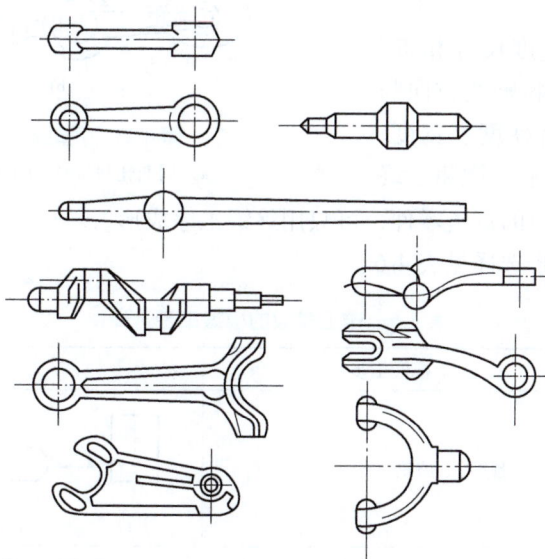

图 4-19　长轴类零件

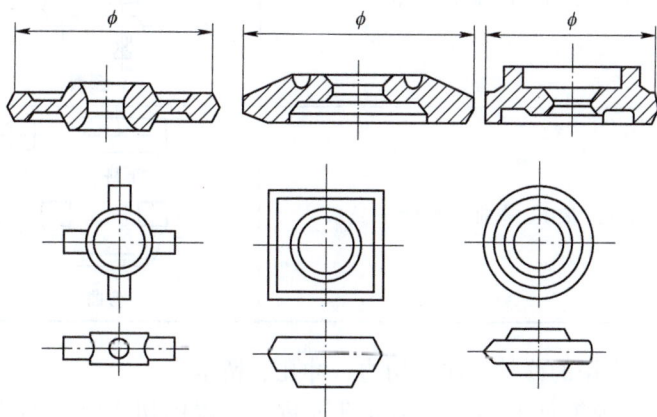

图 4-20　盘类零件

（1）**长轴类模锻件的基本加工工序**　长轴类锻件的长度明显大于其宽度和高度。模锻时，坯料轴线方向与锤击方向垂直，金属沿高度、宽度方向流动，长度方向流动不明显。

常采用拔长、滚挤、弯曲等制坯工序、预锻工序、终锻工序。当坯料的横截面积大于锻件的最大横截面积时，可采用拔长工序。而当坯料的横截面积小于锻件最大横截面积时，可采用滚挤工序。锻件的轴线为曲线时，应采用弯曲工序。对于形状复杂的锻件，还需采用预锻工序，最后在终锻模腔中模锻成形。

大批量生产时，选用周期轧制材料，可省去制坯工序（如拔长、滚挤等），使锻模简化并提高生产率，如图 4-21 所示。

a)

b)

图 4-21　用轧制坯料模锻

a) 周期轧制材料　b) 模锻后形状

（2）盘类模锻件的基本加工工序

盘类锻件的长度与宽度尺寸相近，高度较小。模锻时，坯料轴线方向与锤击方向相同，金属沿高度、宽度、长度方向同时流动。常采用镦粗、终锻等工序。对于形状简单的盘类零件，可只用终锻工序成形。

锤上模锻的模锻工步选择见表 4-6。

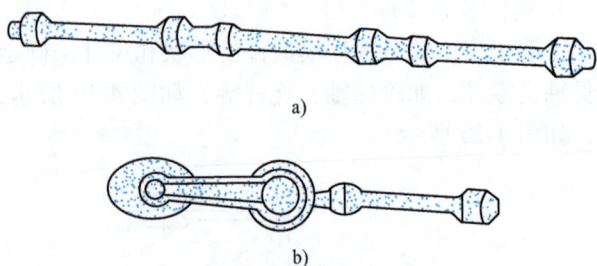

表 4-6　锤上模锻的模锻工步选择

锻件类型	主要模锻工步	图例
盘类	镦粗、（预锻）、终锻	 下料　　镦粗　　终锻
直轴类	拔长、滚压、（预锻）、终锻	 下料　拔长　滚压 预锻　　终锻
弯轴类	拔长、滚压、弯曲、（预锻）、终锻	 下料　　拔长 弯曲　　终锻

（3）修整工序　常用的修整工序有切边、冲孔、精压等。

1）切边和冲孔。模锻件上的飞边和冲孔连皮，可以用切边模和冲孔模将其切去（冲掉），如图 4-22 所示。

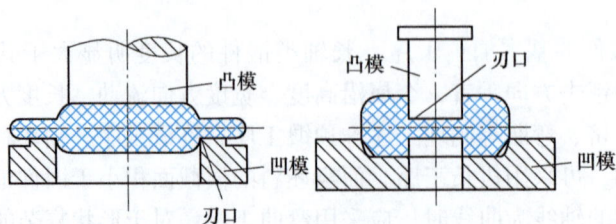

图 4-22　切边模及冲孔模

2）精压。对于某些要求平行平面间尺寸精度的锻件，可进行平面精压；对要求所有尺寸精确的锻件，可用体积精压，如图 4-23 所示。

4. 选择模锻设备

模锻锤的锻造能力范围选择见表 4-7，其他模锻设备的选择可查有关手册。

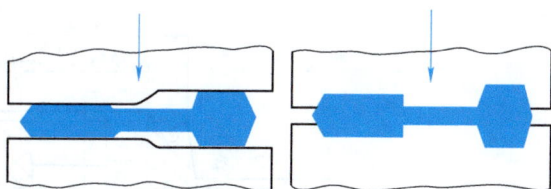

图 4-23　精压

表 4-7　模锻锤的锻造能力范围

模锻锤吨位/t	1	2	3	4	5	6
锻件质量/kg	2.5	6	17	40	80	120
锻件在分模面处的投影面积/cm²	13	380	1080	1260	1960	2830
能锻齿轮的最大直径/mm	130	222	370	400	500	600

5. 模锻加热温度

模锻加热温度范围与自由锻相似，具体见表 4-4。

6. 模锻工艺设计实例

图 4-24 所示为 45 钢齿轮的零件图，中批量生产，试进行模锻工艺设计。

（1）零件分析　该零件为尺寸较小的盘类零件，非加工面上有模锻斜度和圆角，工件的厚度基本均匀，结构合理。

（2）绘制锻件图　齿轮的齿部应增加余块，轮毂中心孔内应有连皮，连皮厚度取 6mm。分模面选在齿轮缘的中部，并有模锻斜度。参

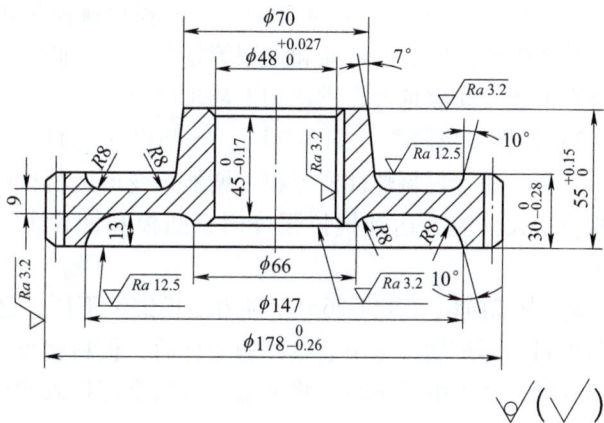

图 4-24　45 钢齿轮的零件图

考有关资料，确定各加工部位的余量为 4mm，确定各部位的适当公差，确定凸圆角半径为 4mm，凹圆角半径为 8mm。绘制出的齿轮坯锻件图如图 4-25 所示。

（3）计算坯料的质量和尺寸（略）。

（4）确定变形工序　该齿轮坯为盘类模锻件，参考表 4-6，应采用镦粗→终锻加工工序。模锻完成后，应进行切边、冲孔、精压、热处理（正火或退火）、清理等修整工序。

（5）确定模锻设备　根据表 4-7，选用 2t 的模锻锤。

（6）加热温度与冷却方式　根据表 4-4，确定始锻温度为 1200℃；锻件脱模后采用空冷的冷却方式。

4.2.3　冲压工艺设计

冲压工艺设计的主要内容包括冲裁、弯曲、拉深等工序中的工艺设计以及冲压工序的确定、模具选择等。

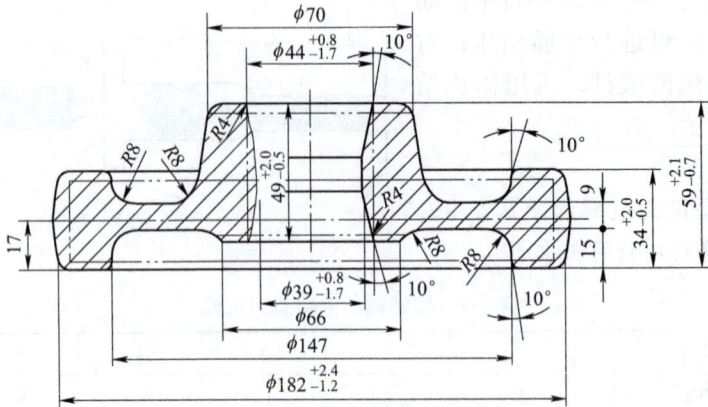

图 4-25　齿轮坯锻件图

1. 冲裁工艺

（1）冲裁过程　冲裁的变形过程可分为三个阶段：弹性变形阶段、塑性变形阶段、分离阶段，如图 4-26 所示。冲裁的凸模与凹模都有锋利的刃口，两者之间留有间隙 Z。

1）弹性变形阶段（图 4-26a）。当凸模接触板料并下压时，在凸、凹模压力作用下，板料开始产生弹性压缩、弯曲和拉深等复杂变形，此时，凸模下的板料略有拱弯，凹模上的板料略有上翘。间隙越大，拱弯和上翘越严重。

2）塑性变形阶段（图 4-26b）。当凸模继续下压，板料内的应力达到屈服强度时，开始塑性变形。随着材料塑性变形程度增加，变形区材料硬化加剧，变形抗力不断上升，冲裁力也相应增大，应力达到抗拉强度时，凸模和凹模的刃口附近产生微裂纹，塑性变形阶段结束。

3）分离阶段（图 4-26c）。随着凸模继续下压，已产生的微裂纹沿最大切应力方向不断地向板料内部扩展，上下裂纹相遇会合后，板料就被切断分离。切断会使断面上形成一个粗糙的区域，凸模继续下行，将冲落的材料全部挤入凹模洞口，冲裁过程至此结束。

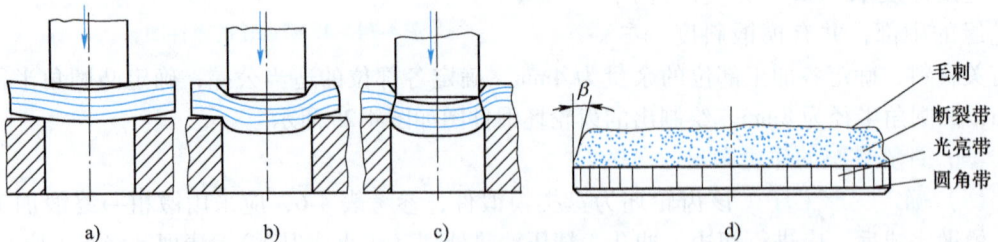

图 4-26　冲裁变形过程

a）弹性变形阶段　b）塑性变形阶段　c）分离阶段　d）落下部分断口形貌

冲裁件被切断分离后的断口形貌如图 4-26d 所示。塑性变形时，冲头挤压切入形成的表面很光滑，表面质量最佳，称为光亮带；剪断分离时形成的断裂表面较粗糙，称为断裂带。

（2）冲裁缺陷及预防　冲裁的主要缺陷是毛刺，可通过修整去除毛刺或提高尺寸精度，如图 4-27 所示，也可通过适当减小冲裁间隙以减轻毛刺倾向。

（3）冲裁工艺设计　冲裁工艺设计包括冲裁间隙的确定、凸/凹模的尺寸计算、冲裁力的计算、冲裁件的排样设计、冲裁后修整等。

1）冲裁间隙的确定。冲裁间隙 Z 指冲裁的凹模直径 $D_凹$ 与凸模直径 $D_凸$ 之差，如图 4-28 所示，即

$$Z = D_凹 - D_凸$$

冲裁间隙 Z 不仅影响冲裁件质量，还会直接影响模具使用寿命。间隙过小，冲裁挤压加剧，模具刃口压力大，模具易磨损、崩刃；间隙过大，板料受拉伸和弯曲作用大，易使工件出现拉断毛刺。间隙的大小主要根据板厚确定，冲裁软钢、铝合金、铜合金等时，冲裁间隙为板厚的 6%~8%；冲裁硬钢时，冲裁间隙为板厚的 8%~12%。

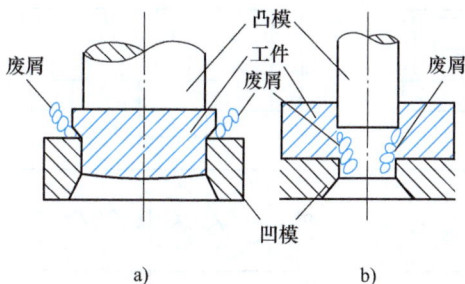

图 4-27　修整
a）修整外圆　b）修整内孔

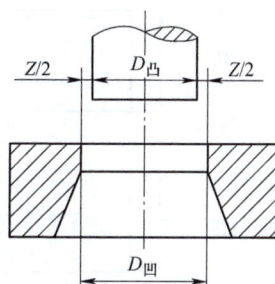

图 4-28　冲裁间隙

2）凹/凸模具的尺寸计算。落料件尺寸由凹模决定，以凹模尺寸为设计基准，其尺寸应接近落料件的下极限尺寸，凸模刃口尺寸比凹模缩小一个间隙量。冲孔件以凸模尺寸为设计基准，凸模尺寸接近冲孔件的上极限尺寸，凹模刃口尺寸比凸模放大一个间隙量。

3）冲裁力的计算。冲裁力是选择压力机的依据，也是设计模具的依据。冲裁力与板料的材质与厚度、冲裁件周边长度等有关。普通平刃口冲裁模的冲裁力为

$$F_冲 = KLt\tau$$

式中，$F_冲$ 为冲裁力（N）；L 为冲裁件周边长度（mm）；K 为系数，常取 =1.3；t 为板料厚度（mm）；τ 为材料的抗剪强度（MPa）。

一般取抗剪强度 τ 为抗拉强度 R_m 的 80%，即 $1.3\tau \approx R_m$，所以上式可以简化为

$$F_冲 \approx LtR_m$$

4）冲裁件的排样设计。排样是指冲裁件在板料或带料上的布置，合理排样可提高材料利用率，且可保证工件质量。落料时常用的排样形式分为有搭边排样和少/无搭边排样两种，如图 4-29 所示。有搭边排样的模具受力均匀，落料尺寸准确，毛刺少，工件质量高，但材料利用率低；少/无搭边排样材料利用率高，但尺寸不易准确，毛刺多，对冲裁件质量要求不高时可采用。

2. 弯曲工艺

（1）弯曲过程　V 形件弯曲变形过程如图 4-30 所示。开始弯曲时，板料的弯曲内侧半径大于凸模的圆角半径，随凸模的下压，板料内侧半径逐渐减小，同时弯曲力臂也逐渐减小；当凸模、板料、凹模三者完全压合，板料的内侧半径及弯曲力臂达到最小时，弯曲过程结束。

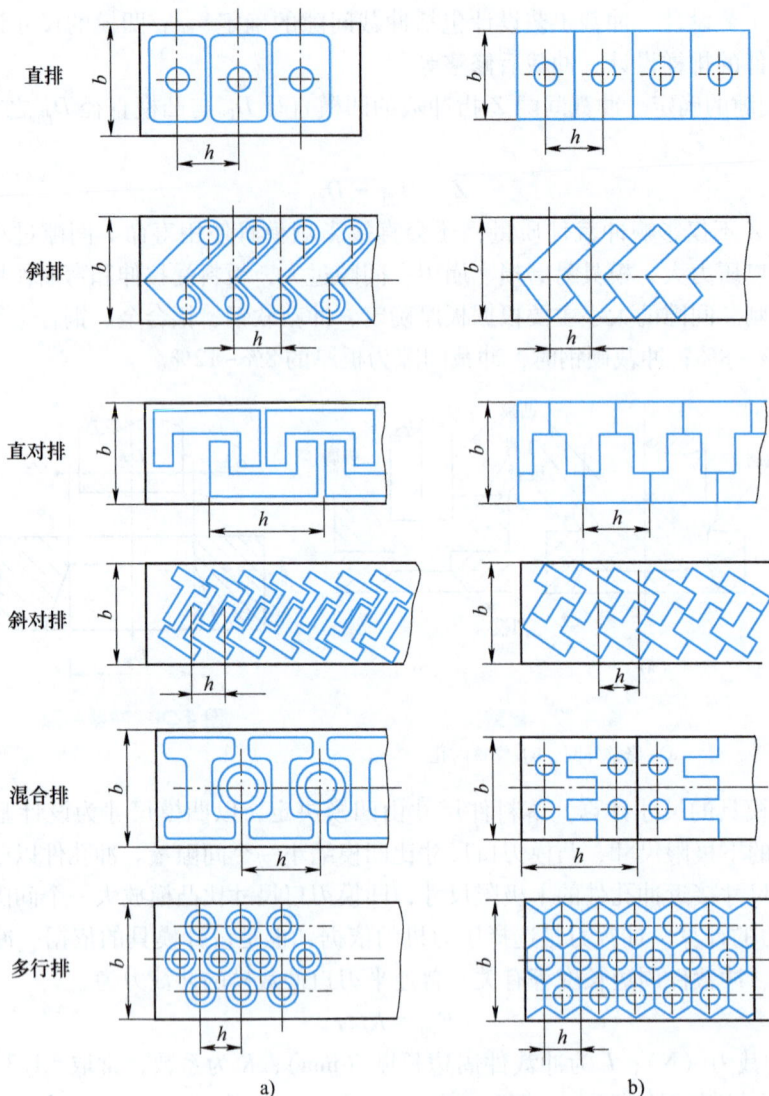

图 4-29 常用的排样方式

a）有搭边排样 b）少/无搭边排样

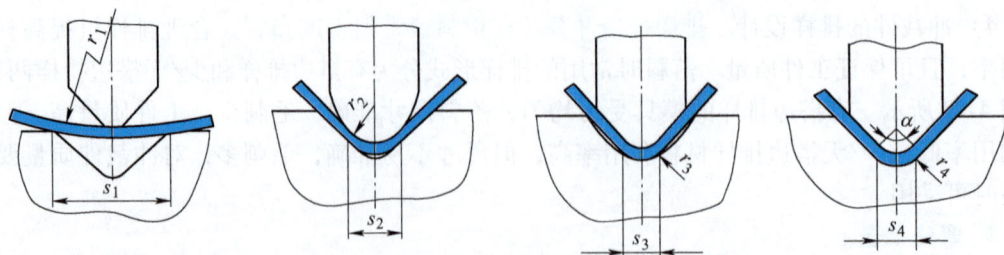

图 4-30 V 形件弯曲变形过程

　　弯曲时材料内侧受压应力，长度缩短，而外侧受拉伸应力，长度伸长，板料中间的中性层长度不变。当外侧拉伸应力超过坯料的抗拉强度时，就会造成弯裂。坯料越厚，内弯曲半

径 r 越小，应力越大，越容易弯裂。一般情况下，最小弯曲半径 $r_{min} = (0.25 \sim 1)t$ (t 为板厚)。材料塑性好，则最小弯曲半径可适当减少。

当弯曲结束，外加载荷去除后，弯曲材料的形状和尺寸会发生与加载时变形方向相反的变化，从而消去一部分弯曲变形的效果，这种现象称为弹复（也称回弹），如图 4-31 所示。弹复角 $\Delta\alpha$ 为弯曲件的弯曲角 α_0 与凸模弯曲角 α 之差，即 $\Delta\alpha = \alpha_0 - \alpha$；弹复角通常小于 $10°$；材料的屈服强度越高，弹复角越大；当弯曲半径一定时，板料越薄，弹复角越大。

（2）弯曲缺陷及防止　弯曲缺陷主要是弯裂和弹复。

1）防止弯裂的措施。设计弯曲件结构时使弯曲半径大于最小弯曲半径；选用塑性好的材料；对经过变形已产生加工硬化的板材或坯料进行再结晶退火以提高其塑性；经轧制的板材具有纤维组织，沿纤维方向强度较高，不易弯裂，应使弯曲线方向与纤维垂直等，如图 4-32 所示。

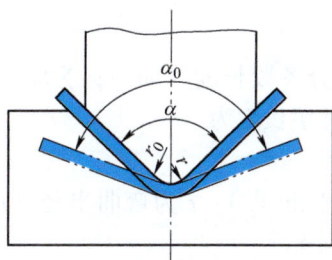

图 4-31　弯曲后的弹复

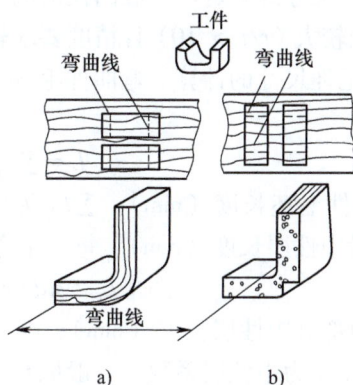

图 4-32　弯曲时的纤维方向

a）弯曲线方向与纤维方向垂直　b）弯曲线方向与纤维方向平行

2）防止弹复的措施。在弯曲件转角处压制加强肋，可减少弹复，且可以提高工件刚度，如图 4-33 所示；设计凸模时，使其弯曲半径比工件弯曲角小一个回弹角；设计模具时，调整模具结构使不同部位的弹复变形相互补偿，如图 4-34 所示；用软凹模（橡胶或聚氨酯）代替刚性凹模，排除不变形区的影响，同时可利用凸模的压入深度控制弯曲角度，如图 4-35 所示；把弯曲模具做成局部凸起的形状，使变形区变为三向受压的应力状态，如图 4-36 所示；增加板料的厚度等。

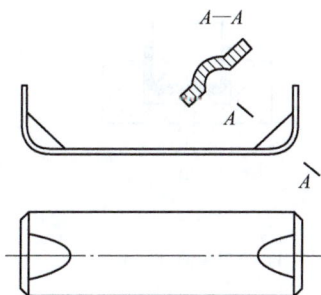

图 4-33　压制加强肋减少弹复

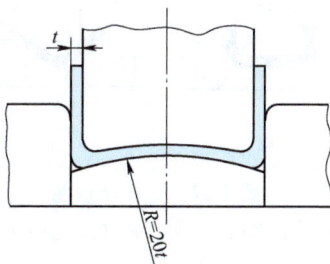

图 4-34　补偿法减少弹复

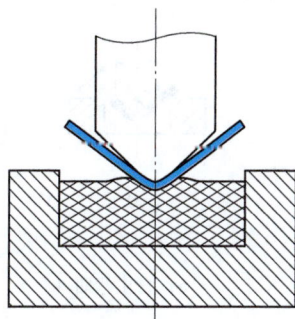

图 4-35　软凹模弯曲减少弹复

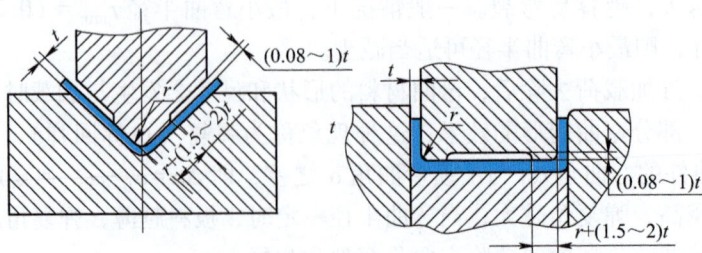

图 4-36 局部凸起弯曲模具减少弹复

（3）**弯曲工艺设计**　弯曲工艺设计主要包括弯曲模具尺寸的确定、弯曲件毛坯尺寸的计算、弯曲力的计算、弯曲工序的确定等。

1）弯曲模具尺寸的确定。一般凸模的圆角半径应等于或略小于工件内侧圆角半径 r。当工件的圆角半径较大（$r/t > 10$）且精度要求较高时，要进行弹复计算。

2）弯曲件毛坯尺寸的计算。弯曲件毛坯长度为弯曲件的直线部分和弯曲部分的中性层长度之和，即

$$L = \sum l_{直} + \sum l_0$$

式中，L 为弯曲件毛坯长度（mm）；$\sum l_{直}$ 为弯曲件直线部分各段长度（mm）；$\sum l_0$ 为弯曲件弯曲部分各段中性层长度（mm）。每一个弯曲部分的中性层长度为

$$l_0 = \pi\phi(r + xt)/180$$

式中，l_0 为弯曲部分中性层长度（mm）；ϕ 为弯曲部分中心角（°）；r 为弯曲半径（mm）；t 为板厚（mm）；x 为中性层系数，一般取 0.1~0.5，见表 4-8。

表 4-8　中性层系数

r/t	0~0.5	>0.5~0.8	>0.8~2	>2~3	>3~4	>4~5	>5
x	0.16~0.25	0.25~0.30	0.30~0.35	0.35~0.40	0.40~0.45	0.45~0.50	0.50

3）弯曲力的计算。弯曲力是设计弯曲模具和选择压力机的主要依据，由于影响因素较多，弯曲力很难准确计算，生产中常用经验公式进行计算。

冲模弯曲时，如果最后不进行校正，则为自由弯曲，如图 4-37a 和 b 所示；校正弯曲是指在弯曲工序末期，凹模与凸模使坯料的直边与圆角部分产生一定压缩变形的弯曲方法对弯曲件进行校正，如图 4-37c 和 d 所示。

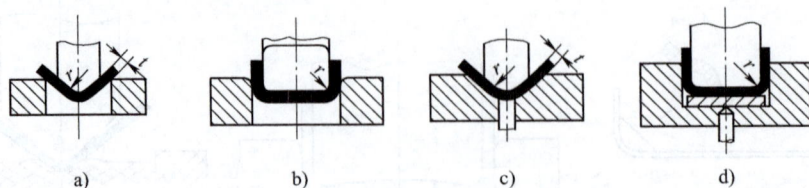

图 4-37　弯曲示意图

a）自由弯曲（一）　b）自由弯曲（二）　c）校正弯曲（一）　d）校正弯曲（二）

V 形自由弯曲力公式为

$$F_弯 = 0.6Cbt^2R_m/(r + b)$$

U 形自由弯曲力公式为

$$F_弯 = \frac{0.7Cbt^2R_m}{r + b}$$

式中，$F_弯$ 为弯曲力（N）；b 为弯曲宽度（mm）；C 为系数，常取 $1 \sim 1.3$；t 为板厚（mm）；r 为弯曲半径（mm）；R_m 为材料的抗拉强度（MPa）。

校正弯曲力公式为

$$F_弯 = Aq$$

式中，A 为校正部分投影面积（mm^2）；q 为单位面积上的校正力（MPa）。单位校正力 q 值见表 4-9。

表 4-9　单位校正力 q 值　　　　　　　　　　　（单位：MPa）

材料	板材厚度 t/mm			
	0~1	>1~3	>3~6	>6~10
铝	15~20	20~30	30~40	40~50
黄铜	20~30	30~40	40~60	60~80
10、15、20 钢	30~40	40~60	60~80	80~100
25、30 钢	40~50	50~70	70~100	100~120

4）弯曲工序的确定。对于形状简单的弯曲件，如 V 形、U 形、Z 形等，只需一次弯曲即可成形；而形状复杂的弯曲件，则要两次或多次弯曲成形，一般先弯曲两端的形状，后弯曲中间部分的形状，如图 4-38 所示。对于精度要求较高或形状特别小的弯曲件，尽可能在一副模具上完成多次弯曲成形。

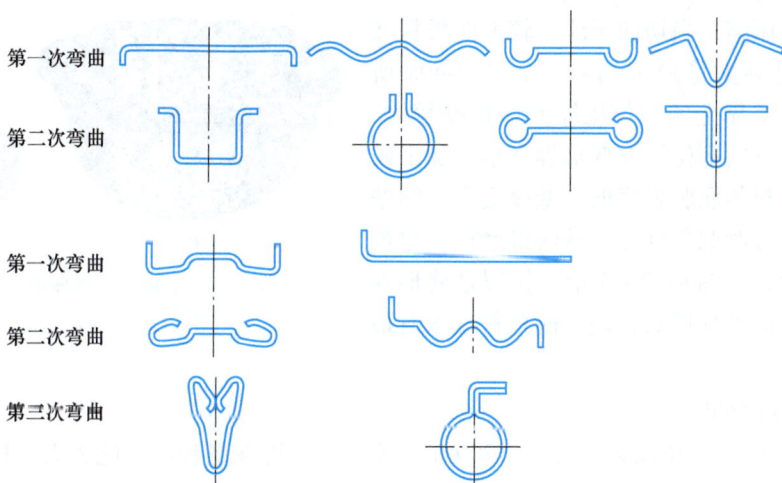

图 4-38　多次弯曲成形

3. 拉深工艺

（1）拉深过程　以圆筒形工件为例，其拉深过程如图 4-39 所示。

113

直径为 D、厚度为 t 的毛坯，经拉深后变成直径为 d、高度为 h 的开口圆筒形工件。在拉深变形过程中，毛坯的中心部分形成圆筒形工件的底部，基本不变形。毛坯的凸缘部分（即 $D-d$ 的环形部分）是主要变形区。拉深过程的实质是将凸缘部分的材料逐渐转移到筒壁部分。在转移过程中，凸缘部分的材料由于拉深力的作用，在其径向产生拉伸应力，而凸缘部分材料之间的相互挤压，使其切向又产生压应力，在这两种应力作用下，凸缘部分产生塑性变形。随着凸模的下压，凸缘部分的材料不断被拉入凹模内，形成圆筒形工件。

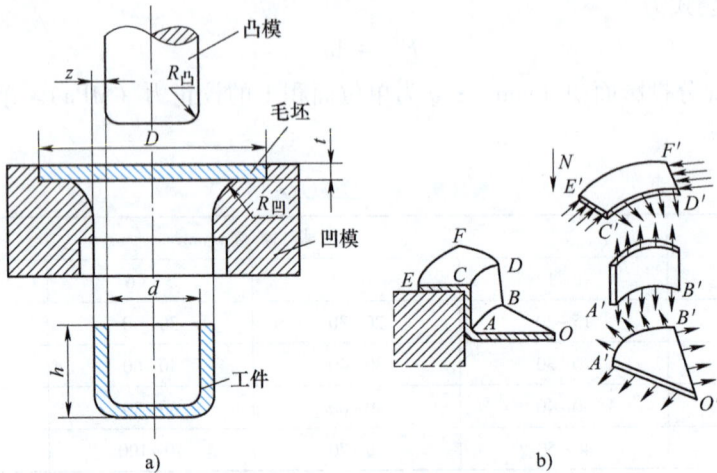

图 4-39　圆筒形工件的拉深过程
a）拉深过程　b）变形及受力分析

（2）拉深的缺陷及其防止　拉深件的主要缺陷是拉裂和起皱。

1）拉深缺陷。拉深过程中凸缘变形区的主要变形是切向压缩，当切向压应力较大而板料又较薄时，板料会失稳形成褶皱，如图 4-40a 所示。拉深后筒壁靠上的部位压缩变形程度较大，壁厚较大，靠下的部位压缩变形程度小，加工硬化现象小，材料的屈服强度低，壁厚变小。筒壁与筒底之间的过渡圆角处壁厚减薄最严重，也最容易产生拉裂，如图 4-40b 所示。拉裂是筒形件拉深时最主要的破坏形式，硬、薄板料拉深时最易拉裂。

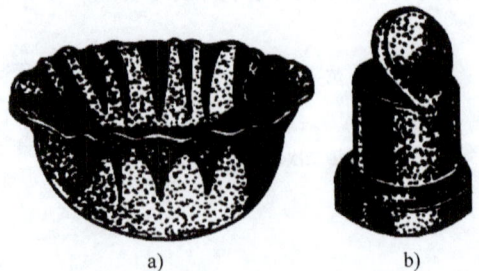

图 4-40　拉深件废品
a）起皱　b）拉裂

2）拉深缺陷的防止。

① 拉裂的防止。拉深系数 m（$m = d/D$）不能太小，即变形程度不能太大，拉深系数应不小于极限拉深系数 m_{min}，即 $m \geqslant m_{min}$。一般 m_{min} 取 0.5～0.8。拉深系数较小时，可采用多次拉深，每两次拉深之间穿插再结晶退火，以提高板料的塑性；凸、凹模的工作部分必须做成圆角，且圆角半径尽量取大些；适当增加凸、凹模间隙；在模具上涂润滑剂以减小摩擦，降低拉深件壁部的拉伸应力，同时可提高模具使用寿命。

② 起皱的防止。生产中常采用压边圈把毛坯压紧，以增加径向拉伸应力，减小切向压

应力，防止起皱；增大拉深系数，减轻拉深变形程度，减小切向压应力的数值；增大板料厚度，提高变形区抗失稳能力；采用锥形拉深凹模，毛坯的过渡形状使变形区具有较强的抗失稳能力，如图 4-41 所示。

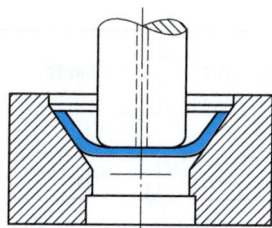

图 4-41　锥形拉深凹模

（3）拉深工艺设计　拉深工艺设计的主要内容包括拉深模具尺寸的确定、毛坯尺寸的确定、拉深系数及拉深次数的确定、拉深力的计算等。

1）拉深模具尺寸的确定。要求拉深件外形准确时，凹模直径应等于拉深件外径，凸模直径为凹模直径减去间隙值 Z；要求拉深件内部形状准确时，凸模直径应等于拉深件内径，凹模直径为凸模直径加上间隙值 Z。拉深模具间隙远比冲裁间隙大，一般取 $Z = (1.0 \sim 1.2)t$。对于钢制拉深件，凸、凹模的工作部分圆角半径 $r_凹 = 10t$，$r_凸 = (0.6 \sim 1.0) r_凹$，t 为板厚。

2）毛坯尺寸的计算。毛坯尺寸计算是根据变形前后面积相等的原则进行的，如图 4-42 所示的圆筒形拉深件，可分解为三个简单的几何形状，分别计算它们的面积 A_1、A_2、A_3，其和为毛坯的面积，再计算出毛坯的直径。计算面积时，拉深件的高度应考虑加上修边余量（拉深后工件上口周边会不齐，需修边将不齐部分切去），余量可查相关手册确定。

3）拉深系数与拉深次数的确定。当拉深系数小于极限拉深系数 m_{min} 时，需进行多次拉深，如图 4-43 所示。低碳钢多次拉深时的拉深系数值（带压边时）见表 4-10。总拉深系数等于各次拉深系数之积，即 $m_总 = m_1 \times m_2 \times \cdots \times m_n$。根据板料的相对厚度 t/D 值，由表 4-10 查出 m_1、m_2、$\cdots$、m_n，当其乘积等于或略小于 $m_总$ 时即可得知拉深次数，并可以计算出各次拉深的半成品直径 d_1、d_2、$\cdots$、d_n。

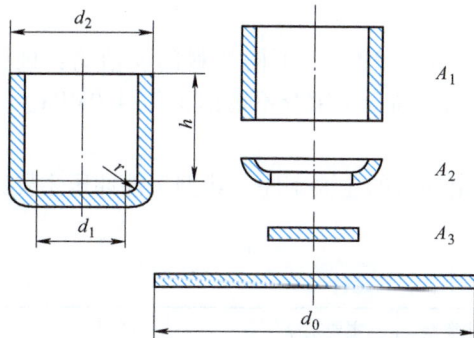

图 4-42　圆筒形拉深件毛坯尺寸计算

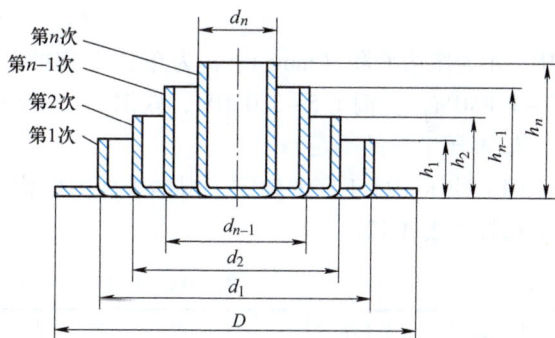

图 4-43　多次拉深时筒径的变化

表 4-10　低碳钢多次拉深时的拉深系数值（带压边时）

拉深次数	拉深系数	t/D					
		0.08~0.15	0.15~0.30	0.30~0.60	0.60~1.0	1.0~1.5	1.5~2.0
1	m_1	0.63	0.60	0.58	0.55	0.53	0.50
2	m_2	0.82	0.80	0.79	0.78	0.76	0.75
3	m_3	0.84	0.82	0.81	0.80	0.79	0.78

（续）

拉深次数	拉深系数	t/D					
		0.08~0.15	0.15~0.30	0.30~0.60	0.60~1.0	1.0~1.5	1.5~2.0
4	m_4	0.86	0.85	0.83	0.82	0.81	0.80
5	m_5	0.88	0.87	0.86	0.86	0.84	0.82

4）拉深力的计算。拉深力计算比较复杂，通常使用经验公式进行简略计算。采用压边圈的圆筒形件的拉深力计算公式为

$$F_i = \pi d_i t R_m K$$

式中，F_i 为第 i 次拉深的拉深力（N）；d_i 为第 i 次拉深后工件直径（mm）；t 为板厚（mm）；R_m 为材料的抗拉强度（MPa）；K 为修正系数，与拉深系数 m 有关，m 越大，K 值越小，修正系数 K 值见表 4-11。

表 4-11 修正系数 K 值

m_1	0.55	0.57	0.60	0.62	0.65	0.67	0.70	0.72	0.75	0.77	0.80
K_1	1.00	0.93	0.86	0.79	0.72	0.66	0.60	0.55	0.50	0.45	0.40
m_2	0.70	0.72	0.75	0.77	0.80	0.85	0.90	0.95			
K_2	1.00	0.95	0.90	0.85	0.80	0.70	0.60	0.50			

注：首次拉深的修正系数（K）是后续拉深系数调整的基准，但需根据工序特性逐次修正。

不采用压边圈时，也可采用上述公式计算拉深力，其中 $K_1 = 1.25$，$K_2 = 1.3$。当采用弹性压边圈时，还需要计算压边力 F_Q，计算公式为

$$F_Q = Ap$$

式中，A 为压边面积（mm^2）；p 为单位面积的压边力（MPa）。不同材料的 p 值为：硬铝 1.2~1.8MPa，黄铜 1.5~2.0MPa，软钢 2.0~3.0MPa，高合金钢及不锈钢 3.0~4.0MPa。

4. 冲压工序的确定

（1）冲压主要工序的确定 根据工件的形状确定冲压的主要工序，典型工件冲压主要工序的选择见表 4-12。

表 4-12 典型工件冲压主要工序的选择

工件类型	主要工序	简图	工件类型	主要工序	简图
平板件	冲孔、落料、切口、起伏		凸肚形件	落料、拉深、胀形	
弯曲件	落料、弯曲、冲孔		翻孔件	冲孔、翻孔、落料、弯曲	

（续）

工件类型	主要工序	简图	工件类型	主要工序	简图
空心件	落料、拉深、冲孔		无底空心件	落料、拉深、冲底孔、翻边	

（2）冲压工序顺序的确定

1）带孔或缺口的冲裁件。采用单工序模时，一般先落料，后冲孔或缺口；采用连续模时，则落料为最后工序。

2）带孔的弯曲件。冲孔工序应参照弯曲件的工艺性进行安排，一般先弯曲，后冲孔，防止孔变形。

3）带孔的拉深件。一般先拉深，后冲孔，防止孔变形。但当孔的位置在工件底部，且对孔径的尺寸精度要求不高时，也可先冲孔，后拉深。

图 4-44 所示为汽车消声器冲压工序。

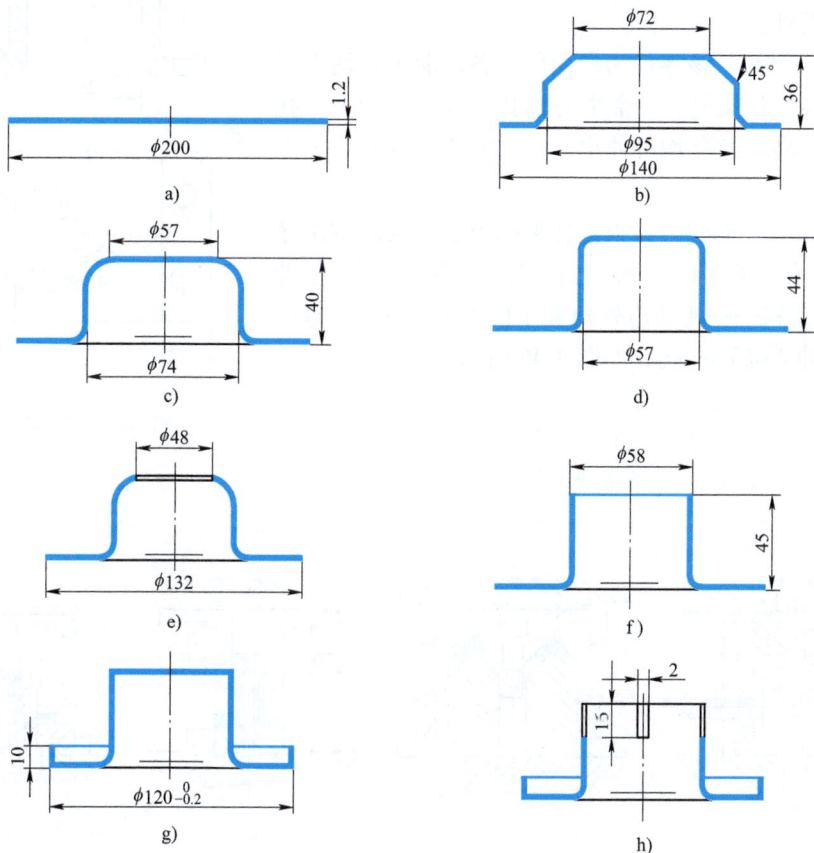

图 4-44　汽车消声器冲压工序

a）毛坯　b）第一次拉伸　c）第二次拉伸　d）第三次拉伸
e）冲孔　f）翻边（一）　g）翻边（二）　h）切槽

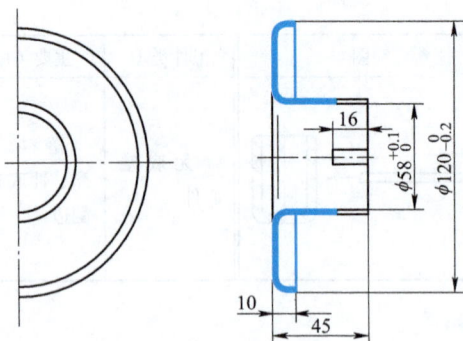

i)

图 4-44 汽车消声器冲压工序（续）
i) 零件图

5. 冲压工艺设计实例

图 4-45 所示为托架的零件图，托架的材料为 08F 钢，年产量为 2 万件，要求表面无划伤，孔不能有变形，试进行冲压工艺设计。

（1）零件分析 该零件为弯曲件，各弯曲半径均大于最小弯曲半径。托架上有一个中心轴孔，四个连接孔，孔的精度要求不高，各孔均可冲出。08F 钢的塑性好，可以冲压成形。

（2）冲压工序的确定 根据托架的形状，其基本工序为落料、冲孔、弯曲三种。各工序顺序为：复合冲 ϕ10mm 孔与落料——弯两边外角和中间两 45° 角——弯中间两角——冲 4×ϕ5mm 孔，如图 4-46 所示。

（3）计算毛坯尺寸（略）。

（4）确定模具尺寸（略）。

（5）计算冲裁力，选择冲裁设备（略）。

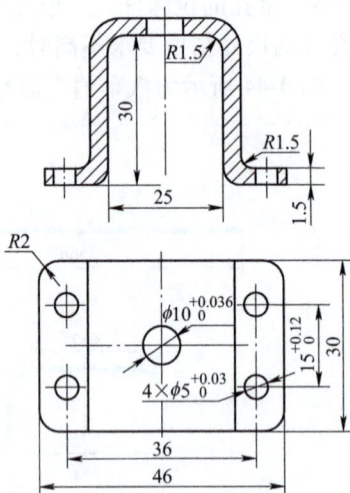

图 4-45 托架零件图

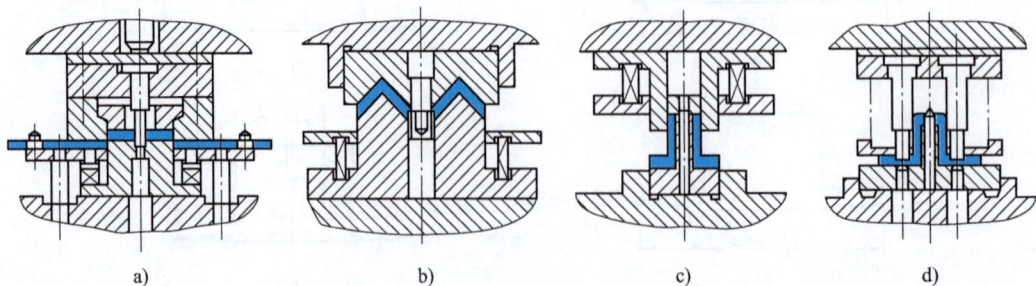

a)   b)   c)   d)

图 4-46 托架冲压工艺
a）冲孔落料 b）弯外角 c）弯中间角 d）冲孔

4.2.4　塑性成形件的结构工艺性

如果塑性成形件的结构设计不合理，则有可能给成形带来困难甚至无法成形，从成形工艺、锻件质量等方面分析塑性成形件结构的合理性称为塑性成形件的结构工艺性。设计塑性成形件结构时，除保证工件质量外，还要考虑成形设备和工具，以便于成形、保证质量、节约金属和提高生产率。本节主要介绍自由锻件、模锻件、冲压件的结构工艺性。

1. 自由锻件的结构工艺性

自由锻件的结构工艺性见表 4-13。

表 4-13　自由锻件的结构工艺性

不合理	合理	设计原则
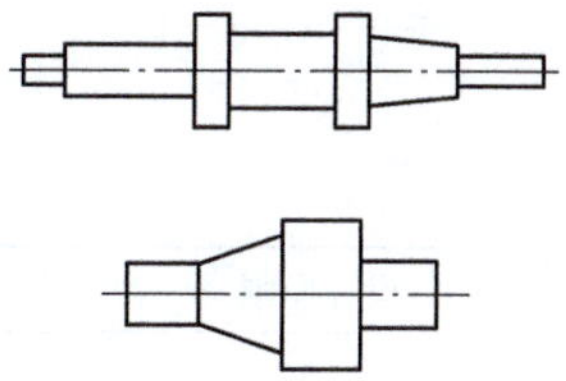	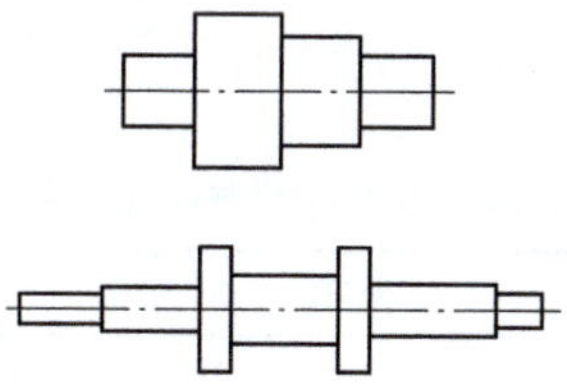	锻件上圆锥体、斜面等的锻造需要用到专用工具，锻造难度较大，应尽量避免设计该类结构
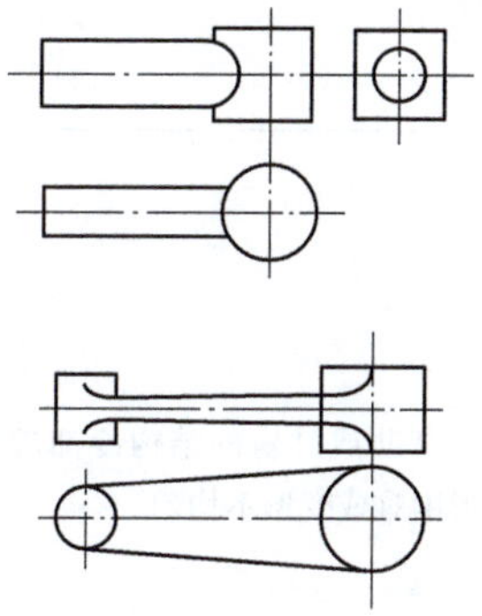	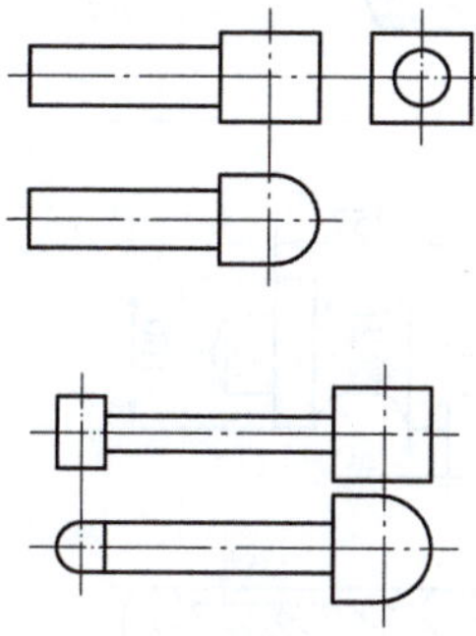	圆柱体与圆柱体的交接处锻造难度较大，应改成平面与圆柱体交接或平面与平面交接
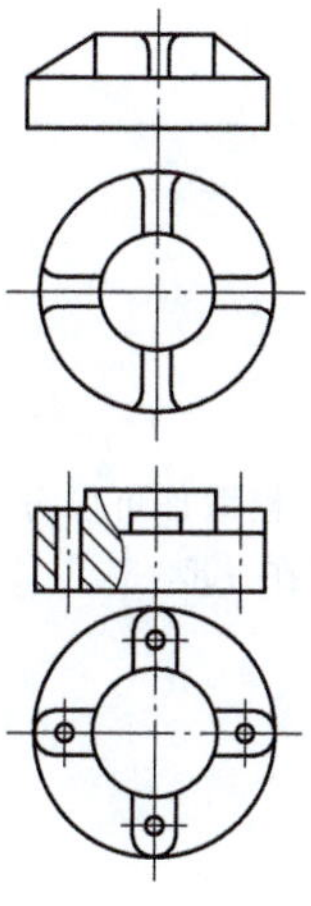	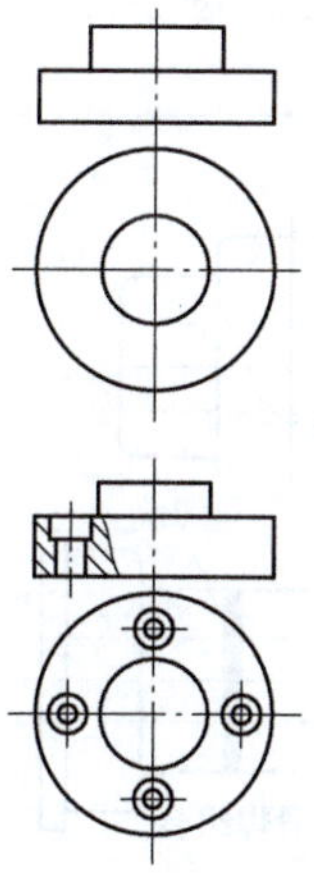	加强肋、表面凸台、椭圆形或工字形截面、弧线及曲线形表面等难以用自由锻方式锻出，应尽量避免这种设计

（续）

不合理	合理	设计原则
		横截面有急剧变化或形状复杂的零件，应分成几个易锻造的简单部分，再用焊接或机械连接的方法组合成整体

2. 模锻件的结构工艺性

模锻件的结构工艺性见表4-14。

表4-14　模锻件的结构工艺性

不合理	合理	设计原则
		力求结构简单、对称，避免截面相差过于悬殊
		薄壁、高肋或过扁的结构冷却较快，易使变形困难或变形不均匀
		结构复杂的模锻件可以分成分段模锻，然后焊接在一起

（续）

不合理	合理	设计原则
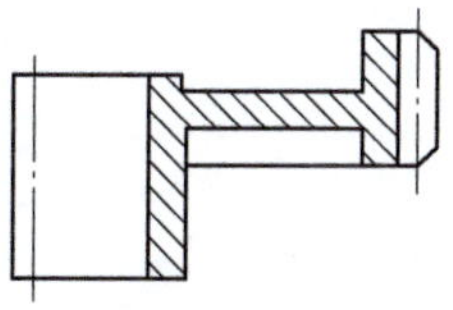	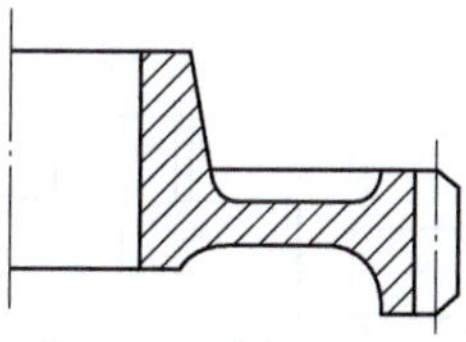	应有合理的分模面；应有锻造圆角和结构斜度
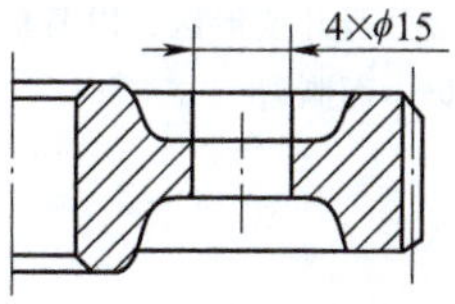 $4\times\phi15$ 	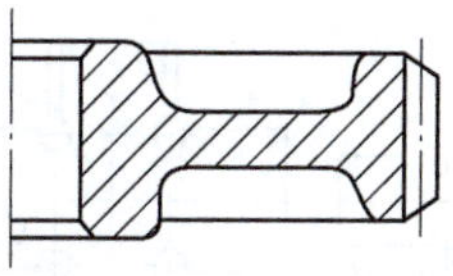	避免深孔或多孔结构；直径小于$\phi20mm$的孔一般不锻出

3. 冲压件的结构工艺性

冲压件的结构工艺性见表 4-15。

表 4-15　冲压件的结构工艺性

机构设计原则		简图	说明
冲裁件	冲裁件的形状要尽量简单、对称，凹凸部位不能过深或太狭窄；孔间距或孔离边沿不宜太近；孔的直径不宜过小（t 为板厚）	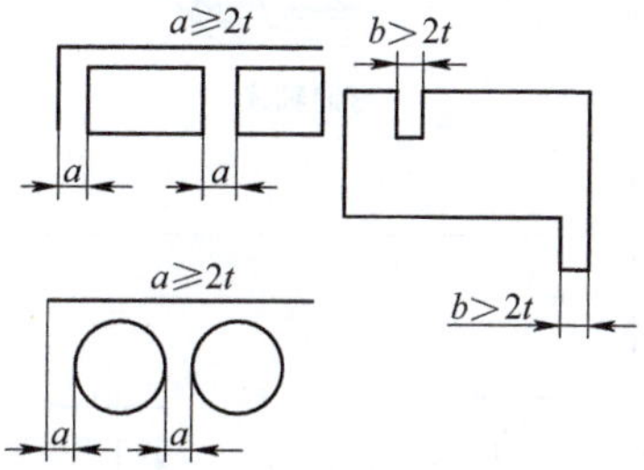	凹凸部太窄会使模具制作困难；孔间距或孔离边沿太近，坯料冲裁处附件易变形；孔径过小会使冲头制作困难，且很难保证冲头强度
	冲裁件的外形要利于充分利用材料	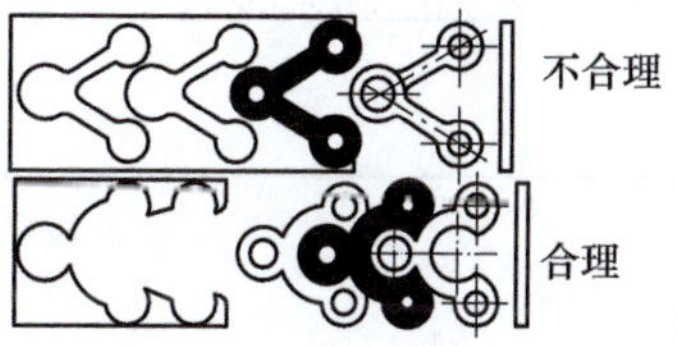	设计冲裁件时要注意材料的利用率
	避免细长悬臂、窄槽	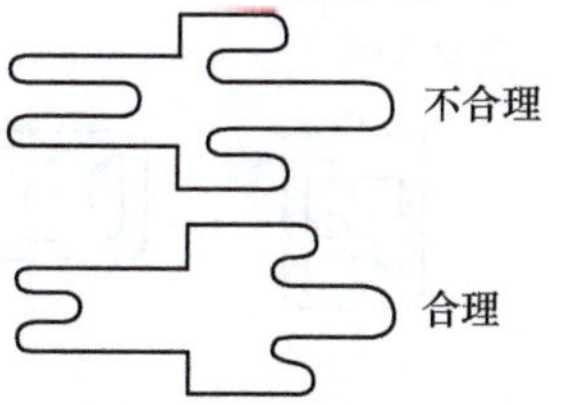	细长悬臂和窄槽结构的制模成本较高，模具使用寿命较短

（续）

机构设计原则	简图	说明
局部弯曲件在交接处切槽		在交接处冲孔、切槽或使交接处避开变形区，以避免应力集中而撕裂
变形件 弯曲件的弯曲半径不要小于"最小弯曲半径"；弯曲时的弯曲轴线应垂直于坯料的纤维方向		弯曲半径过小，弯曲处的外沿易开裂；热轧板材的纤维存在各向异性，弯曲时要充分利用材料的各向异性
弯曲件上的孔不能离弯曲部位太近；弯曲边高不宜太小		孔离弯曲部位太近易变形；弯曲边高过小时弯曲困难，边高必须小时，应先弯成较大的边高，再剪切掉多余部分
拉深件的形状应简单、对称，不宜过深；拉深件的转弯处要有过渡圆角（δ为延伸率）		不对称结构的变形不均匀，易产生拉穿；深度过大时，拉深困难，需进行多次拉深

(续)

机构设计原则		简图	说明
其他	对复杂冲压件采用组合方案，以简化工艺	 焊接点	将复杂件分成几个冲压件分别冲出，再焊接为一个整体
	合理采用冲口工艺		冲口工艺可减少材料消耗，简化工艺，提高工件的一致性
	合理采用加强肋结构		采用加强肋可使板料厚度减薄，避免使用厚板

4.3 塑性成形新工艺

随着塑性成形技术的不断发展，近几十年来，出现了许多新的塑性成形工艺。这些新工艺具有以下特点：提高工件的内在质量，使组织更致密、更细小，力学性能得到提高；提高工件的精度和表面质量，实现近净成形、净终成形加工，节省金属，降低切削加工成本；采用数字化成形的方法，实现无模具成形，简化成形工艺，缩短成形周期，提高成形的效率；使用较小的成形力得到较大的变形量，降低能耗；突破材料的限制，对难变形的材料及复合材料进行塑性成形等。本节主要介绍液态模锻、粉末锻造、旋压成形、超塑性成形、板料液压拉伸、板料柔性成形的工艺。

4.3.1 液态模锻

液态模锻是指将定量的熔化金属倒入凹模型腔内，在金属即将凝固或半凝固状态下（即液、固两相共存）用冲头加压，使其凝固以得到所需形状锻件的加工方法，也称为挤压铸造。

1. 液态模锻的工艺过程

液态模锻通常在液压模锻机上进行，其工艺流程为：原材料配制→熔炼→浇注→合模、加压→开模、取出锻件→灰坑冷却。图4-47所示为液态模锻的主要工艺过程。锻造时先将熔融的金属液体倒入凹模内，凸模下行，对金属施加压力，经过短时间保持压力后，金属成形，凸模上行返回，通过顶杆顶出锻件。

液态模锻的模具在使用前应充分预热，并涂抹润滑剂，以便于脱模及降低对模具的磨损，在使用过程中应及时对模具进行冷却，防止模具升裂或变形。

2. 液态模锻的特点及应用

（1）液态模锻的特点 液态模锻是一种将铸造工艺与锻造工艺相结合的先进成形方法，可达到净终成形。它既具有压力铸造的工艺简单、可生产复杂形状的零件、制造成本低的特点，又具有模锻工艺

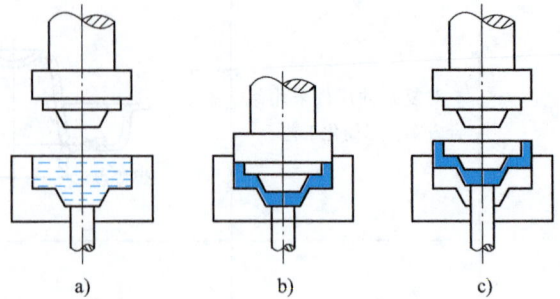

图4-47 液态模锻的主要工艺过程
a）浇注 b）加压 c）脱模

的工件晶粒细小、内部组织致密、力学性能好、成形精度高的特点。而且液态模锻所需压力较小，仅为模锻的20%。其缺点是对模具的热腐蚀较严重；对于壁厚较薄的工件，其内部压力不容易均匀，组织不均匀。

（2）液态模锻的应用 液态模锻主要用于生产形状复杂且力学性能要求高、尺寸精度要求高的中、小型零件，如柴油机活塞、发动机连杆等。

4.3.2 粉末锻造

粉末锻造是在粉末冶金的基础上发展起来的一种精密塑性成形方法，是将粉末冶金与精密模锻相结合的成形方法。该方法采用粉末冶金法将金属原料及其他材料制成粉末，混匀后用锻模压制成形，烧结后用锻模进行锻造，得到尺寸精度高、表面质量好、内部组织致密的锻件。

1. 粉末锻造的工艺过程

粉末锻造的工艺流程为：粉料制备→压制预成形件→烧结→锻造。以汽车行星齿轮为例，其预成形件如图4-48a所示。预成形件是将铁粉与石墨粉（石墨的质量分数为0.28%）放入预成形模具中，经560～620kN压力压制，然后在1120～1180℃温度下烧结1.5～2h得到。

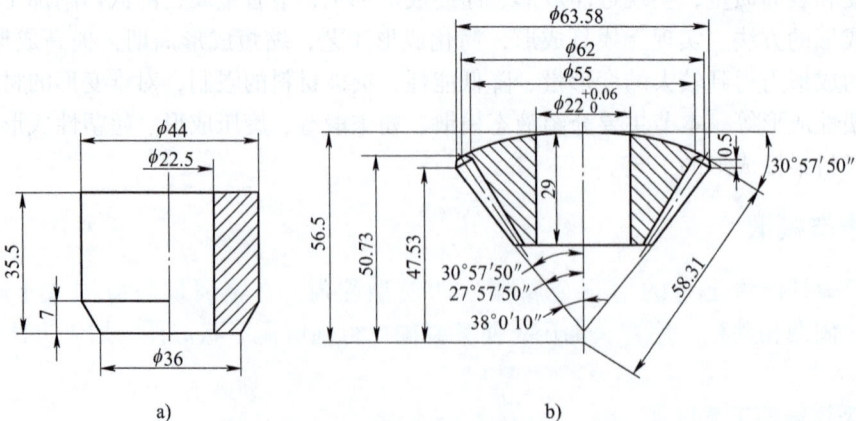

图4-48 汽车行星齿轮预成形件与锻件图
a）预成形件 b）锻件

汽车行星齿轮粉末锻造过程如图 4-49 所示。将预成形件在中频感应加热装置中加热至 850~950℃，然后在 3000 kN 压力机上进行锻造，获得锻件如图 4-48b 所示。

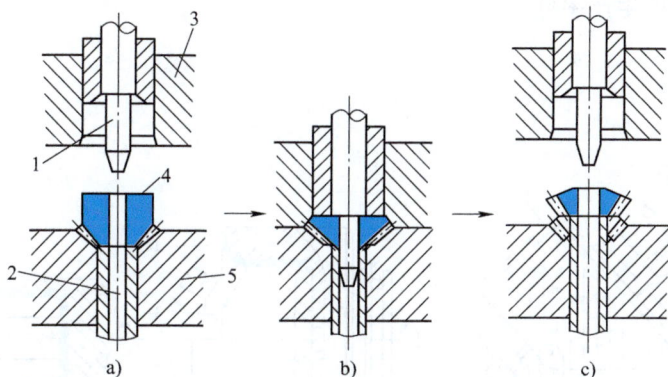

图 4-49　汽车行星齿轮粉末锻造过程

a）装模　b）锻造　c）出模

1—上凸模　2—下凸模　3—上模　4—预成形件　5—下模

2. 粉末锻造的特点及应用

（1）粉末锻造的特点　粉末锻造属于精密模锻，材料利用率高，可达 90% 以上；工件精度高、表面质量好；工艺流程简单，生产率高，易于实现自动化；工件力学性能好，由于材质无各向异性，其强度、硬度及耐磨性均高于模锻件，但塑性及韧性低于模锻件。缺点是零件形状会受到一定限制，粉末价格高等。

（2）粉末锻造的应用　粉末锻造主要用于制造高性能零件，特别是要求材质均匀、具有良好动平衡性能的零件，如齿轮、连杆等。

4.3.3　旋压成形

旋压成形是一种适应于多品种生产的少无切削工艺，它综合了挤压、拉深、环轧、横轧等工艺的特点，是一种先进的冲压加工方法。

1. 旋压成形的工艺过程

旋压成形是将毛坯压紧在旋压机（或供旋压用的车床）的芯模上，使毛坯与旋压机的主轴一起旋转，同时操纵旋轮（或赶棒、赶刀）做进给运动，在旋转中加压于毛坯，使毛坯产生连续的局部塑性变形，逐渐紧贴芯模，从而得到所要求形状与尺寸的工件。按金属的变形特征，旋压成形分为普通旋压（不变薄旋压）和强力旋压（变薄旋压）。

（1）普通旋压　基本上是靠弯曲成形的，毛坯的壁厚和表面积基本不变，只改变毛坯的形状。普通旋压主要包括拉深旋压（图 4-50）、扩径旋压和缩径旋压（图 4-51）。

（2）强力旋压　旋压成形时，使毛坯形状改变并减薄厚度的工艺。强力旋压主要包括剪切旋压和挤出旋压，如图 4-52 所示。

2. 旋压的特点及应用

（1）旋压的特点　旋轮和毛坯的接触区域很小，材料只在局部产生塑性变形，变形抗力小；旋轮不仅对毛坯有压延作用，还有整平作用，工件尺寸精度高，表面质量高；材料在变形的同时，组织发生改变，力学性能好；材料利用率高，节省工时，当批量生产形状较复杂的零件时，成本低；模具简单，只需要一块芯模，且对模具材质的要求低，更换方便，模具磨损少，使用寿命高。其缺点是只适用于加工回转类的制品，大批量生产形状简单的工件时比其他冲压成形的生产率低。

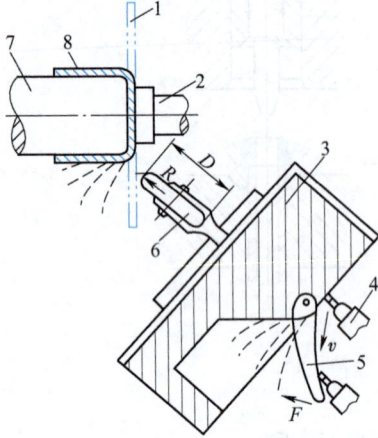

图 4-50 拉深旋压示意图

1—毛坯 2—压杆 3—固定靠模板 4—仿形触头
5—可动靠模板 6—旋轮 7—成形芯模 8—制品

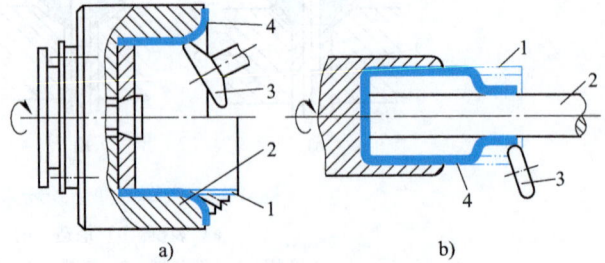

图 4-51 扩径旋压和缩径旋压

a）扩径旋压 b）缩径旋压
1—毛坯 2—成形芯模 3—旋轮 4—制品

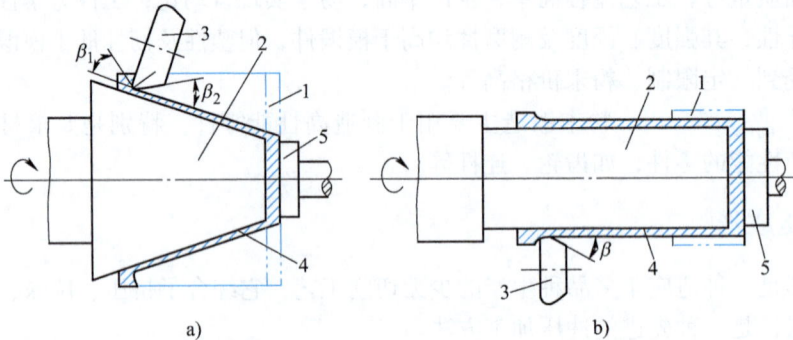

图 4-52 剪切旋压和挤出旋压

a）剪切旋压 b）挤出旋压
1—毛坯 2—成形芯模 3—旋轮 4—制品 5—压杆

（2）旋压的应用 旋压成形可用于加工圆筒形、圆锥形、阶梯形以及这些形状组成的复合形状制品，加工的材料可以为碳钢、不锈钢和有色金属合金以及钛、锆、钨、钼、银等高强度难变形的材料。普通旋压制品多为各种薄壁的铝、铜、不锈钢等材质的日用品，如灯罩、炊具及手工制品等。

4.3.4 超塑性成形

金属及合金在特定的组织、温度、变形速率下进行变形时呈现出良好的塑性，断后伸长率 A 可超过100%，甚至在1000%以上，而变形抗力则大幅降低（常态的1/5甚至更低），这种现象称为超塑性。超塑性分为细晶超塑性和相变超塑性，实际生产中细晶超塑性应用较多。

1. 超塑性成形的条件

（1）**细晶超塑性的条件** 采用形变或热处理方法得到 $0.5 \sim 5\mu m$ 的超细等轴晶粒；成形温度一般为 $0.5 \sim 0.7T_{熔}$（单位为 K）；变形速度应保证 $10^{-2} \sim 10^{-5}m/s$ 的低应变速率；成形压力一般为十分之几兆帕至几兆帕。

（2）**相变超塑性的条件** 在金属相变点附近经过多次温度循环或应力循环。

2. 超塑性成形的特点

超塑性成形扩大了塑性成形的材料范围，部分常规情况下难以塑性成形的材料可利用超塑性成形进行加工；材料的变形抗力很小，可在吨位较小的设备上制造较大的工件；模具磨损少，使用寿命长；金属的晶粒细小、组织均匀，力学性能高，而且具有各向同性；加工精度高，可制出尺寸精确、形状复杂的工件，可达到近净成形、净终成形。

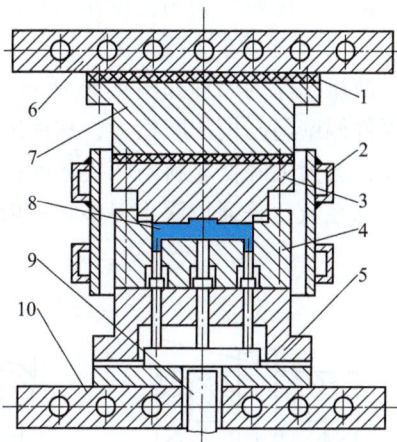

图 4-53 超塑性模锻的模具结构示意图
1—隔热垫 2—感应圈 3—凸模 4—凹模
5—隔热板 6、10—水冷板 7—模座
8—工件 9—顶杆

3. 超塑性成形的应用

（1）**超塑性模锻** 先对金属或合金进行适当的预处理，以获取具有微细晶粒的超塑性毛坯，然后将毛坯在超塑性温度及变形速率下进行等温模锻，最后对锻件进行热处理。图 4-53 为超塑性模锻的模具结构示意图。

超塑性模锻主要用于航天、仪表、模具等行业中生产高强度材料、高温合金以及钛合金等难加工材料的高精度零件，如飞机起落架、涡轮盘、注塑模等。

（2）**超塑性板料成形** 超塑性板料置于模具中，将板料加热至超塑性温度后，抽出模具内的空气（真空成形法，如图 4-54a 所示），或向模具内吹入压缩空气（吹塑成形法，如图 4-54b 所示），模具内产生的压力使板料紧贴在模具上，从而获得所需形状的工件。使用真空成形法时，最大气压为 10^5Pa，成形时间仅为 $20 \sim 30s$，主要用于厚度为 $0.4 \sim 4mm$ 的薄板零件的成形。使用吹塑成形法时，压力大小可变，可产生较大的变形，适用于厚度较大、强度较高的板料成形。

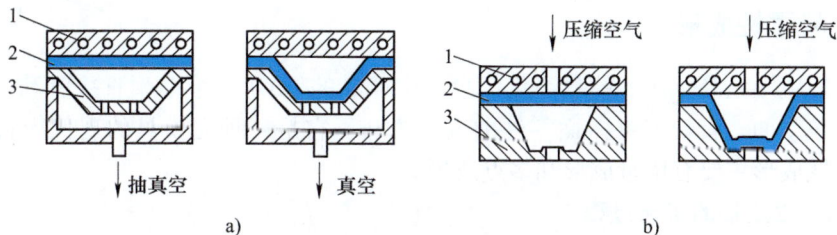

图 4-54 超塑性板料成形
a）真空成形法 b）吹塑成形法
1—加热板 2—坯料 3—模具

（3）**超塑性板料拉深**　板料的超塑性拉深在具有特殊加热和加压装置的模具中进行，将超塑性板料的法兰部分加热到一定温度，并在外围加油压，可一次拉深出薄壁深筒件，如图 4-55 所示。超塑性拉深件的深冲比（H/d_0）是普通拉深的 10 倍以上，且工件壁厚均匀，筒口边缘平齐，无各向异性。

4.3.5 板料液压拉深

液压拉深是指利用流体作为拉深凹模（或凸模）进行拉深成形的方法。

1. 液压拉深的工艺过程

液压拉深的原理如图 4-56 所示。拉深时高压液体将坯料紧紧压在凸模的表面，增大了拉深件侧壁与凸模的摩擦力，从而减轻了侧壁的拉伸应力；而且，高压液体进入凹模与坯料之间，会大大降低坯料与凹模的摩擦阻力，降低拉深过程中侧壁的载荷。因此液压拉深的极限拉深系数比普通拉深小得多，一般为 0.4~0.45。

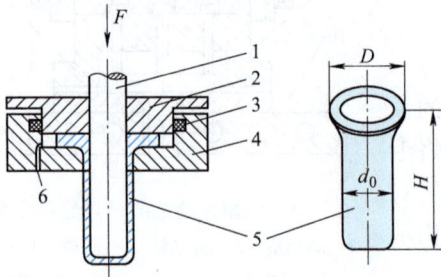

图 4-55　超塑性板料拉深
1—凸模　2—压板　3—加热元件
4—凹模　5—制品　6—高压油孔

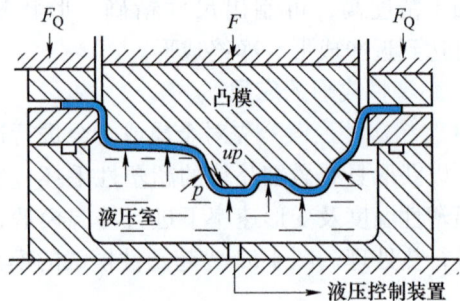

图 4-56　液压拉深的原理

2. 液压拉深的特点及应用

（1）**液压拉深的特点**　液压拉深的极限拉深系数较小，可减少深筒形工件的拉深次数，简化工艺；能减少零件擦伤，提高工件精度及表面质量。但缺点是设备结构较复杂，生产率较低。

（2）**液压拉深的应用**　主要用于质量要求较高的深筒形零件，锥形、抛物线形等复杂曲面零件，盒形件及带法兰的零件成形。在汽车覆盖件成形中也有应用。

4.3.6 板料柔性成形

板料柔性成形是基于产品的数字化信息，由产品的 CAD 三维模型直接驱动，通过形状简单的工具包络面，实现三维曲面零件的成形方法。它是一种无模具的现代板料成形新技术。板料柔性成形主要有增量成形和多点成形。

1. 板料柔性成形的工艺过程

（1）**增量成形**　增量成形是在旋压成形的基础上发展起来的新技术，它通过一个成形工具头沿 x 轴、y 轴方向的运动及 z 轴方向的进给，逐层形成零件的三维包络面，从而实现板料的渐进成形，该系统的结构如图 4-57 所示。成形时被加工板料置于支承座上，其四周用压板夹紧，数控系统按设定的程序控制成形工具头下降一个步距，再沿事先设定的轨迹运动，同时板料随压板一起下降一个步距；成形完一层后，成形工具头沿 x 向移动一个步距，然后沿 z 向下降一个步距进行下一层的成形，如此循环，最后将板料逐步压靠在模芯上，得到所需形状的工件。

利用增量成形可以在数控车床上加工轴对称的板壳类零件，如图 4-58 所示；也可以在数控铣床上加工非轴对称的板壳类零件，如图 4-59 所示。

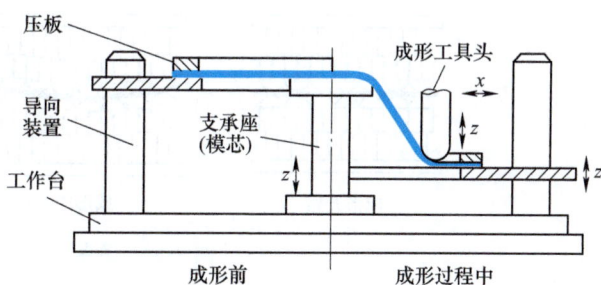

图 4-57　增量成形系统的结构

利用增量成形可制作形状较复杂的零件，适用的板料厚度较薄，所用设备简单。但成形效率较低，成形件尺寸受压边结构限制，且不能成形 90° 倾角的直壁零件。

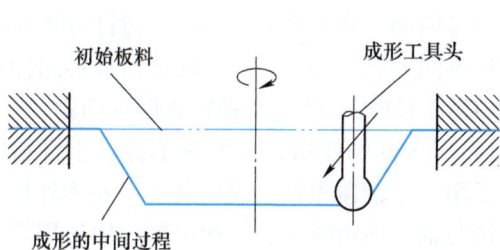

图 4-58　数控车床上增量成形系统的结构

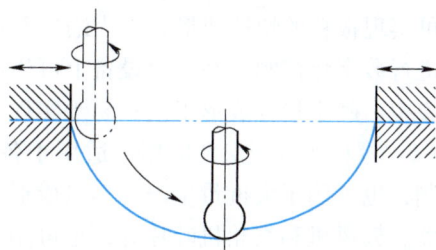

图 4-59　数控铣床上增量成形系统的结构

（2）多点成形　多点成形（图 4-60）是用规则排列的基本体阵列代替传统的冲压模具，通过计算机控制基本体竖直方向的位置坐标，构造出所需的成形曲面，按照该曲面使板料在上下基本体阵列之间成形，得到所需形状的工件。

多点成形分为多点模具成形和多点压力机成形。多点模具成形需要在成形前调整好上下各基本体的位置，在成形过程中，各基本体的位置不变，如图 4-61 所示；多点压力机成形可实时控制各基本体的位置，形成随时变化的瞬时成形曲面，每一个基本体都相当于一个微型压力机，如图 4-62 所示。

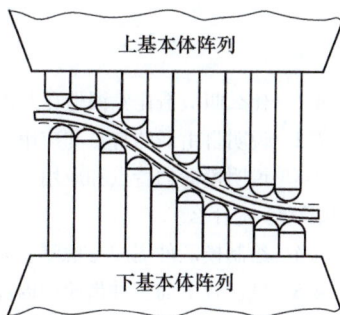

图 4-60　多点成形

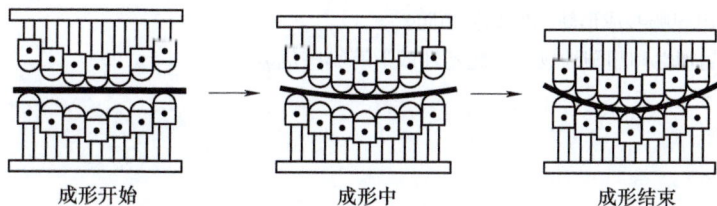

图 4-61　多点模具成形

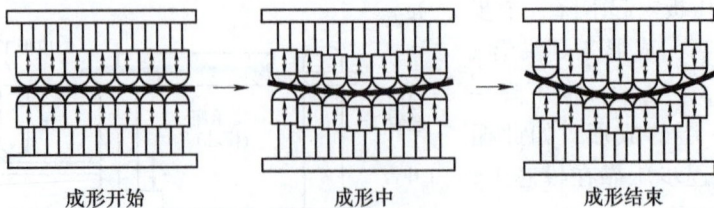

图 4-62 多点压力机成形

多点成形可用于中、厚板成形，通过压边技术也可用于薄板成形。多点成形的成形效率高，不仅适用于单件、小批量的新产品试制，也可用于大批量生产。但设备较复杂，造价高，成形件形状不能太复杂。

2. 板料柔性成形的特点及应用

（1）板料柔性成形的特点　可实现板料的无模具成形，节约模具材料及设计、制造费用；可实现板料的快速成形，大大缩短新产品开发周期，降低产品成本；通过计算机对产品形状进行数字化控制，在一台设备上可生产多种不同形状的零件；可方便地对成形路径进行数值模拟，确定最佳成形工艺；易于实现 CAD/CAE/CAM 一体化及板料成形自动化。

（2）板料柔性成形的应用　适用于各种曲面形零件的制造，尤其是单件、小批量的产品试制，也可用于大批量生产。多点成形可广泛用于车辆覆盖件、飞机蒙皮、船体外板、压力容器、鼓风机和汽轮机叶片等，也可用于建筑装饰、城市雕塑、家用电器、厨房用具及其他轻工产品中的各种金属曲面的制造。

复习思考题

4-1　什么叫锻造比？锻造比对锻件质量有何影响？

4-2　说明自由锻的特点和应用。为什么重要的巨型锻件必须采用自由锻的方法制造？

4-3　说明模锻的特点和应用。为什么模锻生产中不能直接锻出通孔？确定锤上锻模分模面时，应考虑哪些因素？为什么？

4-4　绘制模锻件图应考虑哪些方面的问题？为什么要考虑模锻斜度和圆角半径？

4-5　试比较下面三种齿轮的内部流线分布及齿轮性能：
①拔长坯料切削加工齿轮；②镦粗坯料切削加工齿轮；③精密模锻齿轮。

4-6　试述板料冲压的特点和应用。板料冲压有哪些主要工序？

4-7　比较冲裁与拉深工序的凸模、凹模结构及模具间隙有什么不同？为什么？

4-8　何谓弯曲弹复？减少弹复的措施有哪些？

4-9　拉深件易出现哪些成形缺陷？如何预防？

4-10　什么是超塑性和超塑性成形？超塑性成形有哪些优势？

第5章　非金属材料的成形

非金属材料指除金属以外的所有其他材料。这些材料种类繁多，在工业领域得到了广泛应用。机械制造中常用的非金属材料包括塑料、合成橡胶、合成纤维、磨料和黏结剂等，如陶瓷、玻璃、水泥、耐火材料及各类新型特种陶瓷材料。工程塑料和工程陶瓷在机械结构中扮演着重要角色。此外，非金属材料和其他材料组成的复合材料也在机械制造中得到了广泛应用。本章主要介绍非金属材料的基础知识及成形工艺。

5.1　工程塑料成形工艺

5.1.1　塑料的组成

塑料是以合成树脂（人工合成的高分子聚合物）为主要成分，通过聚合反应制备的功能性材料。其主要由树脂（如聚乙烯、环氧树脂等）和添加剂（如增塑剂、填料、稳定剂）组成，其中树脂决定了材料的基本特性，而添加剂可优化强度、耐候性或加工性能。塑料主要分为两类：纯树脂塑料（如透明的聚苯乙烯杯、有机玻璃）中几乎不含添加剂；改性塑料（如玻璃纤维增强尼龙、阻燃 ABS）则通过复合改性满足工程需求。塑料可通过注塑、挤出等工艺自由成形，广泛应用于包装、电子、汽车等领域，是现代工业不可或缺的基础材料。

1. 合成树脂

合成树脂即人工合成线型高聚物，是塑料的主要成分（约占 40%～100%），对塑料的性能起着决定性作用，故绝大多数塑料以树脂的名称命名。合成树脂受热时呈软化或熔融状态，软化时在外力作用下有流动倾向，因而塑料有良好的成形能力。常温下通常处于固态、半固态，有时是处于液态的有机聚合物。

2. 添加剂

添加剂是为改善塑料的使用性能或成形工艺性能而加入的其他辅助成分，包括填料、增塑剂、固化剂和稳定剂等。

（1）填料　填料又称填充剂，是塑料中重要的组成成分，但并非每一种塑料中都需要添加填料。填料可分为有机填料和无机填料。填料在塑料中的作用有两种：一是在塑料中加入一些廉价的填料可以减少树脂含量，降低塑料成本，起增量的作用；二是起增强作用，改变材料性能，扩大塑料的应用范围。例如，在聚乙烯、聚氯乙烯中加入碳酸钙填料，使其成形为具有足够的刚性和耐热性的塑料；加入玻璃纤维使塑料的力学性能大幅度提高；加入铝粉可提高塑料对光的反射能力和抗老化能力；加入二硫化钼可提高塑料的自润滑性；加入云母粉可提高塑料的电绝缘性。

(2) 增塑剂　增塑剂是为提高塑料的柔软性和可成形性而加入的物质，主要成分为低熔点的低分子有机化合物。加入增塑剂后，大分子链间距离增大，降低了分子链间作用力，提高了大分子链的柔顺性，因而使塑料的弹性、韧性、塑性提高，强度、刚度、硬度、耐热性降低。加入增塑剂的聚氯乙烯比较柔软，而未加入增塑剂的聚氯乙烯则比较刚硬。

(3) 固化剂　固化剂又称硬化剂、熟化剂或变定剂，是一类增进或控制固化反应的物质或混合物。将固化剂加入到某些树脂中可使线型分子链间产生交联，从而由线型结构变为体型结构，固化成刚硬的塑料。树脂固化是经过缩合、闭环、加成或催化等化学反应，使热固性树脂发生的不可逆的变化过程。固化剂是必不可少的添加物，无论是黏结剂、涂料或浇注料都需添加固化剂。固化剂的品种对固化物的力学性能、耐热性、耐水性、耐蚀性等都有很大影响。

(4) 稳定剂　稳定剂的作用是提高树脂在受热、光、氧等作用时的稳定性。

(5) 其他助剂　此外，还有能防止塑料在成形过程中粘在模具上，并使塑料表面光亮美观而加入的润滑剂，为使塑料具有美丽的色彩加入的有机染料或无机颜料等着色剂，以及发泡剂、阻燃剂、抗静电剂等。总之，可根据不同的塑料品种和性能要求，加入不同的添加剂。

5.1.2　塑料的分类

1. 按塑料特性分类

(1) 热塑性塑料　这类塑料为线状结构分子链，加热时会软化，冷却时会凝固、变硬，此过程可以反复进行。典型的热塑性塑料有聚乙烯、聚氯乙烯、聚丙烯、聚苯乙烯、聚酰胺（尼龙）、ABS、聚甲醛、聚碳酸酯、聚砜、聚四氟乙烯、聚苯醚、聚甲基丙烯酸甲酯（有机玻璃）等。这类塑料的机械强度较高，成形工艺性能良好，可反复成形、再生使用，但耐热性与刚性较差。

(2) 热固性塑料　这类塑料由线型预聚物通过加热或添加固化剂的方式发生化学交联，形成三维网状结构。固化后无法再次软化重塑，具有较高的耐热性、刚性和尺寸稳定性，但脆性较大，且不可回收利用。常见类型包括酚醛塑料、环氧树脂等，广泛用于电器部件、复合材料等。

2. 按应用范围分类

(1) 通用塑料　主要指产量大、用途广、价格低廉的一类塑料。通用塑料主要包括聚乙烯、聚氯乙烯、聚苯乙烯、聚丙烯、聚甲醛和氨基塑料这六种类型，它们约占塑料总产量的75%以上，广泛用于工业、农业和日常生活中，构成了塑料工业的主体。

(2) 工程塑料　主要是指能承受一定外力、具备良好力学性能和尺寸稳定性，在高、低温下能保持优良性能，用于制作工程结构、机器零件、工业容器和设备的塑料。工程塑料主要包括聚甲醛、聚酰胺（尼龙）、聚碳酸酯和 ABS 四种，还包括聚砜、聚氯醚、聚苯醚等。这类塑料具有较高的强度、弹性模量、韧性、耐磨性、耐蚀性和耐热性等特殊性能，因而可替代金属用于某些机械构件或其他特殊用途。

(3) 特种工程塑料　主要指具备特种功能（如耐热、自润滑）并应用于特殊场合的塑料。按聚合物是否交联，可分为交联型和非交联型特种工程塑料。常用的交联型特种工程塑料包括聚氨基双马来酰亚胺、聚三嗪、聚酰亚胺、耐热环氧树脂等；常用的非交联型特种工程塑料包括氟塑料、有机硅、聚苯硫醚、聚苯酯和聚醚醚酮等。

3. 按塑料成形方法分类

（1）模塑料　指用于模压成形的树脂混合料，如酚醛模塑料、聚酰亚胺模塑料、聚苯并咪唑模塑料等。

（2）层压塑料　指浸有树脂的纤维织物片材经叠合、模压成形后制成的塑料。

（3）注射、挤出和吹塑塑料　指供注射、挤出和吹塑用的树脂混合料。可以是以单一树脂组分为基体的树脂混合料，也可以是以多种树脂组分为基体的树脂混合料，如塑料合金、共混物和复合材料等。例如，注射级、挤出级的各种专用牌号的改性塑料。

（4）浇铸塑料　指在无压或低压的情况下，注入模具中能硬化成一定形状制品的液态树脂混合物以及粉状的树脂混合料，如浇铸 PVC 浆、MC 尼龙、浇铸环氧混合液等。

（5）反应注射模塑料　指将各种液态组分，经加压进入混合头混合后，再注入模腔内，使其反应固化制得成品所用的液态混合料，如聚氨酯反应液等。

（6）烧结塑料　指供烧结成形用的树脂混合料，如氟塑料、超高分子量聚乙烯等。

4. 按塑料产品特性分类

（1）增强塑料　指将合成树脂与各种增强材料（如玻璃纤维、碳纤维及其织物）和助剂经成形加工制得的，使某些力学性能与原树脂相比有较大提高的复合材料，如玻璃纤维增强尼龙、玻璃纤维增强聚丙烯、玻璃纤维增强环氧模塑料。

（2）泡沫塑料　指以树脂为基材制成的内部含有无数微小气孔的塑料。几乎所有塑料都能通过适当发泡方法制成泡沫塑料。

5.1.3　塑料成形过程中的物理化学行为

1. 聚合物的流动与流变

流动与流变是聚合物加工过程中最基本的工艺特征。液体的流动与变形都是在受到应力的情况下实现的，如料筒中的熔融塑料在柱塞的作用下向模具中流动、变形并最终成为所需形状。由于分子结构及运动特点，高聚物在物理聚集态上常呈结晶态、玻璃态、高弹态和黏流态，在正常应用时通常为结晶态或玻璃态，而在成形加工过程中处于黏流态，以便在外力作用下产生流动与变形。塑料的流变学性质对研究塑料的成形工艺过程、成形质量具有重要的意义。

2. 聚合物熔体在流动过程中的弹性行为

聚合物熔体既是一种黏性液体，又具有弹性性质，实际上是一种黏弹性材料，这种性质决定了它在外力作用下既有黏性变形，又有弹性变形，后者在外力撤除后将得到恢复。聚合物熔体的弹性行为会引起熔体的不稳定流动和离模膨胀，应引起足够重视。

3. 聚合物的加热和冷却

在成形过程中，聚合物由玻璃态受热转变为黏流态，成形后由黏流态冷却转变为玻璃态。由于聚合物的导热性不佳，因此使聚合物均匀受热或冷却而得到内在质量一致的塑件较为不易。加热时升温不能太快，冷却时也不能使冷却介质与熔体间温差过大。由于聚合物的黏度大，在流动过程中产生的摩擦热对聚合物的温升有显著影响。

4. 聚合物的结晶

结晶是结晶型聚合物成形过程中发生的物理变化，对塑件的性能有很大的影响。通常，结晶型聚合物具有耐热性、非透明性和较高的机械强度。但与低分子结晶物不同的是，结晶型聚合物可能结晶不完全，归因于很多因素的影响，如熔体温度、熔体停留时间、冷却速度、压力以及添加剂等。

5. 聚合物的取向

取向是指聚合物的大分子及其链段或结晶聚合物的微晶粒子在应力作用下形成的有序排列，它对聚合物的力学性能有显著的影响，如使取向方向的抗拉强度提高，使塑件具有各向异性等。

6. 聚合物的降解

降解是指聚合物成形时在高温、氧气、压力及水分等作用下发生的化学分解反应。其结果是使塑件强度降低，表面粗糙，使用寿命下降。控制原材料技术指标、成形前对物料进行预热和干燥以降低水分、合理选择成形工艺参数以及向塑料中加入稳定剂等可防止降解。

7. 聚合物的交联

聚合物由线型结构转变为体型结构的化学反应称为交联，经交联后的塑件的强度、耐热性、化学稳定性和尺寸稳定性等均有所提高。实际上，交联反应只需要完成到一定程度即可，并不需要100%的交联。超过100%的交联称为过熟，否则称为欠熟。过熟或欠熟对塑件的性能都是不利的。

5.1.4 塑料制品的成形方法

塑料制品是以树脂和各种添加剂的混合料为原料，采用注射、挤压、压制、浇铸等方法制成的。制品在成形的同时获得最终性能，因此成形过程是生产的关键。

1. 注射成形

塑料的注射成形又称注射模塑，简称注塑，是粒状或粉状塑料在重力作用下由料斗加入到注射机的料筒中，经料筒加热熔化成为熔体，然后在注射机的柱塞或移动螺杆快速连续加压的推动下，熔体从料筒前端的喷嘴和浇注系统以很高的压力和快速注入到闭合模具内，充满模腔的熔体在受压的情况下，经冷却（热塑性塑料）或加热（热固性塑料）固化后，开模得到与模具型腔相适应的制品的过程。

注射成形是塑料的重要成形方法之一，除氟塑料和超高分子量聚乙烯等极少数品种外，几乎所有的热塑性塑料和部分热固性塑料都能注射成形，其特点是成形周期短，生产率高，易于自动化，能一次成形外形复杂、尺寸精确、带有嵌件的制品，因此广泛应用于塑料制品的生产中。

注射成形制品种类繁多，除了尺寸较长的管、棒、板等型材不能采用此法生产外，其他各种形状、不同尺寸的塑料制品基本上都可采用注射成形。目前，注射成形制品约占塑料制品总量的30%以上，而工程塑料制品中80%是采用注射成形的。注射成形工艺也可以用于复合材料、增强塑料及泡沫塑料的成形，还可同其他工艺结合，用于生产中空制品及具有特殊性能要求的塑料制品。

注射成形主要用于热塑性塑料，柱塞式注射机如图5-1所示，其成形原理为：将粉粒状塑料从料斗送入料筒，柱塞推进时，塑料被推入加热区，继而压过分流梭，通过喷嘴将熔融塑料注入模腔中，冷却后打开模具即可获得所需形状的塑料制品。注射成形法可以制作尺寸精确、形状复杂、薄壁或带金属嵌件的塑料制品。

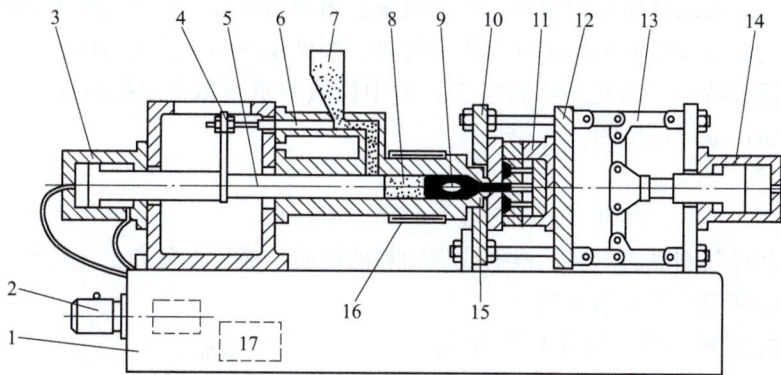

图 5-1　柱塞式注射机

1—机座　2—电动机或液压泵　3—注射液压缸　4—加料调节装置　5—柱塞　6—加料柱塞　7—料斗
8—料筒　9—分流梭　10—定模板　11—模具　12—动模板　13—锁模机构
14—锁模液压缸　15—喷嘴　16—加热器　17—油箱

2. 挤出成形

挤出成形，又称挤压模塑或挤塑，利用螺杆和柱塞的挤压作用，使受热熔化的塑料在压力的推动下，通过机头模具强行成形为具有恒定截面的连续制品。挤出成形法几乎适用于所有热塑性塑料的加工，也能用于某些热固性塑料的加工，例如，生产管材、型材、板材（或片材）、棒材、薄膜、单丝、线缆包覆物，以及塑料与其他材料的复合材料等。挤出成形工艺与其他成形技术结合后，可用于生产中空制品、双轴拉伸薄膜、涂覆制品等塑料产品。此外，挤出成形设备还可用于塑料的塑化造粒、着色和共混等。

根据塑料塑化方式的不同，挤出成形工艺可分为干法和湿法两种。干法挤出依靠加热将固体物料变成熔体，塑化和成形在同一设备中进行，挤出物的定形处理仅为简单的冷却操作；湿法挤出则利用溶剂将固体物料充分软化，塑化和挤出需要分别用两套设备完成，而挤出物的定形处理需要通过脱出溶剂操作来实现。虽然湿法挤出在物料塑化均匀和避免物料过度受热分解方面有优势，但由于存在塑化操作复杂、需要处理大量易燃有机溶剂等严重缺点，目前生产上已很少使用这种方法，仅用于硝酸纤维素塑料和少数醋酸纤维素塑料的成形。

根据加压方式的不同，挤出成形工艺可分为连续和间歇两种。螺杆式挤出机用于连续挤出，利用螺杆旋转产生的压力和剪切力，使物料充分塑化、均匀混合后通过口模成形，连续完成混合、塑化和成形等一系列工序，如图 5-2 所示。柱塞式挤出机则利用柱塞的推挤压

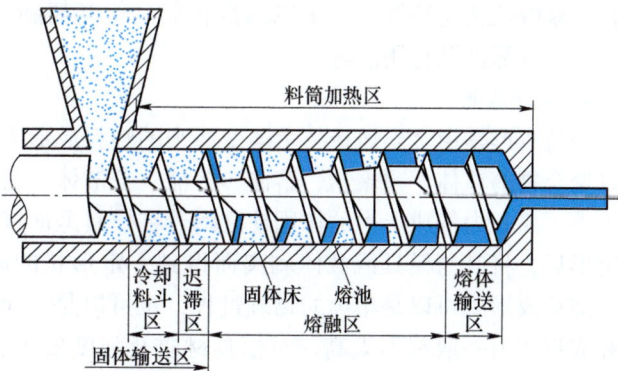

图 5-2　螺杆式挤出成形示意图

力，将事先塑化好的物料挤出口模成形，生产过程是不连续的，对物料没有搅拌、混合作用，还需要预先塑化，因此生产上采用较少。但由于柱塞对物料施加的推挤压力很大，适用于熔融黏度很大、流动性极差的塑料，如聚四氟乙烯和超高分子量聚乙烯等的挤出成形。

挤出成形与其他成形方法相比具有诸多优势，如操作简单、工艺易控、生产率高、适应性强、用途广泛等特点，因此在塑料加工领域中扮演着重要角色。据估计，约有 50% 的塑料制品是通过挤出成形制造的。

3. 压制成形

压制成形是一种利用外部压力和热能，将高分子材料一次性成形的加工方法，主要应用于热固性塑料和橡胶制品的生产。根据成形物料的性质、成形设备和工艺特点，压制成形可以分为模压成形和层压成形两大类。

对于热固性塑料来说，模压成形是其主要成形方法之一。采用这种方法时，首先将粉状、粒状、破屑状或纤维状的塑料加热至一定温度后，放入凹模模槽中，然后合上凸模并继续加热使其熔化，并在压力作用下使塑料充满模腔，形成与模腔形状一致的制品。最后，通过加热使高分子发生交联反应，形成三维网格结构以固化定形，脱模后即得成品，如图 5-3 所示。虽然热塑性塑料也可采用

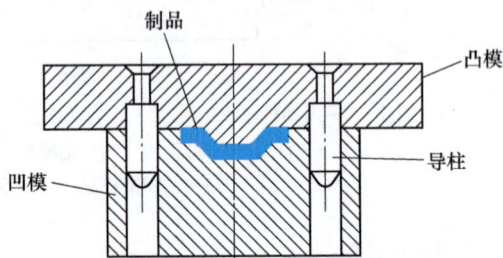

图 5-3　模压成形示意图

模压成形的方法，但由于其需要交替加热与冷却模具，生产周期长且效率低，因此在实际生产中很少采用模压成形，而是倾向于使用更经济的注塑成形、挤出成形等工艺。不过，对于熔体黏度极大的聚四氟乙烯、硬质聚氯乙烯等树脂以及平面较大的塑料制品，模压成形仍然是一种可行的选择。

模压成形的主要优点是可间歇操作；成形工艺、设备和模具简单，生产控制方便；所得制品的内应力小、取向程度低、翘曲变形小、断面收缩率小，故制品稳定性好、性能均匀；不需模具降温就可脱模。但其缺点是生产周期长、生产率低，难以实现自动化生产，劳动强度大；因压力传递和传热与固化的关系等因素，不能成形形状复杂、尺寸精度高、厚度较大的制品。模压成形的热固性塑料主要有酚醛树脂、氨基树脂、环氧树脂、有机硅树脂、聚酯树脂、聚酰亚胺树脂等，其中以酚醛树脂、氨基树脂为主。模压成形制品主要有电器绝缘件、机械零部件及日用品等。

4. 浇铸成形

浇铸成形是由金属铸造技术演变而来的塑料成形方法，又称铸塑。浇铸成形的一般工艺是以聚合物的单体、预聚物、熔体、溶液、分散体、粉末等可流动的高分子材料为原料，利用重力、离心力等成形力的作用使之附着在模具型面或载体面上成形，通过适当方式使之固化定形后，将其与模具或载体剥离而得到一定形状的制品。根据原料性质及制品固化的特点，浇铸成形既可以是单纯的物理过程，也可以是一个物理-化学过程。浇铸用原料流动温度和成形压力一般都不太高，对模具材质及强度要求也相对较低。因而对模具材料适应性强，浇铸所用模具可用金属或合金、玻璃、木材、石膏、塑料和橡胶等材料制造。由于浇铸成形过程中物料受力很小，因此所得制品大分子取向度低，内应力小，质量均匀性好，对制

品的尺寸大小也几乎没有限制。但是浇铸成形存在生产周期长、制品尺寸准确性较差等缺点，所以多用于单件或小批量生产。浇铸是一类高分子材料成形方法的统称，根据其成形、固化等技术特点可分为静态铸塑、离心浇铸、流延铸塑、搪塑、蘸塑、滚塑等多种工艺方法。静态铸塑可生产各种型材和制品，以及嵌入物固定、封装等；离心浇铸可以生产大直径的管制品、空心制品、齿轮和轴承；流延铸塑常用来生产薄膜；搪塑常用来生产儿童玩具及其他小型中空制品；蘸塑可生产乳胶手套等；滚塑可生产大型的容器。

5. 吹塑成形

吹塑成形是一种广泛应用于制造中空塑料容器的成形方法。在吹塑成形的过程中，高弹性状态的空心塑料型坯被置于闭合的型腔内，然后通过向其内部通入压缩空气，使其胀大并贴紧于模具型腔表壁，最终经过冷却定形形成具有一定形状和尺寸的中空塑料容器。这种成形方法的优点包括产品成本低、工艺简单、附加值高等，因此得到了广泛的应用。

吹塑成形在热塑性塑料的成形中占有重要地位，被广泛应用于制造塑料包装容器和工业制品。从容量几毫升的眼药水瓶到几千升以上的贮运容器，再到各种工业制品，如塑料瓶、水壶、提桶、玩具、汽车座椅靠背、啤酒桶、油罐等，都可以采用吹塑成形方法生产。因此，在化妆品行业、油漆行业、医药行业、食品行业等的包装中，吹塑成形制品占据了越来越重要的地位。

吹塑成形制品大多可直接使用，一些要求表面光洁、精度高的塑件还可进行切割加工。同时，为了改善塑料制品的使用性能，还可以对其进行表面处理，如镀金属和镀漆等。理论上，几乎所有热塑性塑料都可以进行吹塑加工，但要满足中空塑件的加工和使用要求，还需要具备一些特定条件，如良好的耐环境应力开裂性、气密性和耐冲击性等。

吹塑成形的塑料制品的质量优劣除受原料及其成形工艺参数影响外，还与模具结构设计、成形收缩率选择以及加热与冷却装置设计等因素密切相关。在实际生产中，能够用于吹塑的树脂种类并不多，其中聚乙烯、聚氯乙烯、聚丙烯、聚苯乙烯、聚对苯二甲酸乙二酯、聚碳酸酯、聚丙烯酸酯类、聚酰胺类、醋酸纤维和聚缩醛等是理想的吹塑材料，目前以聚乙烯和热塑性聚酯使用最为广泛。

5.2　橡胶制品的成形工艺

5.2.1　橡胶的特性和应用

橡胶是在室温下处于高弹态的高分子材料，其最大的特性是高弹性，但其弹性模量很低，只有 1~10 MPa；橡胶的弹性变形量很大，可达 100%，且具有优良的伸缩性和储能能力。此外，还具有良好的耐磨性、隔音性、阻尼性和绝缘性。橡胶在工业上应用相当广泛，可用于制作轮胎、动静态密封件（如旋转轴、导管接口密封件）、减振防震件（如机座减振垫片和汽车底盘橡胶弹簧）、传动件、运输胶带、管道、电线、电缆和电工绝缘材料、制动件等。

5.2.2　橡胶加工的基础知识

橡胶的特性，无论是加工特点或使用性质，都主要取决于它的内部结构。

1. 橡胶的分子结构

和塑料一样，橡胶也是一种高分子化合物，其相对分子质量可达到几十万。高分子化合物是通过聚合得到的，故又称高聚物。高分子化合物的分子大小并不固定，平时所说的相对分子质量是指它的平均相对分子质量。相对分子质量的大小对橡胶强度的影响很大，一般只有分子大到一定程度时才会显示出一定的强度，聚合物的耐老化性随聚合度的增加而下降。但橡胶在塑炼过程中将使橡胶分子断裂，相对分子质量变小，这样可以增加可塑度，改善加工条件。从橡胶分子链的几何形状看，可以分为线型、支链型和交联型（体型）三类。不同的几何形状，具有完全不同的物理性质。橡胶具有很强的柔性，这是因为橡胶分子的C—C键中的碳原子可以围绕化学键旋转。

2. 橡胶的聚集态性质

橡胶分子聚集在一起的状态称为聚集态，它主要是根据力学性质划分的，可以分为固体、液体和气体。橡胶是液体，是指橡胶的分子链段能够像低分子液体那样比较自由地运动。橡胶又是固体，这是因为从整个大分子链来看，其分子链不能实现相对位移，因此能保持一定的形状和较大的强度。橡胶还具有气体的性质，如弹性模量随应变幅度的升高而增大，拉深时生热，好像气体压缩一样。

3. 橡胶的黏弹性质

众所周知，橡胶是具有弹性的，但橡胶除具有弹性外，还具有明显的黏性液体的某些特性，主要表现在橡胶受力后与黏性液体一样，其形变会随时间线性地发展。因此，橡胶被认为是一种黏弹性物质，从而产生了蠕变、应力松弛、内耗等一系列黏弹现象。

4. 橡胶的流变性质

橡胶虽然具有高弹性，但它的加工如塑炼、混炼、压出和压延，都需要在流动状态下进行，在设计研究加工工艺时必然涉及橡胶的流动性质。黏度是表征液体流动性质的重要参数，橡胶的黏度与塑料的黏度不同，对塑料来说，提高温度可以大大降低熔体的黏度，而橡胶的黏度受温度的影响很小。橡胶相对分子质量的大小却对黏度具有决定性作用，降低相对分子质量以减小黏度和弹性，将有利于橡胶的加工。

5. 橡胶的硫化

在加热条件下，胶料中的生胶与硫化剂（如硫磺）发生化学反应，使橡胶由线型结构的大分子交联成为立体网状结构的大分子，导致该胶料的物理、力学性能及其他性能有明显的改善，这个过程称为硫化。随着生产的发展，硫化的概念也有新的进展，硫化剂和高温不再是硫化的必要条件，有些特殊的胶料可在较低的温度下，甚至在室温下硫化，也可以在胶料中不加硫化剂，而采用物理的方法进行交联。因此，硫化是胶料在一定条件下，橡胶大分子由线型结构转变为网状结构的交联过程。硫化过程中，橡胶性能的变化是由于分子结构发生变化的结果。未硫化的生胶是线型结构大分子，其分子链具有运动的独立性，表现为可塑性大、扯断伸长率较高并具有可溶性。经硫化后的橡胶大分子形成横链，成为空间网状结构，分子间除次价键力外，在分子彼此结合处还有主价键力作用，因此，硫化橡胶比生胶的抗拉强度更高，扯断伸长率更小且弹性更大。

在橡胶制品的生产中，硫化是最后的一个加工工序。

5.2.3 橡胶的组成

橡胶制品是以生胶为基础加入适量的配合剂组成的。

1. 生胶

未加配合剂或未经硫化的天然或合成的橡胶统称生胶。天然橡胶的综合性能好，但产量不能满足日益增长的需要，而且也不能满足某些特殊性能要求，因此合成橡胶获得迅速发展。

2. 配合剂

为了提高和改善橡胶制品的各种性能而加入的物质称为配合剂。配合剂的种类很多，其中主要是硫化剂，其作用类似于热固性塑料中的固化剂，它能使橡胶分子链间形成横链，适当交联，成为网状结构，从而提高橡胶的力学性能和物理性能。常用的硫化剂是硫磺和硫化物。为提高橡胶的力学性能，如强度、硬度、耐磨性和刚性等，还需加入填料，使用最普遍的是炭黑，以及作为骨架材料的织品、纤维，甚至是金属丝或金属编织物。填料的加入还可减少生胶用量，降低成本。

其他配合剂还有为加速硫化过程，提高硫化效果而加入的硫化促进剂；用以增加橡胶塑性，改善成形工艺性能的增塑剂，以及防止橡胶老化而加入的防老化剂（抗氧化剂）等。

5.2.4 橡胶制品的成形工艺

1. 生胶的塑炼

生胶的塑炼是将弹性的生胶转变为可塑状态的加工过程。塑炼的目的是降低生胶的弹性，增加其可塑性，并获得适当的流动性，以满足各种工艺加工的要求。塑炼有两种方法：机械塑炼和化学塑炼。机械塑炼通过塑炼机的机械作用降低生胶的弹性，化学塑炼则通过化学药品的作用实现。塑炼过程实质上是橡胶大分子断裂成相对分子质量较小的分子，从而降低黏度、提高可塑性。

2. 胶料的混炼

胶料的混炼是将各种配合剂混入生胶中，制成质量均匀的混炼胶的过程，其基本任务是制造符合性能要求的混炼胶，以保证后续工序的正常进行。混炼过程是炭黑等配合剂在生胶中均匀分散的过程，要求配合剂每一颗粒的表面都完全被橡胶包围和浸润。

3. 压延工艺

压延工艺是使物料受到延展的工艺过程，通过旋转的两个压力筒实现。压延一般用于胶料的压片、压型，以及纺织物和钢丝帘布等的贴胶、擦胶等作业。压延的主要设备为压延机，过程包括混炼胶的预热与供胶、纺织物的导开与干燥、胶料的压片或在纺织物上挂胶，以及压延半成品的冷却、卷取、裁断等。

4. 压出工艺

压出工艺是通过压出机使胶料达到挤压和初步造型的工艺过程，也称为挤出工艺。通过螺杆的旋转，胶料不断向前推进，并借助压型制作各种复杂断面形状的半成品，如轮胎的胎面胶、内胎胎筒等。压出的主要设备为压出机。

5. 橡胶的注射成形

橡胶注射成形是一种将浆料直接从机筒注入模型，经硫化后形成制品的生产方法，与塑料注射成形相似。橡胶制品较早采用模压法、压铸法等传统工艺，而采用注射成形后，成形周期较短，生产率高，劳动强度小，产品质量高。橡胶注射工艺主要包括喂料、塑化、注射、保压、硫化、出模等步骤。

以六模硅胶注射机（图5-4）为例，其工作过程为：首先，将预先混炼好的胶料通过料斗送入机筒，在螺杆的旋转作用下，胶料沿螺槽推向机筒前端。在此过程中，胶料因激烈搅拌和变形，加上机筒外部加热，迅速升温，其可塑性增加。当胶料到达机筒前端时，注射缸前移，使机筒前端的喷嘴与模型的浇口接触，然后注射缸注入胶料，胶料经喷嘴注入模腔并保持一段时间。在保压过程中，胶料在高温下硬化，直至出模。系统随后进入下一个阶段，并循环进行。

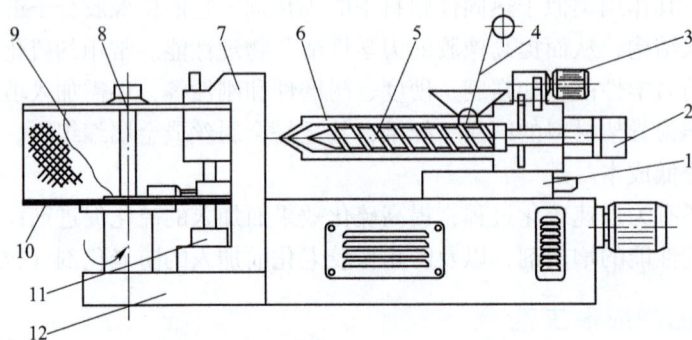

图 5-4 六模硅胶注射机示意图

1—注射座 2—注胶液压缸 3—螺杆驱动装置 4—带状胶料 5—螺杆 6—机筒
7—合模机构 8—转轴 9—模具 10—转盘 11—液压锁模缸 12—机座

5.2.5 常用橡胶分类

橡胶可以根据来源分为天然橡胶和合成橡胶。按用途分类，则可分为通用橡胶和特种橡胶两大类。通用橡胶指广泛应用于各领域的橡胶制品，而特种橡胶则主要用于对耐热、耐寒、耐蚀等特殊环境要求高的场合。天然橡胶常用于通用橡胶，应用广泛，包括轮胎、胶带、胶管等的制造。常用橡胶的种类、性能和应用见表5-1。在合成橡胶中，丁苯橡胶是产量最大的一种，占据橡胶总产量的60%~70%，而顺丁橡胶则是发展速度最快的一种合成橡胶。

表 5-1 常用橡胶的种类、性能和应用

性能	通用橡胶							特种橡胶			
	天然橡胶（NR）	丁苯橡胶（SBR）	顺丁橡胶（BR）	丁基橡胶（IIR）	氯丁橡胶（CR）	丁腈橡胶（NBR）	乙丙橡胶（EPR）	聚氨酯（PU）	氟橡胶（FPM）	硅橡胶	聚硫橡胶
抗拉强度/MPa	25~30	15~21	18~25	17~21	25~27	15~30	10~25	20~35	20~22	4~10	9~15
伸长率（%）	650~900	500~800	450~800	650~800	800~1000	300~800	400~800	300~800	100~500	50~500	100~700

（续）

性能	通用橡胶							特种橡胶			
	天然橡胶（NR）	丁苯橡胶（SBR）	顺丁橡胶（BR）	丁基橡胶（IIR）	氯丁橡胶（CR）	丁腈橡胶（NBR）	乙丙橡胶（EPR）	聚氨酯（PU）	氟橡胶（FPM）	硅橡胶	聚硫橡胶
抗撕裂性	好	中	中	中	好	中	好	中	好	差	差
使用温度上限/℃	<100	80~120	120	120~170	120~150	120~170	150	80	300	100~300	80~130
耐磨性	中	好	好	中	中	中	中	好	中	差	差
回弹性	好	中	好	中	中	中	中	中	中	差	差
耐油性	较差	较差	差	中	好	好	差	好	好	差	好
耐碱性	中	较好	中	好	好	中	高	差	好	差	好
耐老化	较差	中	差	好	好	中	好	好	好	好	好
成本	低	高	低	高	高	中	中	高	高	高	高
应用举例	通用制品、轮胎	通用制品、胶布、胶板、轮胎、胶管	轮胎、耐寒运输带、V带、减震器	内胎、水胎	油罐衬、管道、胶带、电缆皮	耐油垫圈、油管	汽车配件、电绝缘件、耐热运输件	实心胎、耐磨件、特种垫圈	化工衬里、高级密封件、高真空胶件	耐高/低温零件、绝缘件	丁腈改性

5.3　黏合剂及胶接工艺

黏合剂是一种能够将两种相同或不同的材料通过粘接作用连接起来，并满足一定的力学、物理和化学性能要求的物质。它具有胶接、固定、密封、浸渗、补漏和修复等功能。采用黏合剂将材料连接在一起的工艺技术称为胶接工艺。胶接作为一种连接工艺与铆接、焊接并列为三种主要连接工艺之一。

黏合剂和胶接工艺拥有悠久的历史，并随着人类社会和科学技术的发展而不断演进，为社会的物质文明和科技进步做出了重要贡献。特别是随着合成材料的出现，黏合剂和胶接工艺获得了广阔的发展空间，在理论、技术、生产和应用方面都得到了充分的保障和有利的发展条件，这为黏合剂的研究、生产和应用提供了极大的支持，使其成了一个独立的新兴产业——黏合剂工业，并且以约10%的年平均增速迅速发展。

5.3.1　黏合剂的分类

黏合剂的种类繁多，其化学组成各不相同，性能、形态及外观各异，应用范围、固化方式、胶接强度也不同。每种黏合剂都有各自的应用范围、使用条件和胶接效果，不存在一种万能胶。所谓"万能胶"一般指应用范围较广泛的黏合剂。目前，国内外已有5000种以上的黏合剂品种，随着合成黏合剂的发展，这一数字还在不断增加。为更好地了解和选择黏合剂，需要对其进行适当分类。

1. 按黏合剂的胶接强度分类

根据胶接处的受力要求，可将黏合剂分为结构黏合剂和非结构黏合剂。结构黏合剂指固化后能承受较高切割负荷（15MPa）和不均负荷在 30MPa 以上的黏合剂，主要用于胶接受力部件。非结构黏合剂的胶接强度一般，广泛用于一般受力部位的胶接。此外，还有满足特定性能要求和在某些特殊场合使用的特殊黏合剂。

2. 按黏合剂的来源分类

根据黏合剂的来源，可将其分为天然黏合剂和合成黏合剂。合成黏合剂可进一步分为热固性树脂黏合剂、热塑性树脂黏合剂、橡胶黏合剂和无机黏合剂。

3. 按黏合剂的化学组成分类

根据黏合剂的化学组成，可将其分为有机黏合剂和无机黏合剂两大类。有机黏合剂又可分为天然黏合剂和合成黏合剂，而合成黏合剂则可进一步分为热塑性、热固性 、复合性等类型，如图 5-5 所示。

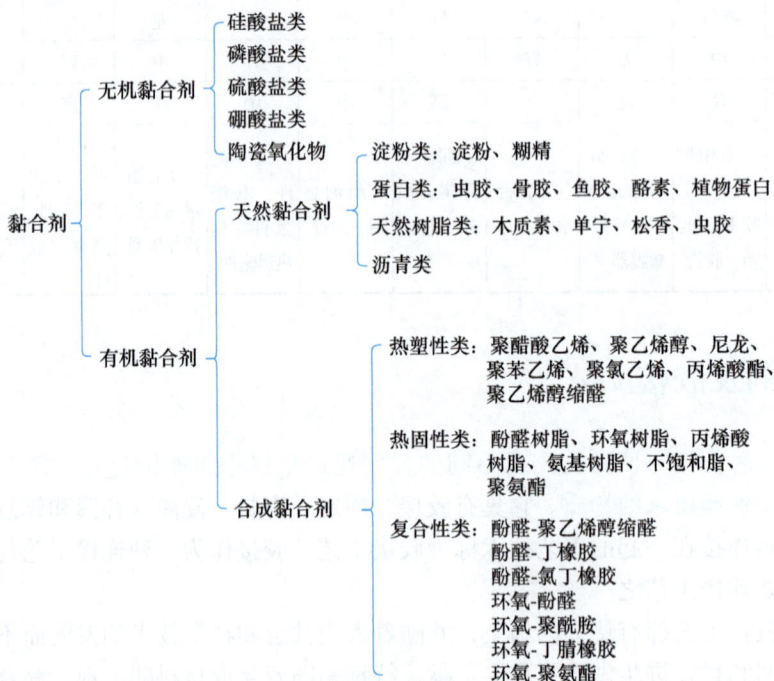

图 5-5　按黏合剂化学组成的分类

4. 按黏合剂的固化条件分类

根据黏合剂使用时的固化温度不同，可将黏合剂分为室温固化黏合剂、高温固化黏合剂、光固化黏合剂及辐射固化黏合剂等。

5. 按黏合剂的外观形态分类

根据黏合剂的外观形态，可将黏合剂分为液态、固态和膏状、薄膜、胶带等类型。

5.3.2　黏合剂的组成

黏合剂通常由几种材料配制而成，这些材料按其作用不同，一般分为基料和辅助材料两大类。基料在黏合剂中起着胶接作用并赋予胶接层一定的力学强度，包括各种树脂、橡胶、淀粉、蛋白质、磷酸盐、硅酸盐等。辅助材料则用于改善主体材料性能或方便施工，包括固化剂、增塑剂和增韧剂、稀释剂和溶剂、填料、偶联剂等。

1. 基料

在黏合剂配方中，基料是使两个被黏物体结合在一起时起主要作用的成分，是构成黏合剂的主体材料，决定着黏合剂的性能。一般来说，基料应是具有流动性的液态化合物或在溶剂、加热、压力作用下具有流动性的化合物。天然高分子物质（如淀粉、蛋白质、天然树脂）和无机化合物（如硅酸盐、磷酸盐、硫酸盐、硼酸盐、氧化物）都可以作为基料。合成高分子化合物（如热塑性高分子、热固性高分子、合成橡胶等）是当代黏合剂中最重要的基料，其发展为黏合剂提供了丰富的物质保障，促进了黏合剂的快速研制和新品种的不断出现。

2. 固化剂

黏合剂必须在流动状态下涂布并浸润被黏物体表面，然后通过适当的方法使其成为固体，才能承受各种负荷，这个过程称为固化。固化可以是物理过程（如溶剂的挥发、乳胶的凝聚、熔融体的凝固等），也可以采用化学方法使黏合剂聚合成为固体的高分子。固化剂是直接参与化学反应，使黏合剂主体发生固化的成分。目前，结构胶主要以热固性树脂为基料，如环氧树脂黏合剂，固化剂是使多官能团的单体三向交联，从而使黏合剂固化的主要辅助材料。应根据不同基料的固化反应情况、黏合剂的性能要求和工艺条件等，选择合适的固化剂。

3. 增塑剂和增韧剂

增塑剂和增韧剂是指黏合剂中改善胶接层的脆性、提高其柔韧性的成分。它们的加入能改善黏合剂的流动性，提高胶接层的抗冲击强度和扯断伸长率，降低其开裂程度，但不宜用量过多，否则会使胶接层的力学强度和耐热性能下降，应根据使用条件确定用量。增塑剂能与基料相混溶，但活性不高，不参与固化反应，在固化过程中有从体系中离析出来的倾向，如邻苯二甲酸二丁酯、磷酸三苯酯等；增韧剂是一种单官能团或多官能团的化合物，能与基料发生反应，成为固化体系的一部分。它们大都是黏稠的液体，常用的有不饱和聚树脂、聚硫橡胶、低分子聚酰胺树脂等。

4. 稀释剂和溶剂

稀释剂和溶剂是用来降低黏合剂黏度的液体物质。含有活性基团的稀释剂称为活性稀释剂，常见于环氧型黏合剂中；不含活性基团的称为非活性稀释剂，常见于橡胶、聚酯、酚醛、环氧等类型的黏合剂中。一般而言，随着稀释剂用量的增加，胶接强度会下降。

溶剂是一种能够溶解其他物质的成分，在橡胶型黏合剂中使用较多，但在其他类型的黏合剂中使用较少。其作用类似于非活性稀释剂，主要用于降低黏合剂的黏度。

5. 填料

填料是为了改善黏合剂的加工性、耐久性、强度以及降低成本而添加的一种非黏性固体物质。常用的填料包括金属、金属氧化物、矿物粉末等。选择填料时需要考虑具体要求，并注意填料的粒度、形状和添加量等因素。

6. 偶联剂

偶联剂用于增强材料之间的胶接力，形成坚固的界面层。常见的偶联剂包括硅烷及其衍生物。有机硅烷是一种常见的偶联剂，可提高被黏物与黏合剂的胶接能力。其分子结构通常含有两种性质不同的基团，一部分与无机物表面亲和，另一部分能与有机树脂结合，从而促进两种不同性质材料的胶接。硅烷偶联剂的种类和使用范围因其基团不同而异，例如含氨基的硅烷偶联剂适用于酚醛、脲醛和环氧等材料，但不适用于聚酯。尽管应用时间不长，硅烷偶联剂已成为黏合剂的重要组分。

7. 其他助剂

为了满足某些特殊要求，改善黏合剂的某一性能，可以在黏合剂中还加入一些其他助剂。例如，增稠剂可增加黏合剂的黏度；阻聚剂可防止黏合剂在贮藏或运输过程中自行交联而变质失效，提高其贮存性；防老剂可提高胶接层的抗老化特性；防霉剂可防止胶接层霉变；阻燃剂可使胶接层不易燃烧等。

5.3.3 黏合剂的胶接机理

用黏合剂将物体连接起来的方法称为胶接。显而易见，要达到良好的胶接效果，必须具备两个条件：黏合剂要能很好地润湿被黏物体表面；黏合剂与被黏物体之间要有较强的相互结合力，这种结合力的来源和本质就是胶接机理。

胶接的过程可分为两个阶段：

第一阶段，液态黏合剂向被黏物体表面扩散，逐渐润湿被黏物体表面并渗入其表面微孔中，取代并解吸被黏物体表面吸附的气体，使被黏物体表面间的点接触变为与黏合剂之间的面接触。施加压力和提高温度有利于此过程的进行。

第二阶段，产生吸附作用形成次价键或主价键，黏合剂本身经物理或化学变化由液体变为固体，完成胶接过程。

当然，这两个阶段是不能完全分开的。至于黏合剂与被黏物之间的结合力，大致分为以下几种情况：

1）由于吸附以及相互扩散而形成的次价键结合。

2）由于化学吸附或表面化学反应而形成的化学键。

3）金属原子与黏合剂分子中的 N、O 等原子所生成的配位键。

4）被黏物表面与黏合剂由于带有异种电荷而产生的静电吸引力。

5）由于黏合剂分子渗入被黏物体表面微孔成凹凸不平区域而形成的机械锁合作用。

不同情况下，这些力所占的相对比重不同，因而产生了不同的胶接理论，如吸附理论、扩散理论、化学键理论及静电吸引理论等。

5.3.4 胶接工艺

胶接工艺主要包括胶接接头设计、胶接材料表面处理、调胶与配胶、涂胶与晾置、叠合、固化、检查等步骤。

1. 胶接接头设计

常用的胶接接头形式如图 5-6 所示。在设计胶接接头时，需要考虑受力性质和大小、接头加工的可行性和经济性、胶接工艺要求以及使用条件等因素。特别是在制作结构件胶接接头时，应主要考虑强度因素。

2. 胶接材料表面处理

胶接材料的表面处理对胶接接头的强度和持久性至关重要，包括除去表面的油污、锈迹、吸附物、灰尘和水分等，并改变表面的物理化学性质，以便于胶粘剂的黏附。

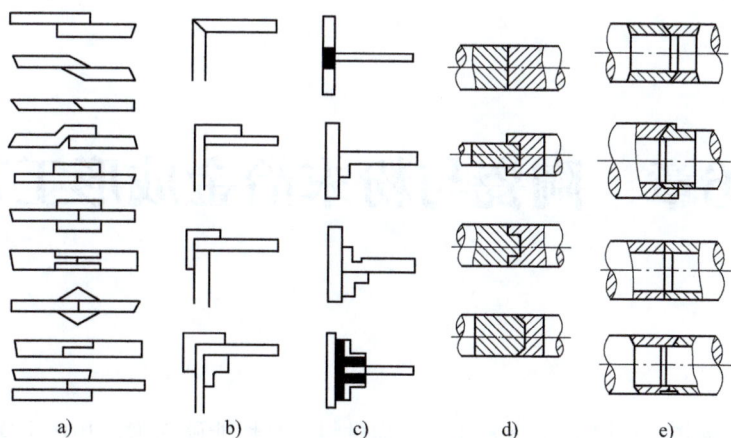

图 5-6　常用的胶接接头形式
a）搭接接头　b）角接接头　c）T形接头　b）棒式接头　e）管式接头

3. 调胶与配胶

根据黏合剂的类型，按照说明书进行调制或者按规定比例现配现用，确保混合均匀、无颗粒或胶团。

4. 涂胶与晾置

黏合剂可采用机械设备或手工涂刷、喷撒、浸润等方法涂抹在被黏物体表面。涂胶后需要晾置，等待溶剂挥发，特别是对于含溶剂的黏合剂。

5. 叠合

叠合时要确保对准位置，避免错动，并用适当的工具敲打、压平、排除空气，确保叠合质量。

6. 固化

黏合剂通过溶剂挥发、物理作用或化学反应使其变为固态。固化的控制因素包括温度、压力和时间。常见的固化方法包括电烘箱加热、红外线加热以及高频、超声波、微波等。

复习思考题

5-1　塑料成形有哪些不同于金属材料成形的特点？

5-2　塑料的成形性能主要有哪些？如何提高其成形性能？

5-3　塑料成形方法有哪些？比较注射成形、挤出成形和模压成形在成形原理、成形工艺过程及应用方面的异同。

5-4　分析电风扇叶片、仪表壳体、饭盒、饮料瓶、建筑下水管塑料件分别应采用哪种成形方法？

5-5　设计塑料件结构时应注意哪些问题？

5-6　橡胶的塑炼与混炼有何不同？橡胶的塑炼与塑料的塑炼有何不同？

第6章　陶瓷与粉末冶金成形工艺

陶瓷是由金属和非金属形成的无机化合物材料，其性能硬而脆。相比金属材料和工程塑料，陶瓷具有更高的耐高温性、耐蚀性和耐磨性。而现代特种陶瓷的性能更加全面，具有高强度、高硬度、导电、绝缘、透光等多种优良性能。因此，陶瓷材料已成为现代工程材料的三大支柱之一。

通过将金属粉末与金属或非金属粉末（或纤维）混合，经过成形、烧结等工艺制成零件或材料的过程称作"粉末冶金"。由于粉末冶金的生产工艺与陶瓷相似，因此也被称为金属陶瓷法。

6.1　陶瓷材料

6.1.1　陶瓷的分类

陶瓷的种类很多，工业陶瓷大致可分为普通陶瓷和特种陶瓷两大类。

1. 普通陶瓷

普通陶瓷又称传统陶瓷，除了陶、瓷器之外，玻璃、水泥、石灰、砖瓦、搪瓷、耐火材料等都属于陶瓷材料。一般人们所说的陶瓷是指日用陶瓷、建筑瓷、卫生瓷、电工瓷、化工瓷等。普通陶瓷是用黏土（$Al_2O_3 \cdot 2SiO_2 \cdot 2H_2O$）、长石（$K_2O \cdot Al_2O_3 \cdot 6SiO_2$，$Na_2O \cdot Al_2O_3 \cdot 6SiO_2$）和石英（$SiO_2$）为原料，经成形、烧结而成的陶瓷。组织中主晶相为莫来石相（$3Al_2O_3 \cdot 2SiO_2$），占 25%～30%，玻璃相占 35%～60%，气相占 1%～3%。

普通陶瓷质地坚硬、不氧化、耐蚀、不导电、加工成形性好、成本低，但强度较低，耐热性及绝缘性不如特种陶瓷。

2. 特种陶瓷

特种陶瓷又称现代陶瓷，采用纯度较高的人工合成原料，如氧化物、氮化物、硅化物、硼化物、氟化物等制成，具有特殊的力学、物理、化学性能。

按性能和用途的不同，陶瓷也可分为工程陶瓷和功能陶瓷两大类。前者主要在高温下使用，故也称为高温结构陶瓷。利用陶瓷特有的物理性能可制造出种类繁多、用途各异的陶瓷材料，例如，导电陶瓷、半导体陶瓷、压电陶瓷、绝缘陶瓷、磁性陶瓷、光学陶瓷（光导纤维、激光材料等），以及利用某些精密陶瓷对声、光、电、热、磁、力、湿度、射线及各种气氛等信息显示的敏感特性而制成的各种陶瓷传感器材料。

按主要成分不同，陶瓷主要分为氧化物陶瓷、氮化物陶瓷、碳化物陶瓷、复合陶瓷等。

（1）氧化铝（Al_2O_3）陶瓷　氧化铝陶瓷主要由 Al_2O_3 和少量 SiO_2 组成，是由 O^{2-} 构成的密排六方结构，Al^{3+} 占据间隙位置。实际生产中，根据 Al_2O_3 含量不同，氧化铝陶瓷可分为 75 瓷（含 75%Al_2O_3，又称刚玉-莫来石瓷）、95 瓷和 99 瓷等几种，后两者又称刚玉瓷。

氧化铝的熔点为 2050℃，耐高温性能好，可使用到 1950℃，能够在 1600℃ 高温下长期工作。此外，氧化铝陶瓷的硬度高，耐磨性很好，还具有良好的耐蚀性和绝缘性能，在高频下的电绝缘性能尤为突出，因此广泛用于耐火材料，包括耐火砖、高压器皿、坩埚、电炉炉管、热电偶套管等。

（2）氧化锆（ZrO_2）陶瓷　氧化锆陶瓷主要成分为 ZrO_2，包含立方相、四方相、单斜相三种，温度变化时四方相迅速转变为单斜相，引起很大的体积变化，易使制品开裂。

在氧化锆中加入某些氧化物（如 CaO、MgO、Y_2O_3 等）能形成稳定立方固溶体，不再发生相变，具有这种结构的氧化锆称为全稳定氧化锆（FSZ），其力学性能低，抗热冲击性差。减少加入的氧化物数量，使部分氧化物以四方相的形式存在，由于这种材料只使一部分氧化锆稳定，所以称为部分稳定氧化锆（PSZ），其具有热导率低、绝热性好、抗弯强度与断裂韧性高等一系列优势，广泛用于耐热涂层防护，如航空发动机叶片涂层等，如图 6-1a 所示；此外，部分稳定氧化锆的热膨胀系数较大，接近于发动机中使用的金属，因此已成为绝热柴油机的主要候选材料，如发动机气缸内衬、推杆、活塞帽、阀球（图 6-1b）、衬套（图 6-1c）、凸轮、轴承等。

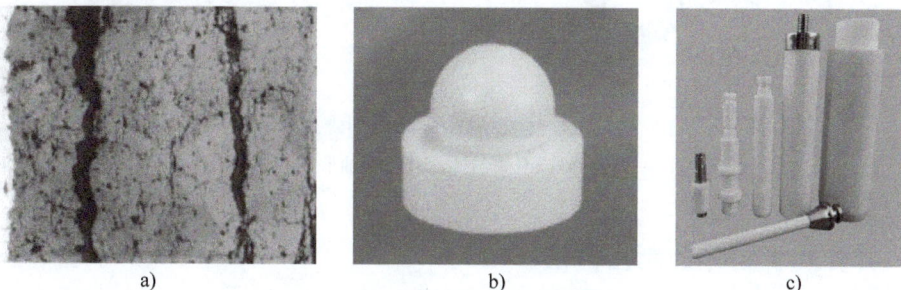

a)　　　　　　　　　　b)　　　　　　　　　　c)

图 6-1　氧化锆陶瓷的典型零部件

a）部分稳定氧化锆喷涂层　b）氧化锆液压泵阀球　c）氧化锆衬套

（3）氮化硅（Si_3N_4）陶瓷　氮化硅陶瓷是由 Si_3N_4 四面体组成的共价键固体陶瓷，具有硬度高（仅次于金刚石、碳化硼等）、摩擦系数小（$0.1 \sim 0.2$）、耐磨性高、抗热振性好、绝缘性能优良等一系列优势；此外，氮化硅陶瓷的化学稳定性高，能耐受除氢氟酸、氢氧化钠外的其他酸性和碱性溶液的腐蚀，还能抗熔融金属的侵蚀。

氮化硅陶瓷可通过反应烧结和热压烧结两种方式制备。

1）反应烧结：反应烧结的核心优势在于烧结过程中因原位化学反应产生体积补偿效应，可实现近净成形（线收缩率通常<1%），适用于复杂构件的制备；其局限性主要表现为材料致密度较低（一般为理论密度的 70%~90%）、力学强度逊于热压烧结制品。该工艺制品多应用于对尺寸精度要求相对宽松但需耐高温的工况，典型产品包括航天器隔热瓦、密封环及高温窑具等。

2）热压烧结：**热压烧结是一种通过高温和高压使材料致密化的工艺。**其最大优点是可制备高密度、高强度材料，且所需烧结助剂较少，适合制造形状简单但精度要求较高的部件（如轴承、密封件）。但由于需要专用模具加压，难以加工复杂结构，且残留的微量助剂可能在高温下影响性能，因此更多用于对力学性能要求严格的场景，而非极端高温环境。

（4）**碳化硅（SiC）陶瓷**　碳化硅是通过键能很高的共价键结合的晶体，主要用石英砂（SiO_2）加焦炭直接加热至高温还原而成：

$$SiO_2 + 3C \longrightarrow SiC + 2CO$$

碳化硅的烧结工艺也有热压烧结和反应烧结两种。但由于碳化硅表面有一层薄氧化膜，因此很难烧结，需添加烧结助剂促进烧结，常加的助剂有硼、碳、铝等。

碳化硅陶瓷的最大特点是高温强度高，在1400℃时抗弯强度仍保持在500~600 MPa，工作温度可达1700℃；此外，碳化硅陶瓷还具有优良的热稳定性、抗蠕变性、耐磨性、耐蚀性、导热性和耐辐射性，可用于制造火箭喷嘴、浇注金属的喉管、热电偶套管、炉管、燃气轮机叶片及轴承，泵的密封圈、拉丝成形模具等，如图6-2所示。

图6-2　碳化硅陶瓷的典型零部件
a）SiC 密封件　b）SiC 轴承

6.1.2　特种陶瓷粉体的制备方法

陶瓷体在成形前以粉体形式存在，它是大量固体粒子的集合体。粉体的粒度与粒度分布、表面特性等性能对随后所制成的陶瓷烧结体的性能具有极大的影响。获得陶瓷粉体的方法有粉碎法和合成法两种。

1. 粉碎法

粉碎法是将团块颗粒陶瓷用机械或气流粉碎而获得细粉。机械方法是将物料置于球磨机中不停地回转，靠球磨机中的磨球与物料相互撞击使物料被粉碎成细颗粒状。气流法是将物料导入粉碎机内部并通过喷嘴通入压缩空气使物料形成粉碎状，物料互相碰撞、摩擦而细化。

2. 合成法

合成法是利用离子、原子或分子通过反应→成核→成长→收集→后处理而获得微细颗粒的方法。该方法制取的粉体纯度高、粒度小而均匀。合成法有固相法、液相法和气相法三种。以固相法制备钛酸钡粉体为例，将等摩尔比的钡盐（$BaCO_3$）和二氧化钛（TiO_2）混合物固体粉末在空气中加热即可获得性能良好的钛酸钡粉末。

6.1.3　特种陶瓷的成形方法

特种陶瓷的成形工艺过程包括配料和成形两个主要过程。

1. 配料

特种陶瓷的配料主要包括混料、塑化、造粒和物料悬浮几个步骤。

（1）混料　混料是指将各种组分的粉料混合均匀，可在球磨机中进行。

（2）塑化　普通陶瓷由于含有可塑性黏土成分，加入水就会具有良好的成形性。特种陶瓷一般不含黏土原料，因此成形前须加入可塑性的化工原料。塑化是指利用塑化剂使原本无塑性的坯料具有可塑性的过程。常用的塑化剂有无机和有机两类，无机塑化剂（黏土）用于普通陶瓷，有机塑化剂用于特种陶瓷。有机塑化剂通常由三种物质组成：黏结剂（如聚乙烯醇等）、增塑剂（如甘油）、溶剂（如水、酒精等）。

（3）造粒　造粒是指在很细的粉料中加入一定量的塑化剂，制成粒度较粗、流动性好的粒子（约 20~80 目）。造粒后有利于改善充模性，提高充模密度。

（4）物料悬浮　当用注浆法成形制坯时，为了使浆料悬浮常加入悬浮剂，如烷基苯磺酸钠。

2. 成形

特种陶瓷的成形主要包括注浆成形和模压成形两种工艺。

（1）注浆成形　注浆成形是指向粉料中加入一定量的水分制成流动性好的浆料。这种工艺适用于制造大型的、形状复杂的、薄壁的陶瓷制品。

（2）模压成形　又称干压成形，是指将粉料加入少量黏结剂进行造粒，然后将造粒后的粉料加入钢模中，在压力机上压制成一定形状的坯体。其特点是黏结剂用量少，坯体无须干燥可直接烧结，坯体收缩小，尺寸精确，但不适于制造大型坯体。

其他成形方法还有热压铸成形法、可塑成形法、等静压成形法等。

6.1.4　特种陶瓷的烧结

陶瓷成形后，须进行烧结，使材料获得预期的显微结构并最终赋予材料应有的性能。陶瓷的烧结方法有以下几种：

1. 低温烧结

若引入添加剂，或采用压力烧结，则可降低烧结温度，降低能耗。

2. 热压烧结

在加热粉体的同时进行加压，可降低烧结温度，而且烧结体中气孔率低，制品致密度高。

3. 气氛烧结

某些陶瓷（如 Si_3N_4、SiC 等）为防止制品氧化，可在保护气氛下进行烧结。

6.1.5　陶瓷材料的制备工艺及组织结构

1. 制备工艺

陶瓷难以像金属和塑料那样使熔化的熔液流入模型成形，因此多采用粉末成形，然后进行烧结的方法来生产。陶瓷产品的制作工艺可大致划分为原料制备、配混合粉料、坯料成形、高温烧结等工艺过程。对产品质量影响最大的是配料成分和烧结工艺。

2. 组织结构

陶瓷是多相材料，其显微组织由晶相、玻璃相、气相组成。各相的结构、数量、形态、大小及分布对性能有显著影响。

6.2 粉末冶金成形工艺

6.2.1 粉末冶金成形工艺简介

粉末冶金成形工艺是一种专门研究制造各种金属粉末和以粉末为原料通过成形、烧结和必要的后续处理制取金属材料和制品的方法。它可以生产许多用其他方法不能生产的材料和制品。如许多难熔材料、多孔材料以及一些特殊性能的材料等须用这种方法成形。目前采用粉末冶金工艺可以制造板、带、棒、管、丝等各种型材，以及齿轮、链轮、棘轮、轴套等各种零件。粉末冶金的工艺过程可以归纳为：粉料制取→粉料混合+成形→烧结→后处理→成品。

1. 粉料制取

金属及其他非金属粉末是粉末冶金的原料，原料的制造过程和原料的性能与粉末冶金制品的性能密切相关。粉末的制取方法有机械法和物理化学法两大类。有时，可把雾化法列为另外一类制取粉末的方法。机械法制取粉末是将原材料机械地粉碎而化学成分基本上不发生变化的工艺工程。物理化学法则是借助化学的或物理的作用，改变原材料的化学成分或聚集状态而获得粉末的工艺过程。

（1）机械粉碎法　固态金属的机械粉碎既是一种独立的制粉方法，又常常作为某些制粉方法的补充工序。机械粉碎是靠压碎、击碎和磨削等作用，将块状金属、合金或化合物机械地粉碎成粉末的。依据物料粉碎的最终程度，可以分为粗碎和细碎两类。以压碎为主要作用的机械粉碎有碾碎、辊轧以及颚式破碎等；以击碎为主的机械粉碎有锤磨；属于击碎和磨削等多方面作用的机械粉碎有球磨、棒磨等。实践表明，机械研磨比较适用于脆性材料，塑性金属或合金制取粉末多采用涡旋研磨、冷气流粉碎等方法。

（2）雾化法　雾化法是指将液体金属或合金直接破碎成细小的液滴，液滴大小一般小于 $150\mu m$，而成为粉末。雾化法可以用来制取多种金属粉末，也可制取各种预合金粉末。实际上，任何能形成液体的材料都可以进行雾化。

（3）还原法　用还原剂还原金属氧化物及盐类来制取金属粉末是一种广泛采用的制粉方法。还原剂可呈固态、气态或液态；被还原的物料也可以采用固态、气态或液态物质。通常采用还原法制取铁粉、铜粉、钴粉、钨粉及钼粉。

（4）气相沉积法　在粉末冶金技术中应用气相沉积法的主要方式有金属蒸气冷凝，羰基物热离法、气相还原（包括气相氢还原和气相金属热还原）、化学气相沉积。

（5）液相沉积法　液相沉积法是一种基于金属盐溶液（如硝酸盐、氯化盐或硫酸盐）的湿化学合成技术，通过引入沉淀剂或调节溶液 pH 值，促使金属离子发生水解或化学还原反应，生成金属氢氧化物、氧化物或复合化合物的沉淀。该工艺可精准控制沉积物形貌与成分，适用于制备纳米粉末或功能性涂层。对于金属粉末的合成，通常需对前驱体沉淀进行后续热处理（如氢气还原）以获得高纯度超细金属粉末。

金属置换法可以用来制取铜、铅、锡、银、金等粉末。用一种金属从水溶液中取代出另外一种金属的过程叫置换。从热力学来说，只能用负电位较大的金属去置换溶液中正电位较大的金属。

（6）**电解法** 在一定的条件下，粉末可以在电解槽的阴极上沉积出来。在物理化学法生产的粉末产量中，电解法生产的粉末仅次于还原法生产的粉末。一般来说，电解法生产的粉末成本较高，因此在粉末生产中所占的比重较小。电解粉末的优点是它的纯度高。电解法制取粉末主要采用水溶液电解和熔盐电解。

水溶液电解可以生产铜、铁、镍、银、锡、铅、铬、锰等金属粉末；在一定条件下也可以使几种元素同时沉积而制得铁-镍、铁-铬等合金粉末。从所得的粉末特性来看，电解法有提纯的过程，因而所得的粉末较纯；同时，由于结晶粉末形状一般为树枝状，压制性较好；电解法还可以控制粉末粒度，因而可以生产超细磨粉。

2. 粉末成形前的准备

粉末成形前的准备指制备具有一定化学成分和粒度的混合料，以及适合其他物理化学性能的混合料。由于产品最终性能的需要，或者在成形过程中物料的要求，同时，粉末很少是以单一粉末来应用的，多数情况下都是应用金属与金属或非金属粉末的混合物，因此在粉末成形前需要进行一定的准备。其中包括粉末退火、混合、筛分、制粒，以及添加润滑剂等。

（1）**退火** 粉末的预先退火可使氧化物还原、降低碳和其他杂质的含量，提高粉末的纯度。同时，还能消除粉末的加工硬化，稳定粉末的晶体结构。用还原法、机械研磨法、电解法、雾化法以及羰基离解法制得的粉末都要经过退火处理。此外，为防止某些超细金属粉末的自燃，需要将其表面钝化，也要进行退火处理。

（2）**混合** 混合是指将两种或两种以上不同成分的粉末混合均匀的过程。有时需要将成分相同但粒度不同的粉末进行混合，称为合批。混合质量的优劣，不仅影响成形过程和压坯质量，而且会严重影响烧结过程的进行和最终制品的质量。

混合基本上有两种方法，机械法和化学法，其中广泛应用的是机械法。常用的混料机有球磨机、V形混合器、锥形混合器、酒桶式混合器、螺旋混合器等。机械法混料又可分为干混和湿混。铁基等制品的生产中广泛采用干混；制备硬质合金混合料则经常使用湿混。化学法混料是将金属或化合物粉末与添加金属的盐溶液均匀混合，或者是各组元全部以某种盐的溶液的形式混合，然后经沉淀、干燥和还原等处理而得到均匀分布的混合物。

（3）**筛分** 筛分的核心功能是对宽粒度分布的原始粉末实施粒径分级，通过标准化筛分设备（如振动筛、旋振筛）的机械筛选作用，将物料按预设目数区间逐级分离，最终获得符合目标粒径分布的细分粉末。

（4）**制粒** 制粒是将小颗粒的粉末制成大颗粒或团粒的工序，常用来改善粉末的流动性。在硬质合金的生产中，为了便于自动成形，使粉末能顺利充填模腔就必须先进行制粒。能承担制粒任务的设备有滚筒制粒机、圆盘制粒机和擦筛机等。

（5）**加润滑剂** 在成形前，粉末混合料中常常要添加一些能够改善成形过程的物质，即润滑剂或成形剂；或者添加在烧结中能造成一定孔隙的造孔剂。这类物质会在烧结时挥发干净，例如可选用石蜡、合成橡胶、樟脑、塑料以及硬脂酸或硬脂酸盐等物质来做添加剂。另外，松装密度低的粉末可经过一次成形（压团）处理，将团块粉碎后再使用。但是，这种粉末因加工硬化而往往需要重新退火。

3. 成形

粉末冶金成形是将松散的粉末体加工成具有一定尺寸、形状，以及一定密度和强度的坯块。粉末可以用普通模压法或用特殊方法成形。前者是将金属粉末或混合粉末装在压模内，通过压力机将其成形，如图 6-3 所示。显然，压模的设计和压力机的能力是影响压坯尺寸和形状的重要因素。特殊成形是指各种非模压成形，这类成形按其工作原理和特点有等静压成形、连续成形、无压成形等。

（1）压模压制　压模压制是指松散的粉末在压模内经受一定的压制压力后，成为具有一定尺寸、形状、密度、强度的压坯。当对压模中粉末施加压力后，粉末体积将减小，同时粉末颗粒间发生相对移动而填充孔隙，迅速紧密堆积。

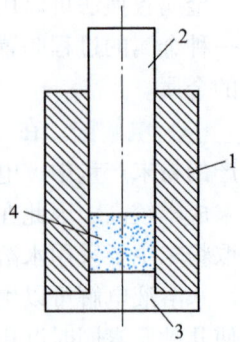

图6-3　压模示意图
1—凹模；2—上模冲；
3—下模冲；4—粉末

（2）等静压成形　等静压成形是指借助高压泵的作用把流体介质（气体或液体）压入耐高压的缸体密封容器内，高压流体的静压力直接作用在弹性模套内的粉末上，使粉末体在同一时间内从各个方向均衡受压而获得密度分布均匀和强度较高的压坯。

4. 烧结

压坯或松装粉末体的强度和密度都较低，为了提高其强度，需要在适当的条件下进行热处理，即将其加热到基本组元熔点以下的温度（约 $0.7 \sim 0.8 T_{绝对熔点}$），这个过程称为烧结。烧结对粉末冶金材料和制品的性能有着重要影响。烧结的结果是粉末颗粒之间发生了黏结，从而增加了烧结体的强度，并在大多数情况下提高了密度。

在烧结过程中，压坯会经历一系列的物理化学变化。开始时，水分或有机物蒸发或挥发，吸附气体被排除，应力被消除，粉末颗粒表面的氧化物被还原；随后是原子间的扩散、黏性和塑性流动，颗粒间接触面增大，发生再结晶和晶粒长大等。当液相出现时，还可能发生固相的溶解和重结晶。这些过程相互穿插、重叠，并相互影响。考虑到其他烧结条件，整个烧结过程变得复杂。

通过粉末烧结方法可以制备各种纯金属、合金、化合物以及复合材料。根据粉末原料的组成，烧结体可分为两类：由纯金属、化合物或固溶体组成的单相系；由金属-金属、金属-非金属、金属-化合物组成的多相系。针对烧结过程中出现的不同情况，可以将烧结分为两种：单元系烧结，即纯金属、化合物或固溶体在其熔点以下的温度进行的固相烧结过程；多元系烧结，指由两种或两种以上的组元构成的固相烧结或液相烧结体系。粉末体的烧结过程十分复杂，多年来从事烧结理论研究的学者们仍未完全清楚地解释整个过程。

5. 后处理

金属粉末压坯经烧结后的处理，叫作后处理。后处理的种类很多，一般由产品的要求来决定。常用的几种后处理方法如下：

（1）浸渍　利用烧结件多孔性的毛细现象浸入各种液体的过程叫浸渍。如为了润滑目的，可浸润滑油、聚四氟乙烯溶液、铅溶液等；为了提高强度和耐蚀性，可浸铜溶液；为了表面保护，可浸树脂或清漆等。浸渍有的可在常压下进行，有的则需在真空下进行。

（2）表面冷挤压　为了提高零件的尺寸精度和表面质量，可采用整形；为了提高零件的密度，可采用复压；为了改变零件的形状，可采用精压。复压后的零件往往需要复烧或退火。

（3）**切削加工** 切削加工横槽、横孔，以及轴向尺寸精度高的面等。

（4）**热处理** 热处理可提高铁基制品的强度和硬度。由于孔隙的存在，对于孔隙度大于10%的制品，不得采用液体渗碳或盐浴炉加热，以防盐液浸入孔隙中，造成内腐蚀。另外，低密度零件气体渗碳时，容易渗透到中心。对于孔隙度小于10%的制品，可用与一般钢一样的热处理方法，如整体淬火、渗碳淬火、碳氮共渗淬火等。为了防止堵塞孔隙可能引起的不利影响，可采用硫化处理封闭孔隙。淬火最好采用油作为淬火冷却介质，对于高密度制品，若为了冷却速度的需要，亦可用水作为淬火冷却介质。

（5）**表面保护处理** 表面保护处理对用于仪表、军工及有耐蚀性要求的粉末冶金制品很重要。粉末冶金制品由于存在孔隙，给表面防护带来困难。目前，可采用的表面保护处理有蒸汽发蓝处理、浸油、浸硫并退火、浸清漆、渗锌、浸高软化点石蜡或硬脂酸锌后电镀（镀铜、镍、铬、锌等）、磷化、阳极化处理等。

6.2.2 常见的粉末冶金成形工艺

20世纪50年代以来，为了适应科学技术飞速发展对材料性能和成形技术提出的更高要求，开发了多项粉末冶金新工艺和新材料。

1. 热等静压

热等静压（HIP）是在冷等静压（CIP）的基础上发展起来的一种工艺。它指的是在高温作用下，使物料同时经受等静压制的过程。热等静压不仅用于粉末体的固结，实现了传统粉末冶金工艺的成形和烧结的结合，还用于工件的扩散烧结、铸件缺陷的消除以及复杂形状零件的制造等。其工作原理如图6-4所示：将粉末装入包套（即成为"工件"），放入带有加热炉的密闭高压缸体内，并抽出缸内空气，压入约30~60 MPa的惰性气体（如氩气），通电加热，使工件达到烧结温度（此时，气体热膨胀升压到约100 MPa左右），借助于高温和各向均等的高压使粉末体固结成全致密的材料。

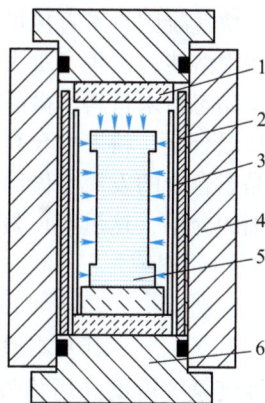

图 6-4 热等静压工作原理
1—隔热盒 2—隔热屏
3—加热体 4—密闭高压缸体
5—工件 6—活塞

热等静压成形具有如下优势和不足：

（1）**优势** 热等静压成形可以生产形状复杂的近终形大型粉末冶金制品，并使制品达到理论致密度（100%）；粉末制品晶粒细小、均匀、成分无偏析、具有较高的力学性能，可用来生产各种金属、陶瓷、硬质合金以及复合材料等粉末冶金制品。

（2）**不足** 热等静压成形工艺比较复杂，设备投资大，只有对具有特殊性能要求的高合金产品才能显示出其优越性。但是对于复杂形状的零件，往往会由于难以控制尺寸精度而使成本较高。

2. 燃烧合成

燃烧合成（CS），也称为自蔓延高温合成（SHS），其原理如图6-5所示。燃烧合成法兴起于20世纪60年代。1967年，苏联科学院化学物理研究所Borovinskaya、Skhiro和

Merzhanov 等人发现了钛硼混合物燃烧合成现象。20世纪 60 年代末，发现许多金属和非金属难熔化合物的燃烧合成现象，并将这种依靠自身反应发热来合成材料的技术称为自蔓延高温合成。20 世纪 80 年代以后，自蔓延高温合成技术开始在世界范围内发展。美国、中国、日本和欧洲在自蔓延高温合成基础上开发了一系列材料反应加工技术，称为非常规自蔓延高温合成技术。随着自蔓延高温合成内涵的扩展，许多学者认为"燃烧合成"比"自蔓延高温合成"更能反映过程的实质。

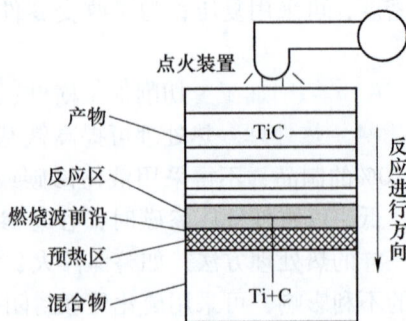

图 6-5 燃烧合成法原理

燃烧合成的优点在于反应温度高，使杂质充分挥发，获得的产品纯度高；反应时间短，容易获得微米级、亚微米级甚至纳米级粉末；致密化温度低，无须高温炉，节能效果显著。

3. 快速凝固

快速凝固（RS）是指采用激冷技术或深过冷技术，在凝固前沿获得极高推进速度的凝固过程。这一过程通常是指液相到固相的相变过程非常迅速，使得金属或合金的熔体迅速凝固成微晶、准晶和非晶态。由于快速凝固的冷却速度达到 10^5 K/s 以上（或凝固线速度每秒数米以上），所制备的金属或合金的冷却速度与常规凝固相比，提高了几个数量级，从而使材料的微观组织和结构发生了许多显著变化，其性能也得到了大幅提升。

快速凝固技术直接推动了新一代材料的出现。金属或合金在快速凝固过程中，其组织结构和固溶能力发生了重大变化。快速凝固技术是细化组织、消除偏析、提高合金固溶度、制取非晶态粉末材料、微晶级和纳米晶级合金材料的有效手段。除了粉末冶金高速钢、粉末冶金高温合金、粉末冶金高强度铝合金外，快速凝固对于镍合金、钛合金、铁合金、铜合金和非晶态合金的发展也做出了重要贡献。对于快速凝固的原理，应用等本书 1.5.3 节已做较为详细的介绍，这里不再赘述。

4. 喷射成形

喷射成形（SP）也称雾化沉积，是金属材料制造和成形的一种新工艺，其基本原理如图 6-6 所示，熔融金属或合金在惰性气氛中借助高压惰性气体或机械离心雾化形成固液两相的颗粒喷射流，并直接喷到较冷基底上，产生撞击、黏结、凝固而形成沉积物。沉积物通过后续的致密化加工得到性能优异的材料。

喷射成形技术的创新在于，将液态金属雾化（快速凝固）与雾化熔滴沉积（熔滴动态致密固化）结合，在一步冶金操作中完成全部过程，即用单一工序直接转化液态金属为具有一定形状、快速凝固组织、整体致密（相对密度可高达99.5%～99.8%）的高性能材料成形坯或半成形坯。

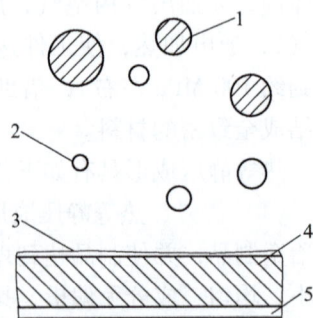

图 6-6 喷射成形原理

1—液滴 2—固体颗粒 3—薄液层
4—沉积物 5—基体

5. 机械合金化

机械合金化（MA）是指金属或合金粉末在高能球磨机中通过粉末颗粒与磨球之间长时间激烈地冲撞、碰撞，使粉末颗粒反复产生冷焊、断裂，导致粉末颗粒中原子扩散，从而获得合金化粉末的一种粉末制备技术，如图 6-7 所示。

机械合金化粉末并非像金属或合金熔铸后形成的合金材料那样，各组元之间充分达到原子间结合，形成均匀的固溶体或化合物。大多数情况下，在有限的球磨时间内仅能使各组元在那些相接触的点、线和面上达到或趋近原子级距离，并且最终得到的只是各组元分布十分均匀的混合物或复合物。当球磨时间非常长时，在某些体系中也可以通过固态扩散，使各组元

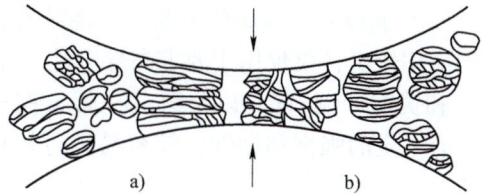

图 6-7　在机械合金化过程中混合物经受磨球-粉末-磨球碰撞
a）粉末冷焊　b）粉末断裂

达到原子间结合而形成合金或化合物。其最广泛的用途是生产用于 1000℃ 以上的镍基、铁基弥散强化高温合金和钛铝、铌硅等金属间化合物。

6. 金属注射成形

金属注射成形（MIM）起源于 20 世纪 20 年代后期，是一种将注射成形和粉末冶金工艺完美结合起来的成形方式，特别适合制造用常规粉末冶金方法难以成形的特殊形状零件，其过程示意图如图 6-8 所示。

注射成形的工艺特点是，通过使加热软化的注射料在压力下流动，均匀充填模腔内各个部位，最终固化形成与模腔的几何形状高度一致的制品。其优势在于能够大批量生产形状复杂、高精度和高性能的零件，并且成本较低。粉末注射成形材料零件精度高，是一种近终形和终形成形技术。在生产条件下，零件尺寸精度可达到 $\pm 0.5\%$，而"精密金属粉末注射成形"技术则可达到 $\pm 0.1\%$。粉末注射成形使用的粉末原料粒度在 $20\mu m$ 以下，活性较高，烧结坯的密度高且成分均匀，因此具有良好的综合性能。

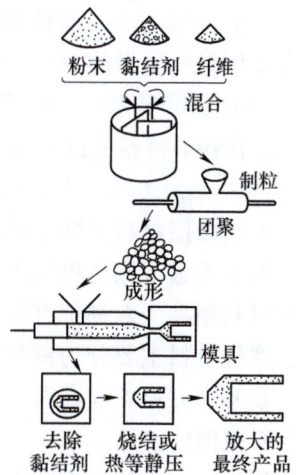

图 6-8　金属注射成形过程示意图

应用金属注射成形技术的产品已广泛应用于汽车、钟表、医疗器械、通用器械、电动工具、五金工具、加工工具、计算机、微电子、办公机械、纺织机械、食品机械、飞机、火箭、体育器具、娱乐器具以及武器装备等领域。

6.2.3　粉末冶金的应用

1. 粉末冶金机械零件

粉末冶金在机械类零件上的应用主要有烧结铁基机械零件、粉末冶金不锈钢、烧结有色金属机械零件。

（1）烧结铁基机械零件　主要用作中等以上负荷零部件的制造材料。烧结铁基机械零件比铁基含油轴承有更高的密度（孔隙度低于 10% 或密度高于 $7.0 \sim 7.6 g/cm^3$）、更高的强度（抗拉强度在 $350 \sim 1100 MPa$），并能保证一定的尺寸精度。

（2）粉末冶金不锈钢　不锈钢的价格通常都远高于钢铁，但由于不锈钢具有耐蚀性、抗氧化性、外观好、耐磨性强、力学性能好的优点，有一些不锈钢还具有淬硬性，还有一些不锈钢是非磁性的，因此不锈钢获得广泛应用。粉末冶金不锈钢零件是粉末冶金技术中的一个重要的发展领域。

（3）**烧结有色金属机械零件**　烧结有色金属材料应用较多的是烧结铜及其合金。烧结纯铜应用较少，仅仅用于要求高导电性和无磁性的场合。常用的烧结铜基合金有青铜（铜-锡）和黄铜（铜-锌）以及铜-镍-锌、铜-镍、铜-铝等合金系。铜基材料具有耐腐蚀的特点，有一定的强度和韧性，较容易进行机械加工。烧结铜基合金零件采用一般的压制、烧结法。

烧结铜基合金多用来制造含油轴承、摩擦材料、电器接点材料、过滤材料以及发汗材料的渗透金属。此外，也可用来制造小型齿轮、凸轮、垫圈、螺母等高密度烧结铜基机械零件。

2. 粉末冶金摩擦材料

粉末冶金摩擦材料是由基体组元、润滑组元和摩擦组元三部分组成的。

（1）**基体组元**　基体组元中，基本组元保证材料的承受能力、热稳定性和耐磨性，一般占摩擦材料质量的50%~90%，辅助组元则用于改善基本组元的性能。

（2）**润滑组元**　一般采用石墨和铅，也可用铋代替铅，一般占摩擦材料质量的5%~25%，有利于材料的抗卡滞性能和抗黏结性能，提高材料的耐磨性。

（3）**摩擦组元**　多采用二氧化硅、石棉、碳化硅、三氧化二铝、氮化硅等。其作用是可以提高摩擦材料的摩擦系数和耐磨性，防止焊接。

粉末冶金摩擦材料是由金属和非金属粉末经过压制烧结而成的，但因其强度不足，因此摩擦材料制品一般都带有钢芯板，呈非金属/钢芯板或双金属形式。按金属粉末不同，粉末冶金摩擦材料主要分为铜基和铁基两大类。铜基摩擦材料工艺性能好，抗黏结、抗卡滞性能好。铁基摩擦材料在高温、高负荷下能显示出更良好的摩擦性能，机械强度高，可在400~1100℃范围内使用。

近年来，为适应不同工作条件的需求，研制出了一些新型摩擦材料，如纸基摩擦材料和碳基摩擦材料。纸基摩擦材料适用于湿式工作环境，因其动、静摩擦系数接近，而适于在滑差离合器中应用。此外，铝基摩擦材料由于质量小，正受到人们的关注，但其制造工艺复杂，成本昂贵，还未能得到普遍推广应用，主要用于航空航天领域的部件。镍基摩擦材料也在发展，主要用于在高温条件下工作的部件，如反应堆。

3. 粉末冶金磁电和功能材料

磁电和功能材料主要有磁性材料、电工材料、形状记忆合金、贮氢材料和超导材料。

（1）**磁性材料**　通常分为具有高矫顽力与高剩磁的硬磁材料及具有低矫顽力与高磁导率的软磁材料以及半硬磁材料。磁性材料可用熔铸法生产，也可用粉末冶金法生产。与熔铸法相比，粉末冶金磁性材料具有的优点是可以生产出具有特殊性能的磁性材料，如铁氧体、磁介质等。

（2）**电工材料**　粉末冶金方法制造的电工材料、广泛用作电气与仪表中的分断和接通电路用电接触元件、电阻焊用电极、电动机上使用的电刷以及电加热元件和热电偶材料。

（3）**形状记忆合金**　除20世纪60年代发现的钛-镍合金外，又先后发现银-镉、金-镉、铜-铝-镍、铜-金-锌、铜-锡、铜-锌等形状记忆合金。这些形状记忆合金都是单向的，即在高温下记忆一定形状的合金，低温下使之变形，高温下又恢复到原来的形状。此时，若将其再放到低温就不能记忆起低温时的形状，这就是所谓的单向记忆。在实际使用中，将这些合金用作机械部件时，希望其能具有高、低温反复使用的形状记忆。新研究出的钛-镍合金是一种双向形状记忆合金，它可制成自动记录笔、仪表指针的驱动构件、温度控制器的断路开关、离合器等工业零部件。钛-镍合金制造工艺是将羰基镍粉与钛粉按一定比例混合，成形后在一定压力下和氢气中，使钛不与氢作用而使氧化镍还原为镍，然后在真空中进行烧结。如果能解决合金经热循环的稳定性，能克服由于母材与记忆合金热膨胀性能的差异而引起的焊缝损坏以及消除电镀层脱落等问题，那么这种材料将十分具有应用前景。

（4）贮氢材料　氢是理想的清洁能源，作为二次能源的开发利用日益受到人们的关注。但如何简便、安全地贮存和运输是广泛利用氢能的主要问题之一。利用金属氢化物来贮氢具有很强的吸引力。目前，广泛研究的贮氢材料有：①以镧-镍为代表的稀土系材料；②以钛-铁为代表的钛系材料；③以镁-镍为代表的镁系材料。其中以镧-镍为代表的稀土系贮氢材料是主要研究方向。可用真空烧结的方法来制取贮氢材料。

（5）超导材料　1911 年，昂奈斯发现电阻随着温度的降低而下降，但不是平均地减小，而是从 4.15K 突然降到零。在此温度下，随着电阻的消失，材料已处于一种新的状态，这种状态被称为超导态，这种材料被称作超导体。发生电阻跃变时的温度，叫作临界温度或转变温度，通常用 T_c 表示。超导材料是绕制 8×10^3 T 以下的大型磁体最合适的材料。大多数的超导材料以金属铌为基。

4. 粉末冶金多孔材料

粉末冶金多孔材料是指用粉末冶金方法制成的、孔隙度通常大于 15% 的金属材料。多孔材料内部孔隙纵横交错，其孔隙度和孔径大小可以控制和再生。这种材料具有优良的透过性能，而且渗透稳定，过滤精度高，具有足够的强度和塑性，有耐高温、抗热振等一系列优良性能。它可在高温或低温下工作，寿命长，制造简单。普通滤纸、滤布的强度低，过滤速度慢，不能在高温下使用，并且难以再生，还易变形又难保证过滤精度。塑料多孔材料虽由球形颗粒制造，过滤性能好，但强度低，使用温度一般不超过 100℃。陶瓷或玻璃多孔材料的塑性、可加工性和耐急冷/急热性能差，因而应用有限。各种编织金属材料丝网与刻蚀网虽然强度高、透过性能好，但在高压下网孔易变形以致影响过滤精度。粉末冶金多孔材料正好弥补了上述不足而得到较快的发展。

5. 难熔金属及其合金材料

难熔金属材料，特别是钨、钼、钽、铌及其合金，是粉末冶金产品中的重要一族。这些材料具有一系列优良特性，如高熔点、低蒸气压、高温强度高、低热膨胀系数，以及在多种介质中的高耐蚀性。例如，钨具有高密度、高弹性模量、高电子发射能力、高导电导热性等，是众多工业部门和高技术领域中不可或缺的材料。

由于难熔金属及其合金材料的熔点高、高温强度高，因此冶炼加工相对困难且能耗巨大。粉末冶金技术可在较低温度下进行烧结，随后对烧结件进行加工，能显著降低能耗，提高材料利用率。采用粉末冶金方法制取的难熔金属材料，晶粒细致，杂质和合金元素偏聚较少，因此除一些特殊要求的产品外，大部分难熔金属材料均采用该工艺制造，甚至有些材料只能通过粉末冶金工艺获取。

6. 粉末高温材料

（1）粉末冶金超合金　超合金是指在 650℃ 以上高应力状态下长时间使用的材料。超合金大约可分为铁基超合金（650~850℃）、钴基超合金（800~1100℃）和镍基超合金（800~1100℃）三类。为改进喷气发动机的效率和使用性能，要求不断研制出强度较高的高温合金。但这些合金在强度增高的同时，常规的热加工性却显著变差，而粉末冶金工艺可以改变这种状态，故常用粉末冶金超合金来替代相应的传统铸锻材料。

(2) 弥散强化材料　弥散强化是一种提高金属基体强度的方法，通过在金属基体中高度分散第二相质点实现。这一方法最早于1949年在烧结铝制品中被发现。弥散强化材料的强度不仅取决于基体和弥散相的本性，还取决于弥散相的数量、粒度、分布、形态以及与基体的结合情况，同时也与制造工艺相关。氧化物由于硬度高、在高温下稳定、对基体金属具有惰性和不溶性，并且能够较有效地制成细颗粒，因此最适合作为弥散相。铝、硅、铍、镁、钛、锆和钇等活性元素的氧化物被认为是最理想的弥散相，因为它们在高温下比铜和镍等惰性金属的氧化物更稳定。

由于熔融金属与氧化物之间的界面能很高，会导致熔体中产生偏析，采用常规的熔铸工艺很难制造弥散强化材料。因此，目前制造弥散强化材料的工艺都采用粉末冶金法。制备弥散强化材料的混合料可以采用组分的简单机械混合、盐溶液共同沉淀、高能球磨进行机械合金化以及内氧化等方法。然后，将混合料进行成形和固结。上述方法在弥散质量和费用方面存在较大差异，因此，在工艺选择时必须进行综合考虑。

(3) 金属间化合物　金属间化合物最初主要通过常规的铸造和锻造方法来制造。然而，在铸造过程中常会出现偏析等问题，特别是在采取合金化措施改善材料性能时，这些问题变得更加严重。因此，粉末冶金技术成为制造这类材料备受关注的方法。粉末冶金工艺的优势在于可以改善金属间化合物材料内部结构的均匀性，制造成本较低且能制成各种最终使用形状的零部件，同时也能制造以金属间化合物为基体的复合材料。

目前，钛-铝、镍-铝和铁-铝系金属间化合物作为高温材料引起了广泛关注和研究。这是因为传统的高温合金材料受到了其自身局限性的限制，而陶瓷材料作为盘件、叶片等材料时未能满足各项性能要求，因此人们开始寄希望于金属间化合物材料。采用粉末冶金方法制造金属间化合物可以通过多种途径实现：可以采用机械合金化制备预合金粉末，然后进行成形和固结；也可以采用注射成形后再进行固结；或者利用反应烧结、反应热等静压以及其他固结方法。

7. 粉末冶金工具材料

(1) 金属陶瓷硬质合金　金属陶瓷硬质合金简称硬质合金，由硬质基体和黏结金属两部分组成。硬质基体主要由难熔金属化合物构成，主要是碳化钨和碳化钛，其次是碳化钽、碳化铌和碳化钒。黏结金属主要采用铁族金属及其合金，以铁为主。硬质相确保合金具有高硬度和耐磨性，而黏结相赋予合金一定的强度和韧性。

(2) 粉末高速钢　粉末高速钢具有优异的力学性能和耐磨性，广泛应用于切削工具、成形工具和耐磨零件的制造。然而，传统的铸锻方法生产的高速钢易产生偏析，导致化学成分不均匀、晶粒粗大的显微组织，从而限制了高速钢的韧性，影响了其使用性能。粉末高速钢由于生产方法的特点，具有细致的晶粒结构，不存在碳化钨聚集，偏析程度低等系列优势，从而提高了工具的使用寿命。

(3) 超硬材料　超硬材料包括金刚石、立方氮化硼等材料，是一类具有竞争力的新型工具材料，近年来得到了快速发展。超硬材料广泛应用于地质勘探、石材加工、机械加工以及玻璃、玉器、电子等加工行业。

8. 金属陶瓷与先进陶瓷材料

（1）金属陶瓷材料　金属陶瓷材料是一种由金属或合金与一种或多种陶瓷相组成的多相组合物，可分为氧化物基、碳化物基、硼化物基和含石墨或金刚石状碳的金属陶瓷四类。在这些材料中，陶瓷相的体积分数通常在 15%~85% 之间，而在制造温度下，金属相与陶瓷相之间的溶解度较小。金属陶瓷中的金属和非金属以微小尺度复合，非金属相通常呈近似于等轴状的细颗粒，以便良好地弥散和黏结在金属基体中。如果陶瓷或金属组分主要呈纤维状，则称为纤维复合材料。陶瓷组分的粒度因系统和应用而异，可以从 $1~2\mu m$ 至 $50~100\mu m$ 不等。金属黏结相可由各种元素组成，如镍、钴、铁、铬、钼、钨等，也可以是其他金属材料，如不锈钢、青铜或高温合金等。

（2）先进陶瓷材料　先进陶瓷材料指的是在电子技术、计算技术、空间技术、能源工程等新技术方面应用的陶瓷材料，而非建筑上常见的陶瓷材料。这些材料在各领域都有着重要应用，如电子技术中需要压电、铁磁性陶瓷；计算技术中需要具有方形磁滞回线的铁磁体陶瓷；空间技术对具有高温强度和良好抗高温氧化性能的材料有特殊要求；能源工程中磁流体发电机需要特种陶瓷作为电极材料；高温燃料电池、高能蓄电池需要采用陶瓷快离子导体作为隔膜材料等。根据材料的性能及主要应用范围，可以将这些陶瓷材料大致分为三大类：结构陶瓷、工具陶瓷和功能陶瓷。

9. 原子能工程材料

原子能工程材料指的是用于原子反应堆的各种材料，包括核燃料、结构材料、反射材料、控制材料、屏蔽材料等。这些材料必须在强辐射、高温、高压等极端条件下工作，因此除了要求具备优良的核性能外，还需要具备尺寸稳定性、优异的物理-力学性能以及各种材料之间的相容性。

粉末冶金技术在原子能工程材料领域发挥着越来越重要的作用，几乎涉及原子反应堆所用材料的各个方面。采用粉末冶金方法生产核材料的原因在于，粉末冶金制备的材料具有以下优点：高熔点、良好的强度，尤其是高温强度；物理化学性能稳定，耐蚀性好；与金属的相容性良好。这些特性使得粉末冶金法成为生产原子能工程材料的有效途径之一。

6.3　硬质合金

硬质合金是通过粉末冶金技术将Ⅳ、Ⅴ、Ⅵ族中的过渡元素（如钛、锆、铪、钒、铌、钽、铬、钨、钼）的碳化物与铁族元素（如铁、钴、镍）以及其他微量元素的粉末进行烧结而成的硬质材料。它具有一系列优良性能，特别是高硬度和耐磨性，即使在高温下仍能保持良好的性能。硬质合金被广泛应用于刀具材料，如车刀、铣刀、刨刀、钻头、镗刀等，用于加工各种材料，包括铸铁、有色金属、塑料、化纤、石墨、玻璃、石材和普通钢材，以及耐热钢、不锈钢、高锰钢、工具钢等难加工的材料。目前，硬质合金可以主要分为以下六大类。

6.3.1　WC-Co（碳化钨基）硬质合金

WC-Co 硬质合金的主要成分为碳化钨（WC）和钴（Co），在用作切削工具和拉深模具时，也可以添加少量（质量分数低于 2%）的其他碳化物，如碳化钽、碳化铌、碳化钒等，而不会改变其使用性能，因此仍属于 WC-Co 硬质合金。与其他含有相同钴含量的硬质合金相比，这类合金具有更高的抗弯强度、抗压强度、冲击韧性和弹性模量，以及较小的线膨胀系数，但耐磨性较差。

根据钴含量的不同，WC-Co 硬质合金可分为低钴、中钴和高钴合金。

（1）低钴合金　钴含量通常为 3%~8%（质量分数，余同），适用于制造切削工具，可用于加工铸铁、有色金属、非金属和部分耐热合金。同时也可用于制造各种拉丝磨具、耐磨零件、高压容器，以及地质、石油工业中的钻头和截煤齿。

（2）中钴合金　钴含量通常为 10%~15%，主要用于制造中硬和硬岩石的冲击钻头，以及冲击载荷不高的冲压模具。

（3）高钴合金　钴含量通常为 20%~30%，主要用于制造冲击载荷较大的冷锻模和冲压模具。

6.3.2　WC-TiC-Co（钨钴钛基）硬质合金

与 WC-Co 硬质合金相比，使用 WC-TiC-Co 硬质合金制造的切削刀具在使用过程中形成"月牙洼"的倾向性较小。因此，在高速切削难加工材料时，刀具的使用寿命较长。不足的是，这类合金的强度较 WC-Co 合金低。

根据碳化钛的含量不同，WC-TiC-Co 硬质合金可以分为低钛、中钛和高钛合金。

（1）低钛合金　碳化钛的含量约为 4%~6%，钴的含量为 9%~15%。这种合金具有较高的强度，适用于冲击载荷较大的碳钢和合金钢的粗切削加工，如钢锭剥皮等有冲击载荷和切削的加工。

（2）中钛合金　碳化钛的含量约为 10%~20%，钴的含量为 6%~8%。这种合金用于冲击载荷较小的碳钢和合金钢的切削加工。

（3）高钛合金　碳化钛的含量约为 25%~40%，钴的含量为 4%~6%。这种合金强度最低，主要用于小断面切削和无冲击载荷的碳钢和合金钢的精细切削。

6.3.3　WCCo-TiC-TaC（NbC）-Co 硬质合金

这类合金中，通常碳化钛的含量为 5%~15%，碳化钽（碳化铌）的含量为 2%~10%，钴的含量为 5%~15%，其余为碳化钨。与钨钴钛基合金一样，WCCo-TiC-TaC（NbC）-Co 硬质合金主要用于钢材的切削加工，但有更好的高温抗氧化性和较好的热抗振性，因此刀具寿命较长。TiC+TaC（NbC）含量小于 10% 的合金既可以加工钢材，又可以加工铸铁，但在加工钢材时，刀具的耐磨性高于 WC-Co 合金。

6.3.4　TiC-Ni（碳化钛基）硬质合金

这类合金由碳化钛、金属镍和金属钼或碳化二钼组成，镍和钼的总含量通常为 20%~30%。主要用于钢材的精切削加工，甚至可以用于钢材的断续精切削加工，并且在切削速度变化较大时，刀具仍具有较长使用寿命。

6.3.5　钢结硬质合金

钢结硬质合金属于工具材料，其性能介于硬质合金与合金工具钢之间。这种硬质合金主要以 WC、TiC、VC 粉末等为硬质相，以铁粉加少量的合金元素为黏结剂，通过粉末冶金法制造而成。它具有钢材的加工性，经退火后可进行切削加工，也可进行锻造和焊接，经淬火与回火后，具有与硬质合金相当的高硬度和高耐磨性，适用于制造各种形状复杂的刀具，如麻花钻、铣刀等，也可以用于较高温度下工作的模具和耐磨零件。

6.3.6　涂层硬质合金

在硬质合金基体表面通过物理、化学、等离子体等气相沉积法涂覆单层或多层碳化物、氮化物、氧化物等难熔硬质化合物，可大幅度提高硬质合金工具的性能和使用寿命。涂层硬质合金具有很高的室温和高温硬度、良好的抗氧化性、抗月牙洼磨损性能、较小的摩擦系数、被加工件表面质量好、工具使用寿命长等一系列独特的优点。因此，这类合金发展极其迅速，合金品种产量不断增加，应用范围也在不断扩大。

复习思考题

6-1　陶瓷的主要组成相有哪些？各自起到什么作用？

6-2　陶瓷的成形方法主要有哪些？比较不同成形工艺的过程及应用。

6-3　陶瓷的烧结起什么作用？烧结方法有哪些？比较各种烧结方法的特点及应用。

6-4　粉末冶金制品的生产中有哪些主要工序？

6-5　金属粉末有哪些工艺性能？

6-6　粉末材料的成形方法有哪些？

6-7　压制成形时，各部位的密度为什么不均匀？采用什么压制方式可改善密度不均匀性？

6-8　粉末冶金工艺中烧结的作用是什么？影响制品烧结质量的因素有哪些？

6-9　简述冷等静压成形和热等静压成形的特点及应用。

6-10　试确定下列粉末冶金零件的粉末制备方法、成形方法和烧结方法。
①铜基含油轴承；②铜基制动闸瓦；③不锈钢过滤器；④高速钢铣刀。

第7章 复合材料及成形工艺

　　复合材料是由两种或两种以上具有不同化学、物理性质的材料复合而成的材料。在自然界中，许多材料都属于复合材料，例如生物材料中的骨头和牙齿，其组成成分包括韧度较高的有机材料（骨胶）与坚硬的结晶材料（磷酸钙）。木材也属于复合材料，它由基体材料（木质素）和纤维分子的链组成。

　　人工制造的复合材料由两种或两种以上不同性质的材料通过物理或化学方法制成。制造复合材料的目的是为了获得原始组分材料所不具备的优越性能或特殊性能。例如，骑摩托车时佩戴的防护帽是由树脂和玻璃纤维复合而成的。玻璃纤维比人的头发还细，直径约为 $10\mu m$，但其强度远高于普通软钢。玻璃纤维在树脂固化后形成玻璃纤维增强复合材料（GFRC），具有很高的强度。

　　除了玻璃纤维，还有碳纤维、硼纤维、聚芳酰胺纤维等与树脂复合而成的材料。这些纤维增强树脂基复合材料（FRC）有时简称为纤维增强复合材料，是复合材料中的典型代表。

　　复合材料由基体材料（Matrix）和增强材料组成。基体材料可以是各种树脂、金属或非金属材料，而增强材料则包括各种纤维状材料或其他材料。增强材料在复合材料中起主要作用，它们提供复合材料的刚度和强度。基体材料则起配合作用，支持和固定纤维材料、传递纤维间的载荷、保护纤维等。基体材料也可以改善复合材料的某些性能，例如，选择树脂作为基体材料可以降低密度，选用陶瓷作为基体材料则可提高耐高温性能，而选择金属作为基体材料则有助于提高韧度和剪切强度。

　　复合材料的性能不仅取决于组分材料各自的性能，还依赖于基体材料与增强材料的界面性质。若两者的黏合性良好，形成较理想的界面，就能提高复合材料的刚度和强度。

7.1 复合材料增强原理、种类及界面设计原则

7.1.1 复合材料增强原理

　　复合材料的增强原理主要包括颗粒增强、纤维增强、短纤维增强和颗粒与纤维混杂增强。无论采用何种原理，复合材料的组成材料之间都形成了界面结构。在外力作用下，这种界面结构会导致组成材料内部产生全新的力学行为，例如，裂纹扩展到达界面时方向的折转、纤维在基体中断裂后的拔出等。这些全新的力学行为赋予了复合材料新的特性。

　　颗粒增强原理根据增强粒子尺寸大小分为两类：弥散增强和颗粒增强。弥散增强复合材

料由弥散颗粒与基体复合而成，其增强机理类似于金属材料的析出强化机理，可以用位错绕过理论解释。在弥散增强原理中，主要由基体承担弥散微粒阻碍基体的位错运动。微粒阻碍基体位错运动能力越大，增强效果越明显。而颗粒增强复合材料由尺寸较大（粒径大于 $1\mu m$）的坚硬颗粒与基体复合而成，其增强原理与弥散增强原理有所不同。在颗粒增强原理中，虽然载荷主要由基体承担，但颗粒也会承受载荷并约束基体的变形。颗粒阻止基体位错运动的能力越大，增强效果就越显著。

对于高性能纤维增强复合材料结构的设计，最常用的方法是层板理论。在层板理论中，纤维复合材料被视为单向层片并按照一定顺序堆叠而成，以确保层板具有所需的性能。通过已知层片中主应力方向的弹性和强度参数，可以预测层板的相应行为。这种设计方法使得高性能纤维增强复合材料具有优异的力学性能和工程应用价值。

7.1.2　复合材料的种类

根据复合材料中增强材料的几何形状，复合材料可分为颗粒弥散复合材料和纤维增强复合材料。最常见的颗粒弥散复合材料是混凝土，它是由砂石、水和水泥混合在一起，经化学反应而形成的坚固的结构材料。金属陶瓷是使氧化物和碳化物微粒悬浮在金属基体中而得到的一种颗粒弥散复合材料，主要用于制造耐蚀工具和高温设备。

纤维增强复合材料按纤维种类可分为玻璃纤维增强复合材料、硼纤维增强复合材料（BFRC）、芳纶纤维增强复合材料（AFRC）以及碳纤维增强复合材料（CFRC）等。各种长纤维的强度比同类的块状材料要高得多。如普通平板玻璃在几十 MPa 的应力下就会破裂，而一般玻璃纤维的强度可达 $3\sim5GPa$。这是因为玻璃纤维非常细，其固有的分子缺陷、表面缺陷非常少，较之块状玻璃，破坏的起始源大大减少，因而强度得到很大提高。

根据基体材料的种类，复合材料可分为三种：聚合物基复合材料（PMC）；金属基复合材料（MMC）；陶瓷基复合材料（CMC）。

聚合物基复合材料中，用得较多的基体有热固性树脂和热塑性树脂两类。在热固性树脂中，环氧树脂的黏合力强，与纤维表面浸润性好，固化成形方便，应用最为广泛。热塑性树脂的加工性能好，当加热到转变温度时会重新软化，易于制成模压复合材料，有较高的断裂韧性。其弱点是弹性模量低，耐热性能差。

金属基复合材料中，用硼、钨、碳化硅等纤维进行强化而得到的纤维增强金属（FRM）具有很高的比强度、比刚度以及高温强度。

陶瓷基复合材料中，碳/碳复合材料（C/C）不仅耐热，而且耐酸、耐磨损，应用于宇宙飞船的防护及制动装置、热压机等。

以碳纤维、芳纶纤维、硼纤维以及高性能玻璃纤维等为增强体的复合材料，通常称为先进复合材料，是用于制造飞机、火箭、卫星、飞船等航空航天飞行器的理想材料。

7.1.3　复合材料的界面设计原则

界面黏结强度在复合材料中扮演着关键的角色，对复合材料的整体力学性能具有直接的影响。

1. 力的传递与稳定性

界面黏结强度确保了基体与增强相之间有效的力传递。这意味着应用在复合材料上的外部负载能够在整个结构中均匀传递，而不是局部集中，从而增强了复合材料的整体稳定性和强度。

2. 脱粘能力

在一定应力条件下，界面层应具有一定的脱粘能力。当外部施加的应力超过一定阈值时，增强相（如纤维）可能从基体中脱离，这种能力有助于吸收外部应力，提高材料的韧性和抗破坏能力。

3. 浸润性与界面化学特性

在聚合物基复合材料中，良好的浸润性对于确保增强材料与基体之间的紧密接触至关重要。如果界面浸润性不良，可能导致空隙的形成，从而降低了界面黏结强度，增加了材料的脆性和开裂的风险。因此，通过表面处理或涂覆涂层等方法来改善界面的化学亲和性是提高界面黏结强度的一种策略。

4. 预防界面反应

在金属基复合材料中，界面反应可能导致不利的脆性界面的生成或合金元素在界面的富集，从而降低了界面的黏结强度。为避免发生这种情况，可以在增强材料表面预先涂覆涂层，以改善浸润性并阻止不良的界面反应。

5. 综合性能改善

对于陶瓷基复合材料来说，界面层需要既提供足够的黏结强度，又具有一定的脱黏性能。这样才能有效地改善陶瓷材料的韧性，确保复合材料具有更好的综合性能。

7.2 常见复合材料的成形工艺

7.2.1 聚合物基复合材料成形工艺

聚合物基复合材料是目前结构复合材料中发展最早、研究最多、应用最广、产量最大的一类。这种类型的复合材料按照基体的性质可以分为热塑性树脂基复合材料和热固性树脂基复合材料。而其增强物可以包括多种类型，如纤维（例如，玻璃纤维、碳纤维、芳纶纤维、超高相对分子质量聚乙烯纤维等）、晶须（例如，碳化硅晶须、氧化铝晶须等）、粒子（例如，氧化铝、碳化硅、石墨、金属等）等。聚合物基复合材料成形主要包括预浸料及预混料成形、手糊成形、袋压成形、缠绕成形、拉挤成形、模压成形等。

1. 预浸料及预混料成形

预浸料和预混料是由增强纤维与树脂系统、填料混合或浸渍而成的半成品形式。它们可以通过各种成形工艺直接制成最终构件或产品。预浸料通常是指定向排列的连续纤维等浸渍树脂后形成的厚度均匀的薄片状半成品，而预混料则是指由不连续纤维浸渍树脂或与树脂混合后形成的较厚的片状、团状或粒状半成品，包括片状模塑料、团状模塑料和注射模塑料。

2. 手糊成形

手糊成形是用于制造热固性树脂复合材料的一种最原始、最简单的成形工艺。手糊成形工艺流程如图 7-1 所示，包括在模具上涂刷含有固化剂的树脂混合物，然后在其上铺贴预先剪裁好的纤维织物，通过刷子、压辊或刮刀挤压织物，使其均匀浸胶并排除气泡。接着涂刷树脂混合物和铺贴第二层纤维织物，反复重复这些步骤直至达到所需厚度。最后，利用热压成形或冷压成形的方法，在一定压力作用下加热固化或利用树脂体系固化时释放的热量固化，最终脱模得到复合材料制品。典型的手糊成形复合材料结构如图 7-2 所示。

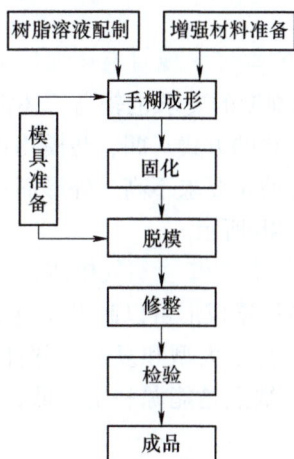

图 7-1　手糊成形的工艺流程

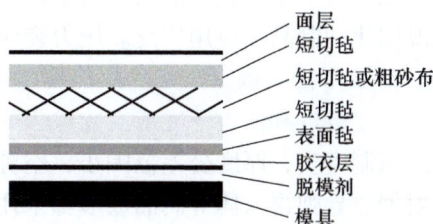

图 7-2　典型的手糊成形复合材料结构

手糊成形是一种劳动密集型工艺，通常用于性能和质量要求一般的玻璃钢制品。具有操作简便、设备投资少、能生产大型及复杂形状制品、制品可设计性好等优点，同时也存在生产率低、制品质量难以控制、生产周期长、制品性能差等缺点。

3. 袋压成形

袋压成形是最早及最广泛用于预浸料成形的工艺之一。根据加压方式的不同可分为真空袋成形、压力袋成形和热压罐成形。袋压成形是借助成形袋与模具之间抽真空形成的负压或从袋外施加压力，使复合材料坯料紧贴模具，经固化成形的方法。袋压成形的最大优点是，仅用一个模具（凸模或凹模），就可以得到形状复杂、尺寸较大、质量较好的制品，也能制造夹层结构件。袋压成形工艺流程如图 7-3 所示。

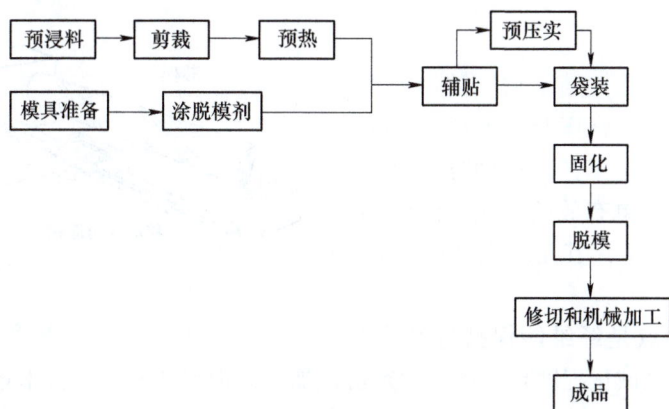

图 7-3　袋压成形的工艺流程

（1）真空袋成形法　该方法是在固化时利用抽真空产生的大气负压对制品施加压力的成形方法。其工艺过程为：将铺贴好的制品毛坯密闭在真空袋与模具之间，然后抽真空形成负压，大气压通过真空袋对毛坯加压，真空袋用具有延展性、强度又高的尼龙膜等材料制成，用具有黏性的密封胶条将其与模具黏接在一起，真空袋内通常放有导气毡以使真空通路通畅。固化完全后卸模取出制品。本方法适用于大尺寸产品的成形，如船体、浴缸及小型的飞机部件。真空袋成形如图 7-4a 所示。

（2）压力袋成形法　该方法是通过向压力袋通入压缩空气实现对毛坯加压的。施加的压力可达 0.25~0.5 MPa，由于压力较高，对模具强度和刚度的要求也较高，还需考虑传热效率，故一般采用轻金属模具，加热方式通常为模具内加热的方式。凹、凸模均可通过压力袋实现加压固化。由于压力袋成形设备简单，常用于制造使用要求不高、外形简单、成形压力不高、室温固化的制品，应用广泛。压力袋成形如图 7-4b 所示。

（3）热压罐成形法　该方法是利用热压罐内部的可控温度和静态气体压力，使复合材料叠层坯料在一定温度和压力下完成固化过程的。采用热压罐成形可以制得高质量的复合材料制品，制品压制密实，厚度公差范围小，空隙含量低，许多大型和复杂的部件，如机翼、卫星天线反射器、导弹再入体等制品成形都采用此方法，缺点是能源利用率低，设备复杂、成本较高。热压罐成形如图 7-4c 所示。

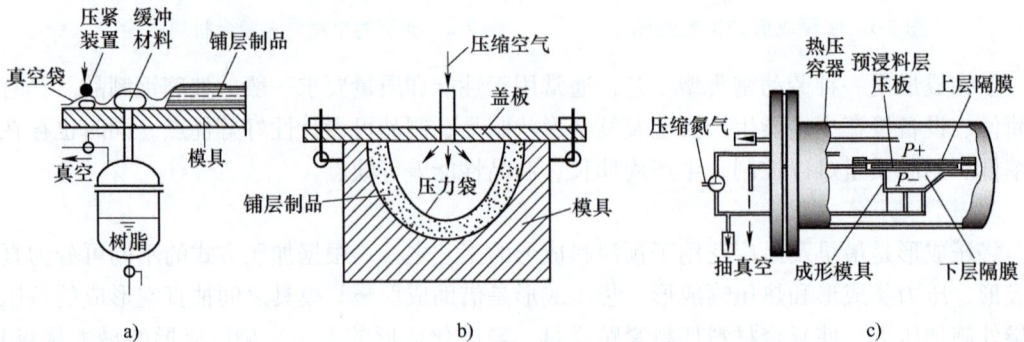

图 7-4　袋压成形方法

a）真空袋成形　b）压力袋成形　c）热压罐成形

4. 缠绕成形

缠绕成形是一种将浸渍了树脂的纱或丝束缠绕在旋转芯模上，在常压及室温或高温下固化成形的复合材料制造工艺。这种方法是生产各种尺寸回转体的简单有效的方法。湿法缠绕是最常见的缠绕方法，其工艺原理如图 7-5所示。

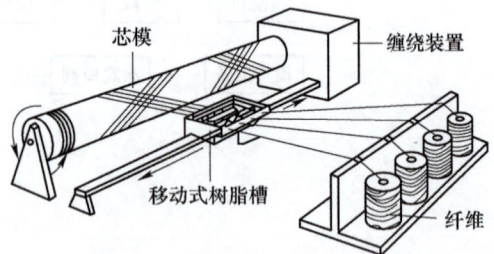

图 7-5　湿法缠绕的工艺原理

缠绕成形的特点是纤维能保持连续完整、制品线型可设计、机械化程度高、产品无须机械加工。但设备复杂、技术难度高、工艺质量不易控制。在航空航天及军事领域，它用于制造火箭发动机壳体级间连接件、雷达罩、气瓶、各种兵器（如小型导弹、鱼雷、水雷等）、直升机部件（如螺旋桨、起落架、尾部构件、稳定器）。在商业领域，它用于制造各种储罐（如石油或天然气储罐）、防腐管道、压力容器、车载升降台悬臂、避雷针、化学储存或加工容器、汽车板簧及驱动轴、汽轮机叶片等的制造。

5. 拉挤成形

拉挤成形是一种高效率、生产连续、恒定截面复合型材的自动化工艺技术。其工艺特点是：纤维连续浸渍树脂后，通过具有一定截面形状的模具成形并固化。拉挤成形的工艺原理如图 7-6 所示，主要步骤包括纤维输送、浸渍、成形与固化、拉拔和切割。可生产的制品包括各种杆棒、平板、空心板或型材等。该方法生产过程连续、生产率高、制品纤维含量高、无须进一步加工，适用于大批量生产管材、异形型材和棒材。拉挤成形的制品广泛应用于绝缘梯子架、电绝缘杆、电缆架、电缆管等电器材料，抽油杆、栏杆、管道、高速公路路标杆、支架、桁架梁等耐蚀结构，钓鱼竿、弓箭、撑竿跳竿、高尔夫球拍杆、滑雪板、帐篷杆等器材，以及汽车行李架、扶手栏杆、建材等。

6. 模压成形

模压成形法是将一定量的模塑料放入金属对模中，在一定的温度和压力作用下，使模塑料在模腔内受热塑化、受压流动并充满模腔成形固化而获得制品的一种方法，如图 7-7 所示。模压法生产率高、产品外观好、精度高、适合大批量生产，但模具要求高，制品尺寸受到限制，高吨位大台面压力机可用于成形大尺寸平板制品和层压板材。

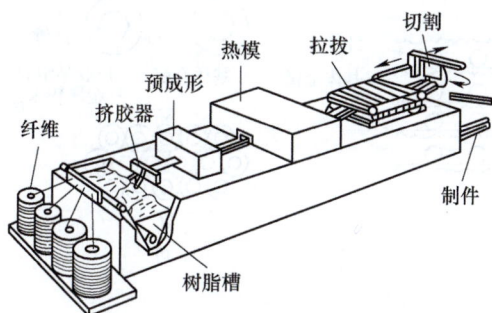

图 7-6　拉挤成形的工艺原理

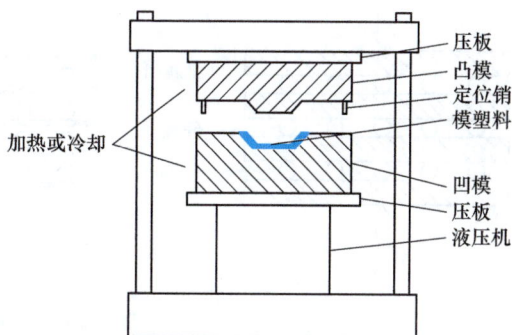

图 7-7　模压成形示意图

模压成形工艺流程如图 7-8 所示，由图可见，模塑料成形前要经预压，即将模塑料在加热条件下压成一定的密实体。预压可以改善模压操作和提高制品质量。压制是模压工艺中最重要、最关键的环节，应严格控制好温度、压力和时间这三个主要参数。

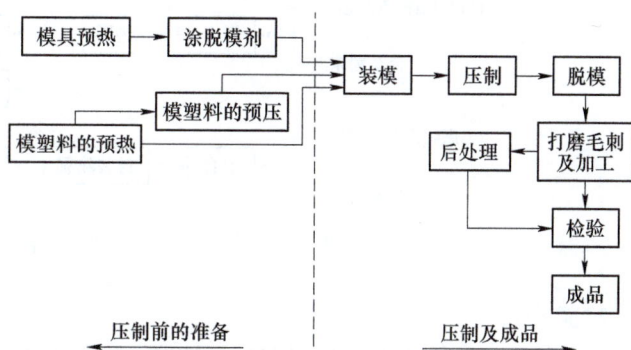

图 7-8　模压成形的工艺流程

7. 其他成形方法

聚合物复合材料的成形方法还有注射成形、喷射成形、树脂传递成形、增强反应注射成形等，读者可参考有关专著。

7.2.2　金属基复合材料成形工艺

金属基复合材料（MMC）是以金属及其合金为基体，与一种或几种金属或非金属增强相人工结合而成的复合材料。金属基体可以是铝、钛、镁、铜等，增强材料大多为无机非金属材料，如陶瓷、碳、石墨及硼等，也可以使用金属丝。金属基复合材料制备工艺主要包括四大类：固态法、液态法、喷涂沉积法和原位复合法。

1. 固态法

金属基复合材料的固态制备工艺主要有扩散结合和粉末冶金两种方法。

热压扩散结合法是一种常用的固相复合工艺，其主要原理是在高温下施加静压力，使纤维与基体扩散结合在一起。具体工艺过程包括按照制品形状、纤维体积密度及增强方向的要求，将金属基复合材料预制条带及基体金属箔或粉末布，经剪裁、铺设、叠层、组装，在低于复合材料基体金属熔点的温度下加压并保持一定时间，使纤维与基体间形成良好的界面结合，得到复合材料制品。其中，热压扩散结合示意图如图 7-9 所示。

粉末冶金法是一种成熟的工艺方法，既可制造复合材料的坯料供挤压、轧制、锻压、旋压等二次加工后制成零部件，也可直接制成尺寸形状准确的复合材料零件，减少后续加工，其工艺流程如图 7-10 所示。在粉末冶金法中，合金粉末和增强颗粒（晶须）可根据需要以任意比例混合，颗粒大小也可在较大范围内选择。然而，该方法的材料成本较高，制造大尺寸的零件和坯料仍存在一定困难。

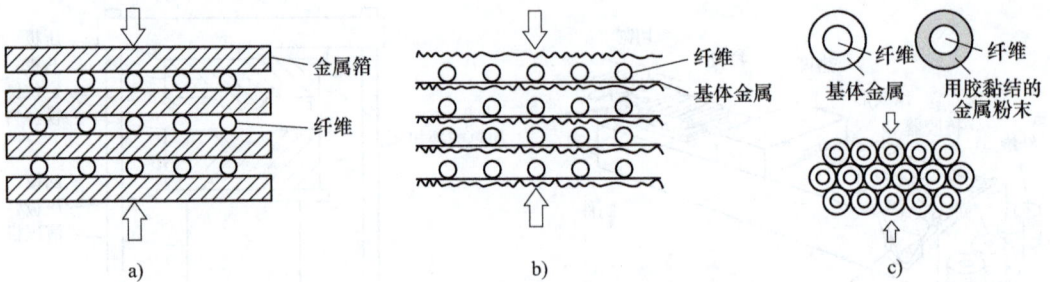

图 7-9　热压扩散结合示意图

a）金属箔复合法　b）金属无纬带重叠法　c）表面涂金属的纤维结合法

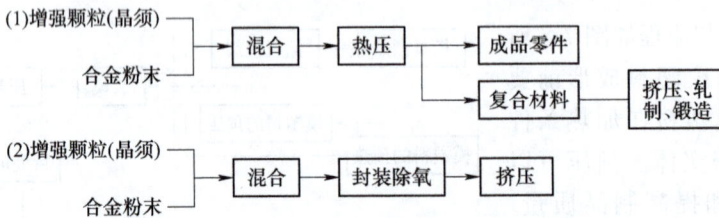

图 7-10　粉末冶金法制造金属基复合材料的工艺流程

2. 液态法

液态法包括压铸成形、半固态复合铸造、液态渗透法以及搅拌铸造法等，这些方法的共同特点是在制备复合材料时，金属基体处于液态或半固态状态。

（1）压铸成形　压铸成形是指在压力作用下，将液态或半液态金属基复合材料以一定速度充填压铸模型腔，在压力下凝固成形而制备金属基复合材料的方法，典型压铸成形的工艺流程如图 7-11 所示。

（2）半固态复合铸造　半固态复合铸造是指将颗粒加入处于半固态的金属基体中，通过搅拌使颗粒在金属基体中均匀分布，然后浇注成形，如图 7-12 所示。

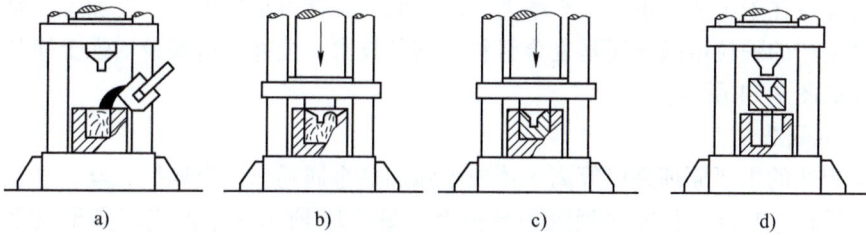

图 7-11　典型压铸成形的工艺流程

a）注入复合材料　b）加压　c）固化　d）顶出

（3）液态渗透法　液态渗透法是指以金属液渗入增强体制成复合材料的方法，可以通过多种铸造方法实现，真空压力铸造法是其中最有代表性的一种，其成形原理如图 7-13 所示，将纤维增强体预制件装入铸型后置于装置的上部，在抽真空的同时进行预热，待达到一定的真空度和温度后将铸型放入盛有熔融金属的容器中（或容器上升），然后通入高压惰性气体施加压力。在真空和压力的共同作用下，液态金属迅速充满预制件的所有孔隙；最后将铸型提起（或容器下降）并迅速冷却，以防止或减少基体金属与纤维之间发生化学作用。

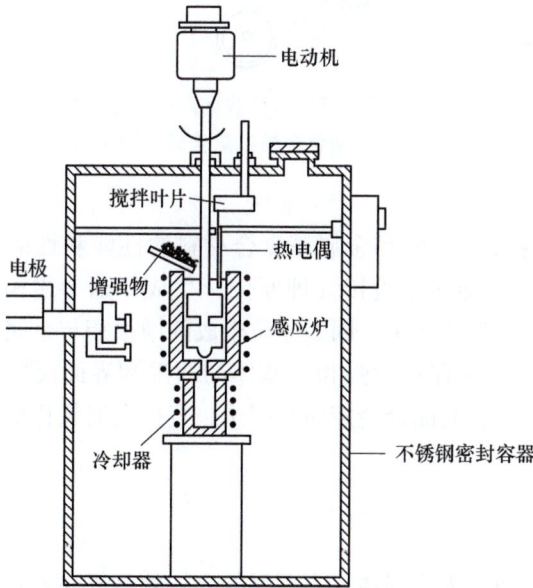

图 7-12　半固态复合铸造工艺示意图

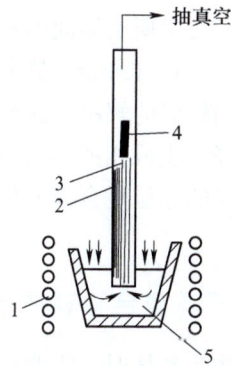

图 7-13　真空压力铸造法成形原理

1—加热元件　2—铸件　3—纤维增强体预制件
4—冷却块　5—熔融金属

（4）搅拌铸造法　搅拌铸造法是最早用于制备颗粒增强金属基复合材料的一种弥散混合铸造工艺。搅拌铸造法有两种方式：一种是在合金液高于液相线温度时进行搅拌，称为"液态搅拌"；另一种是当合金液处于固相线与液相线之间时进行搅拌，称为"半固态搅拌铸造法"或"流变铸造"。无论是哪种方式，其基本原理都是在一定条件下，对处于熔化和半熔化状态的金属液，施加以强烈的机械搅拌，使其能形成高速流动的漩涡，并导入增强颗粒，使颗粒随漩涡进入基体金属液中，当在搅拌力作用下增强颗粒弥散分布后浇注成形。搅拌铸造法的优点在于工艺简单、生产率高、成本低、铸锭可重熔进行二次加工，是一种实现商业化规模生产的颗粒增强金属基复合材料的制备技术。搅拌铸造颗粒增强金属基复合材料的工艺过程如图 7-14 所示。

3. 喷涂沉积法

喷涂沉积法的主要原理是以等离子体或电弧加热金属粉末或金属线、丝，甚至增强材料的粉末，然后通过喷涂气体喷涂到沉积基板上，图 7-15 所示为电弧或等离子喷涂形成纤维增强金属基复合材料的示意图。首先将增强纤维缠绕在已经包覆一层基体金属并可以转动的滚筒上，基体金属粉末、线或丝通过电弧喷涂枪或等离子喷涂枪加热形成液滴。基体金属熔滴直接喷涂在沉积滚筒上与纤维相结合并快速凝固。

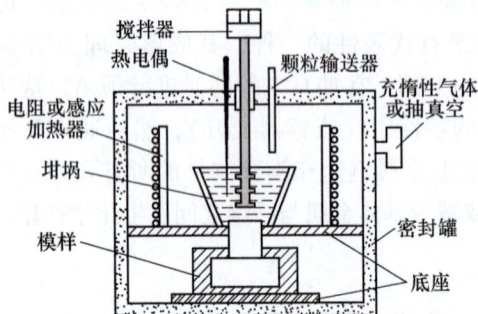

图 7-14　搅拌铸造颗粒增强金属基
复合材料的工艺过程

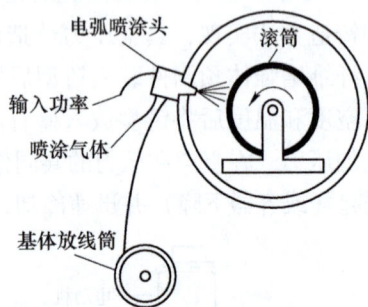

图 7-15　电弧或等离子喷涂形成纤维
增强金属基复合材料的示意图

4. 原位复合法

增强材料与金属基体间的相容性问题往往会影响到金属基复合材料的性能和性能稳定性。如果增强材料（纤维、颗粒或晶须）能从金属中直接（即原位）生成，则上述相容性问题可以得到较好的解决，这就是原位复合材料的来源。因为原位生成的增强相与金属基体界面接合良好，生成相的热力学稳定性好，也不存在增强相与基体的润湿和界面反应等问题。目前开发的原位复合或原位增强方法主要有共晶合金定向凝固法、直接金属氧化法和反应生成法。

7.2.3　陶瓷基复合材料成形工艺

以陶瓷作为基体时，需要添加纤维或晶须作为增强体，主要目的之一就是提高陶瓷的韧性，所形成的复合材料称为陶瓷基复合材料。用于复合材料的陶瓷基体主要有玻璃陶瓷、氧化铝、氮化硅、碳化硅等。陶瓷基复合材料的制备工艺很多，大致可以分为：浆料浸渗−热压烧结法、直接氧化法、先驱体转化法、化学气相渗透法、反应性熔体浸渗法和溶胶−凝胶法六种。

1. 浆料浸渗−热压烧结法

（1）工艺流程　浆料浸渗−热压烧结法是一种传统的制备陶瓷基复合材料的方法，该方法的工艺过程如图 7-16 所示。即先让纤维束通过一个含有超细基体陶瓷粉末的浆料容器中使之浸渍，使陶瓷料浆均匀涂挂在每根单丝纤维的表面；然后将浸挂浆料的纤维缠绕在卷筒上，烘干、切割，得到纤维无纬布；将无纬布按所需规格剪裁成预制片；最后将预制片在模具中叠排和合模后加压加温，经高温去胶和烧结后，制成陶瓷基复合材料。

（2）工艺特点

1）比常压烧结的温度低，且烧结时间短。由于采用热压方法进行烧结，复合材料的致密化时间仅约 1h。

2）所制备复合材料的致密度和性能高，这主要是因为在机械压力作用下，可促进复合材料的充分烧结，显著减少复合材料内部的残余孔隙，保障材料的力学性能。

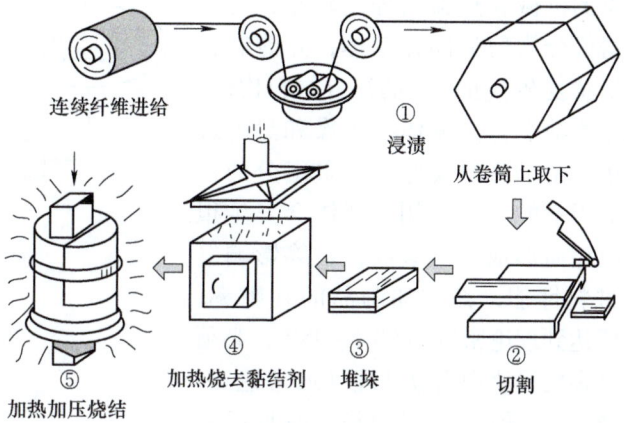

图7-16　浆料浸渗-热压烧结法的工艺过程

3）生产率较低，只适用于单件和小批量生产，工艺成本较高。

4）复合材料的结构和形状受限。由于纤维预制体是通过铺层的方法获得的，因此只能用于制备形状简单的复合材料，而且制备的材料性能具有明显的各向异性，垂直于加压方向的性能与平行于加压方向的性能有显著差别。

5）纤维与基体的比例较难控制，纤维在成品中不易均匀分布。

2. 直接氧化法

（1）工艺流程　直接氧化法可以说是由浆料浸渗-热压烧结法演变而来的，是通过熔融金属与气体反应直接形成陶瓷基体的一种方法，其工艺过程如图 7-17 所示。这种工艺最早是由美国 Lanxide 公司发明的，故又称 LANXIDE 法，其制品已经用于坦克防护装甲材料。该方法按部件的形状首先制备增强材料预制体，增强材

图7-17　直接氧化法的工艺过程

料可以是颗粒或由缠绕纤维压成的纤维板等；然后在预制体表面放上隔板以阻止基体材料的生长。金属熔液一方面在虹吸作用下浸渗到预制体中；另一方面在高温下与空气中的氧气发生直接氧化反应，沉积并包裹在纤维周围，进而形成陶瓷基复合材料。

（2）工艺特点　直接氧化法目前主要采用金属铝来制备氧化铝陶瓷基复合材料。虽然通过氧化反应生成氧化物的金属很多，但是有些金属往往熔点很高或者生成的氧化物不适合用作结构陶瓷，因此该方法在实际应用中受到限制。直接氧化法的潜在优势是工艺相对简单、成本较低、制成的部件具有良好的机械强度和韧性。但缺点是难以控制化学反应而获得完全的陶瓷基体（因为总有一些残余金属存在），对材料的高温性能造成不利影响。

3. 先驱体转化法

（1）工艺流程　先驱体转化法是以先驱体聚合物溶解或熔化后，在真空-气压的作用下浸渍到纤维预制体内部，然后经过干燥或者交联固化，再经过高温处理使聚合物热解转化为陶瓷基复合材料的方法。先驱体转化法制备陶瓷基复合材料的基本工艺流程如图 7-18 所示。

（2）工艺特点　先驱体转化法的主要优点是裂解温度较低，可在无压情况下烧成，对

纤维的机械和热损伤程度较小，可以获得成分均匀的陶瓷基体，并能制备出形状复杂、近尺寸的复合材料构件。其主要缺点是先驱体在干燥和热解过程中，由于溶剂或低分子量组分的挥发等因素的综合作用，基体会发生很大收缩而形成大量裂纹，最终影响复合材料性能，并增加制品的孔隙率。若要达到理论密度的90%~95%，必须经过多次浸渍和高温处理（通常达6~10次），不但制备周期长，而且反复高温处理也易损伤纤维，影响其实际应用。

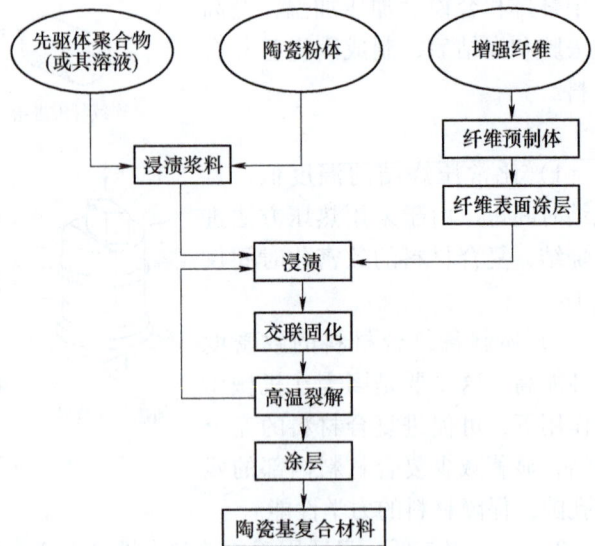

图7-18 先驱体转化法制备陶瓷基复合材料的基本工艺流程

4. 化学气相渗透法

（1）工艺流程 化学气相渗透法起源于20世纪60年代中期，是在化学气相沉积法基础上发展起来的一种制备陶瓷基复合材料的新方法。其原理是将具有特定形状的纤维预制体置于沉积炉中，通入的气态先驱体通过扩散、对流等方式进入预制体内部，在一定温度下因热激活而发生复杂的化学反应，生成固态的陶瓷类物质，并以涂层的形式沉积于纤维表面；随着沉积的持续进行，纤维表面的涂层越来越厚，纤维间的孔隙越来越小，最终各涂层相互重叠，成为材料内的连续相，即陶瓷基体。

（2）工艺特点 与其他工艺相比，化学气相渗透法工艺具有以下优点和不足：

1）在无压和相对低温条件下进行，纤维类增强物的损伤较小，可制备出高性能（特别是高断裂韧性）的陶瓷基复合材料。

2）通过改变气态先驱体的种类、含量、沉积顺序、沉积工艺，可方便地对陶瓷基复合材料的界面、基体的组成与微观结构进行设计。

3）由于不需要加入烧结助剂，所得到的陶瓷基体在纯度和组成结构上优于常规方法得到的陶瓷基体。

4）可形成形状复杂、纤维体积分数较高的陶瓷基复合材料。

5）对用其他工艺制备的陶瓷基复合材料或多孔陶瓷材料可进行进一步的致密化处理，减少材料内部存在的开孔孔隙和裂纹。化学气相渗透法也存在一定的不足之处，主要是成形周期较长、成本高。

目前化学气相渗透法已经实现了工程应用，当前从事这一领域研究工作的主要单位和机构有法国波尔多大学、德国卡尔斯鲁厄理工学院、美国橡树岭国家实验室等。从20世纪80年代开始，我国西北工业大学、中国科学院上海硅酸盐研究所、国防科技大学等单位相继开展了陶瓷基复合材料的化学气相渗透法的工艺研究，目前已经进入工程化阶段。

5. 反应性熔体浸渗法

（1）工艺流程 反应性熔体浸渗法起源于多孔材料的封堵和金属基复合材料的制备。以制备C与SiC混合基体复合材料为例，首先制备出低密度的多孔C/C（碳/碳）基复合材料，然后将硅熔化，在毛细管力的作用下，硅熔体渗入到多孔 C/C 基复合材料内部，同时与基体碳发生化学反应生成 SiC 陶瓷基体。

（2）**工艺特点** 反应性熔体浸渗法具有以下优点和不足：

1）制备周期较短，是一种典型的低成本制造技术。

2）能够制造出几乎完全致密的复合材料。

3）在制备过程中体积变化小。

4）在硅熔体渗入到多孔 C/C 复合材料与基体碳反应的过程中，也不可避免地与碳纤维反应，从而造成对纤维的损伤，复合材料的力学性能较低。

5）复合材料内部存在一定量的游离 Si，会降低材料的高温力学性能。

6. 溶胶-凝胶法

溶胶-凝胶技术是指金属有机或无机化合物经溶液、溶胶、凝胶而固化，再经热处理生成氧化物或其他化合物固体的方法。这种方法出现于 19 世纪中叶，但是直到 20 世纪 30 年代至 70 年代，材料学家才把胶体化学原理用于制备无机材料，提出了通过化学途径制备陶瓷的概念，并称该法为化学合成法或 SSG（Solution-Sol-Gel）法。这种方法在制备材料初期就着重于控制材料的微观结构，使均匀性可达到微米级、纳米级甚至分子级水平。20 世纪 80 年代是溶胶-凝胶法科学技术发展的高峰时期。目前溶胶-凝胶法已用于制造粉末、块状材料、玻璃纤维、陶瓷纤维、薄膜、涂层及复合材料。

溶胶-凝胶法的优点是基体成分容易控制，复合材料的均匀性好，加工温度较低；其缺点是所制得的复合材料的断面收缩率大，导致基体常发生开裂，为增加致密性要求进行多次浸渍。此方法已用于制备 SiC 晶须（SiCw）增强 SiO_2-Al_2O_3-Cr_2O_3 陶瓷。具体方法是将 SiCw 加入到 SiO_2-Al_2O_3-Cr_2O_3 系统溶胶中，经凝胶化、热处理和在 1400℃烧结后，复合材料的断裂韧性（K_{IC}）达 4.3 $MPa \cdot m^{1/2}$，维氏硬度大于 1100HV，相对致密度达 90%。

7.2.4 碳/碳基复合材料成形工艺

碳/碳基复合材料是一种由碳纤维及其制品（如碳毡或碳布）增强的碳基复合材料。

根据碳/碳基复合材料使用的工况条件、环境条件和所要制备的具体构件，可以设计和制备不同结构的碳/碳基复合材料。此外，可以利用不同编织方式的碳纤维作为增强材料，制成预成形体。图 7-19 中展示了三维、四维和五维结构的碳/碳基复合材料预成形体。

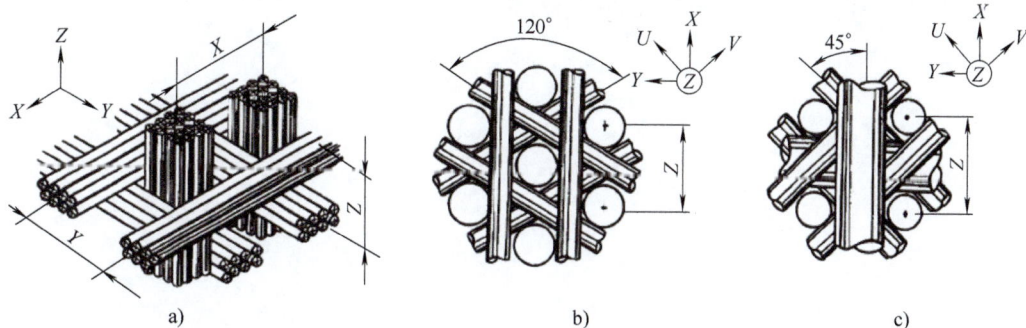

图 7-19 碳/碳基复合材料预成形体
a）三维结构 b）四维结构 c）五维结构

　　基体碳可以通过化学气相沉积或浸渍高分子聚合物后炭化获得。制备工艺主要包括化学气相沉积（CVD）工艺和液态浸渍−炭化工艺。在制备过程中，温度、压力和时间是主要的工艺参数。

　　碳/碳基复合材料继承了碳和石墨材料的优点，包括密度低、优异的热性能、高导热性、低热膨胀系数以及对热冲击不敏感等特性。此外，碳/碳基复合材料还表现出了优异的力学性能，如高温下的高强度和模量，尤其是在高温下强度不但不降低，反而会增加的特性，以及高断裂韧性和低蠕变特性，这些特性使得碳/碳基复合材料成为目前唯一可用于高温达2800℃的高温复合材料，并在航空航天、核能、军事以及一些民用工业领域得到广泛应用。

复习思考题

7-1　复合材料的成形工艺有何特点？增强剂的类型对成形方法有哪些影响？

7-2　树脂基复合材料成形方法主要有哪些？比较它们的特点及应用。

7-3　金属基复合材料成形方法主要有哪些？比较它们的特点及应用。

7-4　陶瓷基复合材料的成形方法主要有哪些？比较它们的特点及应用。

7-5　碳/碳基复合材料的成形方法主要有哪些？比较它们的特点及应用。

第8章　材料表面工程技术

材料表面技术是通过物理、化学或机械的方法，使材料及其制品的表面获得所要求的化学成分和组织结构，从而改善和提高材料表面性能的应用科学。表面改性技术可以在不明显影响基体材料性能的情况下明显提高材料的表面性能，如耐蚀性、抗高温氧化性、耐磨性、减摩性、润滑性及抗疲劳性等，从而延长产品的使用寿命或赋予材料表面特殊功能。随着现代工业和高新技术的发展，对材料及其制品表面的综合性能要求越来越高，促进了表面工程技术的迅速发展和在工业生产中的应用。按加工原理不同，表面工程技术可分为电镀、化学镀、热喷涂、表面合金化和化学转化膜等。

8.1　电镀

电镀是利用电化学中阴极沉积原理在制品表面形成均匀、致密、结合良好的金属或合金沉积层的过程。电镀可改善制品的外观，提高材料的力学性能、耐蚀性、耐磨性及获得某些特殊功能。按镀层的作用不同，电镀可分为装饰性电镀、防护性电镀、功能性电镀和刷镀等。

8.1.1　装饰性电镀

装饰性镀层是以外观装饰为主要目的而又具有一定防护性能的镀层，按镀层成分不同，可分为铜镀层、镍镀层和复合镀层等。由铜、镍、铬依次镀覆的复合镀层具有优良的装饰和防护性能，在自行车、摩托车、轿车等的制造中应用广泛。

8.1.2　防护性电镀

防护性镀层是以防护性能为主要目的而又具有一定装饰性的镀层，如锌镀层、镉镀层等。常用的镀锌方法有碱性锌酸盐镀锌、氯化钾镀锌、氰化物镀锌等。为了提高锌镀层的耐蚀性，改进涂层与基体间的结合力，镀锌后必须进行铬酸盐钝化处理，使镀锌层表面生成一层稳定性高、组织致密的钝化膜。锌镀层外表美观、装饰性好且具有良好的机械保护和电化学保护性能，是一种用量大、使用面广的防护性镀层。

8.1.3　功能性电镀

功能性镀层主要用于获得某种特定功能而又具有一定装饰性的电镀层，如耐磨镀层、润滑镀层、电气特性镀层和光学特性镀层等。

1. 耐磨镀层

耐磨镀层包括镀硬铬层、化学镀镍层、镍基复合镀层（如 Ni-SiC，Ni-Al$_2$O$_3$ 等），镀层硬度较高，具有优良的耐磨性。活塞杆、活塞环、气缸和曲轴等零部件广泛采用耐磨镀层。

2. 润滑镀层

润滑镀层具有较低的摩擦系数、良好的保油性和磨合性。例如，硬铬层中弥散聚四氟乙烯具有很低的摩擦系数，松孔镀硬铬层的保油性好，Pb-Sn（10%）、Pb-In 等合金镀层具有良好的磨合性。气缸、活塞环、轴承和各类轴瓦等零部件广泛采用润滑镀层。

3. 电气特性镀层和光学特性镀层

电气特性镀层中，铜、银、金等镀层具有优良的导电性，用于印制电路板、接线板等；钴磷、镍钴等镀层具有良好的磁性，用于磁盘、磁带、磁头等。光学特性镀层中金、银、镍铬等镀层具有良好的光反射性，用于反射镜、反射板等。

8.1.4 刷镀

刷镀是利用一个与阳极连接并能够提供电解液的电极或刷头，在阴极零件上移动而进行选择性电镀的方法，其工作原理与电镀相同，仅施镀方式不同。

1. 刷镀的工艺过程

图 8-1 所示为刷镀的工艺过程。镀笔端部为不溶性石墨或铅，用柔软易吸水的脱脂棉包裹。直流电源的正极通过导线与镀笔相连，负极通过导线与工件相连。用阳极包套蘸取电解液或用输液泵把电解液输送至阳极包套上，并在工件表面做相对运动实现镀覆。刷镀铜的镀液成分为硫酸铜和有机胺络合剂等，刷镀镍的镀液成分为无机镍盐和有机镍盐等。

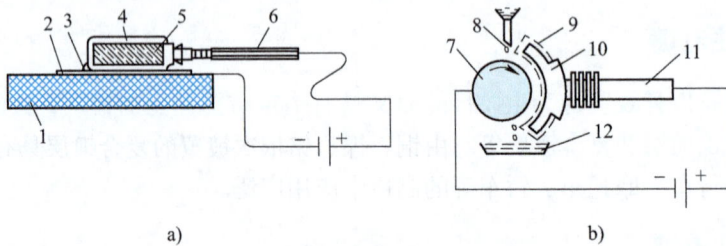

图 8-1 刷镀的工艺过程

a）平面零件刷镀　b）圆柱零件刷镀

1、7—工件　2—镀层　3、8—镀液　4、9—包套　5、10—阳极　6、11—镀笔　12—集液盘

2. 刷镀的工艺特点及应用

刷镀无须镀槽、电流密度高、生产率高，并且可针对大型构件的局部磨损在现场进行不拆卸修复；易于镀覆带有凹槽或不通孔的零件，镀后一般无须切削加工；镀层厚度范围宽（一般为 0.001~2mm），且可获得耐磨、耐蚀等特殊功能；对环境污染小。刷镀在零件制造和维修中的应用十分广泛，适用于碳钢、铝合金、不锈钢、高熔点合金等材质零件以及

有耐磨、耐蚀等特殊性能要求的零件的局部修复，尤其适用于大型工件和难拆卸设备的现场维修。

8.2 化学镀

化学镀又称为自催化镀，是在经活化处理的基体表面上，镀液中的金属离子被催化还原形成金属镀层的过程。常用的化学镀工艺有镀镍、镀铜等。

8.2.1 化学镀镍

化学镀镍的镀液成分主要为硫酸镍和次亚磷酸钠等。镀层为 Ni-P 或 Ni-B 等合金。化学镀镍层的耐蚀性、抗药品侵蚀性、抗高温氧化性和软钎焊性能好，热处理后的硬度高，适用于耐磨件、耐蚀件或电子元件、线路板等。

8.2.2 化学镀铜

化学镀铜的镀液成分主要为硫酸铜和酒石酸钾钠等，所制备的镀层一般很薄（约 $0.1 \sim 0.5 \mu m$），导电性优良。化学镀铜主要用于非导体材料的金属化处理，例如，塑料制品表面的金属化和印制电路板。

化学镀无须外加电源，可在形状复杂的零件表面形成均匀、致密的镀层，亦可获得耐蚀、耐磨等特殊性能；但缺点是镀液的使用寿命短、废水排放量大、成本较高、易污染环境且镀覆速度较慢。

8.3 热喷涂

热喷涂是将熔融状态的喷涂材料，通过高速气流使其雾化喷射到零件表面上，形成喷涂层的一种表面改性方法。按热源不同，热喷涂可分为电弧喷涂、火焰喷涂和等离子喷涂等不同类型。

8.3.1 电弧喷涂

电弧喷涂是以电弧为热源的热喷涂方法。电弧喷涂利用两根形成涂层材料的消耗性电极丝之间产生的电弧为热源，加热熔化电极丝，并通过压缩气体将其雾化喷射到基体上形成涂层，其工艺过程如图 8-2 所示。

电弧喷涂时的温度高（5000 ~ 5700℃）、喷速高（100 ~ 180m/s）、涂层与基体的结合强度较高，且具有较高的生产率和较低的生产成本，因此常用于钢铁构件的修复、粉末表面强化、防腐蚀等，特别适用于制备厚度较大的涂层或大面积涂层制备。

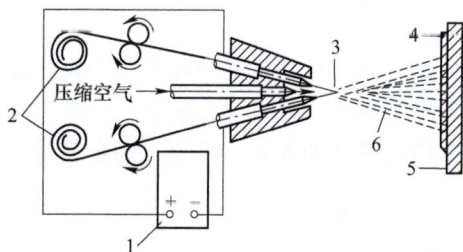

图 8-2 电弧喷涂的工艺过程
1—直流电源 2—电极丝 3—电弧
4—镀层 5—工件 6—雾滴

8.3.2 火焰喷涂

火焰喷涂是以气体火焰为热源的热喷涂方法，其工艺过程如图 8-3 所示。常用的可燃气体有乙炔、丙烷、氢气和天然气等，由于采用乙炔可获得较高温度，应用最普遍。

喷涂材料可采用线材或金属粉末。火焰粉末喷涂温度较低（氧乙炔火焰温度为 3100～3160℃），喷速较低，故涂层孔隙度较高，结合强度较低。先进的超音速火焰粉末喷涂的焰流速度高达 2000m/s，喷涂形成的涂层致密、结合强度高。火焰喷涂可用于制备金属、合金、陶瓷、金属陶瓷、塑料等涂层，适用于钢铁构件的防腐蚀和表面强化、修复等。

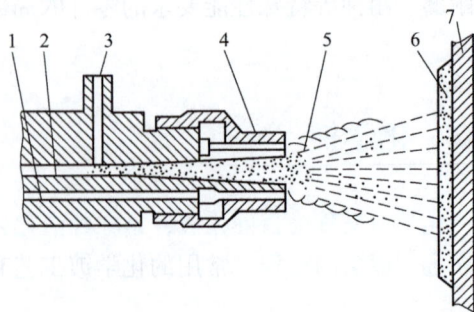

图 8-3 火焰喷涂的工艺过程

1—氧气 2—可燃气 3—喷涂粉末 4—喷嘴
5—燃烧火焰 6—涂层 7—基体

8.3.3 等离子喷涂

等离子喷涂是以等离子弧为热源的热喷涂方法，其工艺过程如图 8-4 所示。在等离子发生器（喷枪）的两极间通以直流电，再通入电离介质（如 Ar、N_2 等），借助高频火花作用在两极间产生等离子弧。弧温高达 10000～20000℃，焰流速度高（可达 200m/s），涂层致密性高且结合强度高。可喷涂金属、陶瓷、碳化物及其混合材料，特别适用于制备热障涂层和超高温耐烧蚀涂层，因此在航空航天领域使用较多。

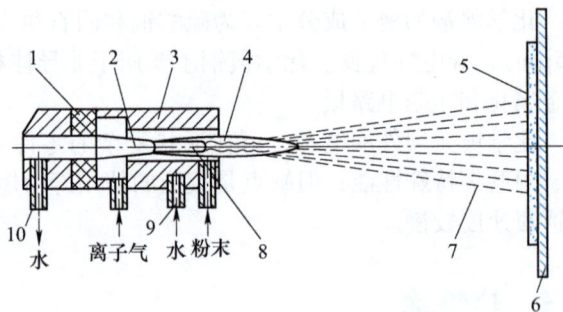

图 8-4 等离子喷涂的工艺过程

1—绝缘体 2—阴极 3—阳极喷嘴 4—等离子弧焰
5—涂层 6—工件 7—粉末粒子束 8—等离子弧
9—电源正极 10—电源负极

8.4 表面合金化

将一种或几种元素渗入基体金属，改变其表层成分和组织，并提高耐磨、减摩、耐蚀或抗氧化等性能的方法称为表面合金化。常用的表面合金化工艺有气相沉积、高能射束法等。化学热处理（如渗碳、渗氮、渗金属等）也属于表面合金化的范畴。

8.4.1 气相沉积

气相沉积是利用气相反应在工件表面形成薄膜的工艺，其原理是通过气相中发生的物理、化学过程，改变工件表面成分，以制备功能性或装饰性的化合物膜层。气相沉积通常是在工件表面覆盖约 0.5～10μm 的一层过渡族元素（Ti、V、Cr、Zr、W、Mo 等）的碳、氮、氧及硼等的化合物，从而赋予工件表面高硬度、耐磨、耐蚀、抗高温氧化性能或特殊的光学、电学性能，可用于钢、有色金属、合金、塑料、陶瓷等各种基体材料。

按作用原理不同，气相沉积可分为化学气相沉积（CVD）和物理气相沉积（PVD）两大类。

1. 化学气相沉积

化学气相沉积是通过化学气相反应在工件表面形成薄膜的工艺，其工艺过程如图 8-5 所示。在真空度≤1Pa 的反应室中，通过气相中进行的热分解、还原或置换反应提供沉积所需的活性成分并与工件表面产生反应形成沉积层。沉积温度主要取决于采用的反应气体。例如，采用 WCl_6-C_6H_6-H_2 沉积碳化钨时，沉积温度一般高于 950℃；采用 $W(CO)_6$ 沉积钨或碳化钨时，沉积温度则在 600℃以下。

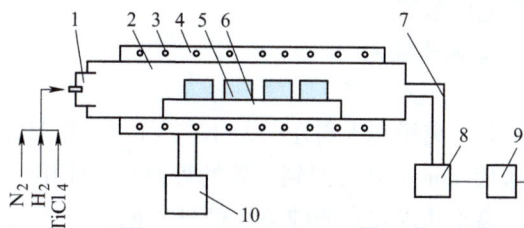

图 8-5　化学气相沉积的工艺过程

1—进气系统　2—反应器　3—加热炉丝　4—加热炉体
5—工件　6—夹具　7—排气管　8—机械泵
9—废水处理系统　10—加热炉电源及测温仪表

为促进反应气体的分解和活化，可采用等离子体或激光等进行激发，也可采用适当的活化剂，使反应气体的分子激发（反应）形成活性离子，从而大大降低沉积温度（可低至 200~400℃）或提高沉积速率，以利于减小工件变形、节约能源和提高效率。

2. 物理气相沉积

物理气相沉积是在真空加热条件下利用蒸发、辉光放电、弧光放电、溅射等物理方法提供原子、离子，使之在工件表面沉积形成薄膜的工艺，主要包括蒸镀、离子镀、溅射沉积等。

（1）蒸镀　即在真空度≤$1×10^{-3}$Pa 的反应室中，在蒸发源和工件间设置强度适当的电场，用电子束加热并产生等离子体，以加速气相反应。

蒸镀的工艺简单，可制备非常纯净且有特定结构和性能的镀层，但镀层结合力较低且孔壁无法镀覆，常用于制备光学透镜反射膜、装饰膜、电子元器件镀膜等。

（2）离子镀　离子镀是指在真空条件下，利用气体放电使气体或被蒸发物质部分电离，并在气体离子或被蒸发物质离子的轰击下，将蒸发物质或其反应物沉积在基体上的方法，其工艺过程如图 8-6 所示。

使用离子镀方法制备的镀层结合力强、均匀性好、无污染、取材范围广且能相互搭配，因此常用于制备零件的抗蚀、装饰、抗磨或具有电气特性的镀层。

（3）溅射沉积　溅射沉积是指用荷能离子或粒子轰击靶材表面，使其原子以一定能量逸出并沉积在工件表面的方法。

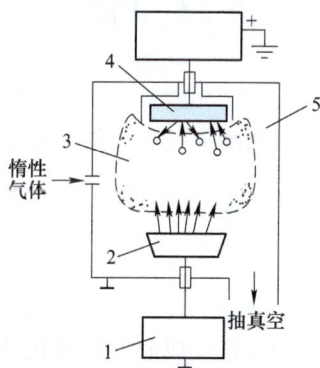

图 8-6　离子镀膜的工艺过程

1—离子源电源　2—离子源
3—等离子区　4—工件　5—真空室

溅射沉积的可镀材料广泛、沉积能量大，镀膜结合力强、结构致密、分布均匀，容易获得高熔点镀膜，镀膜成分易控制且再现性好，因此常用于电子元件镀膜、导电玻璃、热反射幕墙玻璃以及零件的耐磨、抗蚀和耐热镀层等。

8.4.2 高能射束法

高能射束法是指利用高能射束进行表面合金化的方法，包括离子注入、激光表面合金化和激光熔覆等。

1. 离子注入

离子注入是指将预先选择的元素原子电离，经电场加速获得高能量后注入工件表面的改性工艺。离子注入需在 $1.3 \times 10^{-4} \sim 1.3 \times 10^{-3}$ Pa 的真空度下进行，无须加热，注入层深度达到 0.05 mm 时就可起到显著的表面强化作用。

离子注入元素的种类和剂量不限，注入层与基体的结合强度高，工件无变形或变形量小。离子注入还可提高零部件的表面硬度、耐磨、耐蚀及高温抗氧化等性能，常用于刀具、模具、轴承和齿轮等的表面处理。

2. 激光表面合金化

激光表面合金化是指在工件表面预置含渗入元素的合金粉末、箔、丝或预先电镀、喷涂、溅射合金层，然后在保护气体下采用激光加热，使零部件表面形成新合金层的方法。

采用激光表面合金化方法可制备出二元或多元的合金化表层，提高工件表面的耐磨、耐蚀及高温抗氧化性能，如渗铝、渗铬及铬硅、铝硅共渗等，常用于汽轮机叶片、发动机缸套和高速刀具等的表面改性。

3. 激光熔覆

激光熔覆是指将碳化物粉末（WC、TiC 等）、立方氮化硼或 Ni、Cr、B 等覆于工件表面，然后利用激光加热使之熔化并与基体产生冶金结合而形成涂层的方法。

采用激光熔覆方法可在工件表面制备出成分多元化并与基体结合紧密的高硬度强化层，能够有效提高工件的表面硬度、耐磨、耐蚀性能，因而常用于制备钢、铁零件的耐磨、耐蚀涂层，如阀座、排尘风机叶片及各类工具磨损表面的修复等。

8.5 化学转化膜

化学转化膜是金属表层参与化学或电化学反应形成的附着良好的反应产物膜层，如铬酸盐膜、磷酸盐膜和氧化物膜等。常用的化学转化工艺有发蓝处理、磷化处理和阳极氧化等。

8.5.1 发蓝处理

发蓝处理又称发黑，是工件在空气-水蒸气或化学药物的溶液中，在室温或加热到适当温度后表面形成一层蓝色或黑色氧化膜（F_3O_4），以改善其耐蚀性和外观的表面处理工艺。常用的发蓝液成分为氢氧化钠和亚硝酸钠等。由于处理时不析氢、工件不产生氢脆且膜层薄（$0.5 \sim 1.5 \mu m$），故发蓝处理对工件的精度和表面质量无明显影响，经配合干燥、上油、涂脂等后处理还可使零件具有耐蚀、润滑或装饰功能，因而广泛用于机械零件、电子元件、仪器零件和兵器等的表面处理。

8.5.2 磷化处理

磷化处理是一种在工件表面形成不溶的磷酸盐薄膜的表面处理技术，处理过程中，工件被浸入含有锌、锰、铁等金属盐的磷酸盐溶液中。

磷化液通常包括磷酸、硝酸锌及其他化合物。根据所形成的膜层厚度不同，磷化处理可以分为厚膜磷化和薄膜磷化两种类型。厚膜磷化的处理温度较高，通常超过 90℃；而薄膜磷化的处理温度则较低，大约在 15～45℃。磷化处理可以生成具有不同成分、厚度、结构和颜色的膜层，这种处理不仅工艺简便，而且通过后续的钝化、复油、皂化等处理，可以使膜层具备防腐、减摩、润滑或电绝缘等特殊功能，因此被广泛应用于钢制零件的防锈底层、动力机械部件以及变压器核心组件等领域。

8.5.3　阳极氧化

阳极氧化是一种用于金属表面处理的电化学过程，常用于铝合金和钛合金的表面处理，特别是对于铝及铝合金来说，阳极氧化尤为重要。在阳极氧化过程中，将铝合金制件作为阳极，置于电解液中进行电解，通过电解反应在金属表面形成一层致密的氧化膜。这层氧化膜可以增加材料的耐蚀性、耐磨性和装饰性，同时还具有良好的电绝缘性。

铝合金阳极氧化的电解液通常包含硫酸、铬酸、磷酸或硼酸等，不同的电解液可形成不同特性的氧化膜。硫酸是最常用的电解液之一，能够在铝表面形成厚度从几微米到几百微米的多孔氧化层，这种多孔结构使得氧化层具有很好的吸附能力，可以通过染色和封孔处理进一步提高防护性和装饰性。由于氧化层的多孔性和硬度，阳极氧化后的铝合金表面具备优良的耐蚀性和耐磨性。这些特性使得阳极氧化处理非常适用于那些需要良好外观及增强表面性能的铝合金部件，广泛应用于航空航天、汽车、建筑和消费电子产品等行业。

8.6　表面工程新工艺

近 30 年来，表面工程技术发展迅速，在计算机技术应用、新工艺及新技术的开发与应用等方面均取得了显著成就，展现出了巨大的影响力。目前，计算机技术的广泛应用已使得表面处理自动化技术广泛应用于汽车和微电子行业。例如，人工智能技术的迅猛发展使得涂装机器人广泛应用于涂料涂装生产线，实现了自动监控作业过程，并能精确调节工艺参数，显著提高涂层质量的同时降低了生产成本。

8.6.1　新技术的开发

近年来，新的表面工程技术得到了快速发展和广泛应用，尤其是在高性能合金镀层、组合镀层和非晶态覆层等领域。

1. 高性能喷涂技术

超音速火焰喷涂和爆炸喷涂技术已被用于喷涂瓷料、难熔金属及碳化物等材料。这些新工艺的应用不仅提高了生产率，还能生成组织致密、性能优异的涂层，特别适合于航天和核能等高端技术领域。

2. 气相沉积技术

气相沉积技术已用于制备高性能系列薄膜化合物覆层和多功能涂层，例如金刚石薄膜。这些涂层因其极高的硬度和耐磨性而广泛应用于切削工具和耐磨零件。

3. 离子渗技术

离子渗技术包括双层辉光离子渗金属和高温真空离子渗碳等表面合金化新工艺，这些技术通过改变材料表面的化学组成来提高其性能，还能提高生产率并节约能源。

4. 装饰性彩色氧化膜

装饰性彩色氧化膜技术发展迅速，被广泛应用于美化和保护金属表面，提供更多的色彩选择和更好的耐蚀性。

5. 纳米复合镀层

在传统的电刷镀液中加入纳米粉体材料，用于制备性能优异的纳米复合镀层。这些镀层展现出了卓越的力学和化学性能，适用于各种工业应用。

6. 环保涂料技术

优质、低污染的水性涂料、粉末涂料和无溶剂涂料的发展极为迅速，这些材料在减少环境影响的同时，提供了良好的涂层性能和外观。

8.6.2 复合表面工程技术

复合表面工程技术通过结合两种或更多的表面处理技术，可以有效地整合各种工艺和材料的优点，实现优越的防护性能和更广泛的应用需求。

1. 电镀与电泳涂装复合工艺

电镀与电泳涂装复合工艺结合了电镀和电泳涂装的优点，电镀提供坚固的金属镀层，提高机械强度和导电性，而电泳涂装则能在电镀层上形成均匀的保护膜，提高耐蚀性，增强外观效果。这种复合处理的方式使得产品在极端环境中的抗大气腐蚀能力显著提高，产品的使用寿命可达 20 年以上。

2. 金属夹层与陶瓷、沉积钴铬铝钇系合金工艺

通过在金属表面添加陶瓷层或使用高温合金如钴铬铝钇系合金，显著提高产品的高温抗氧化性和耐蚀性。上述复合材料能够承受极端的高温环境，适用于航空发动机和高温工业炉等。

3. 热喷涂与化学镀覆的复合

结合热喷涂技术和化学镀覆，可以在基材表面形成具有优异力学和化学性能的复合涂层。热喷涂提供结构稳定性，而化学镀覆则增加了耐蚀性和摩擦系数的调控。

4. 表面强化与固体润滑层的复合

通过表面强化处理，如渗碳、氮化与固体润滑材料如石墨、二硫化钼的结合使用，可以在提高表面硬度的同时降低摩擦系数，提高耐磨损性能。

5. 电镀与渗金属的复合

电镀与渗金属的复合技术结合了电镀的精确性和渗金属技术的深层强化作用，能够在保证精细表面特性的同时，提高材料内部的性能。

上述复合技术不仅扩展了传统单一表面处理技术的功能，还开辟了新的应用领域，为各种工业产品提供了更长的使用寿命和更好的性能。随着材料科学和工程技术的进一步发展，预计未来将有更多创新的复合表面工程技术被开发出来，以满足更严苛的工业应用需求。

复习思考题

8-1　为什么近 20 年来表面工程技术能取得迅速发展和广泛应用？

8-2　常用的电镀层按化学成分不同可分为哪些类型？在镀层性能和应用上各有何不同？

8-3　机械加工时由于操作失误导致曲轴轴颈尺寸偏小，可以采用哪些表面工程技术进行修复？各有何特点？

8-4　刷镀、施镀方法与电镀相比有何不同？工艺上各有何不同的特点？

8-5　比较化学镀镍与化学镀铜的镀液成分、镀层性能和应用场合。

8-6　何为热喷涂？可采用哪些热源？各应用于何种场合？

8-7　物理气相沉积与化学气相沉积的工作原理和应用场合有何不同？

8-8　化学转化膜的类型有哪些？试比较其工艺特点和使用范围。

8-9　对钢管或钢丝进行磷化处理和离子注入处理均能提高耐磨性，其改性机理有何区别？

8-10　近年来表面工程技术在哪些方面取得显著进展？其发展趋势如何？

参 考 文 献

[1] 沈其文. 材料成形工艺基础 [M]. 4版. 武汉：华中科技大学出版社，2021.

[2] 王妍，崔春娟，张凯，等. 定向凝固金属间化合物的研究进展 [J]. 材料导报，2022，36（24）：131-138.

[3] 张健，王莉，谢光，等. 镍基单晶高温合金的研发进展 [J]. 金属学报，2023，59（9）：1109-1124.

[4] 任忠鸣，韩东宇，玄伟东，等. 燃气轮机叶片制备技术研究进展 [J]. 上海大学学报（自然科学版），2022，28（5）：722-747.

[5] 米大为，郭宝超，李天庆. 大厚度奥氏体不锈钢筒体填丝激光焊接变形和应力分析 [J]. 精密成形工程，2024，16（5）：69-77.

[6] 钟齐健. 钢结构焊接应力和变形的控制措施 [J]. 中华建设，2023（8）：160-162.

[7] 占建军. 钢结构件焊接变形控制与焊接工艺的应用 [J]. 工程建设与设计，2022（10）：149-151.

[8] 张燚，许天旱. 焊接工艺参数对埋弧焊焊接接头力学性能影响的研究进展 [J]. 石油化工设备，2023，52（2）：64-69.

[9] 王振民，李栩延，唐嘉健，等. 高效埋弧焊工艺及设备的研究进展 [J]. 机电工程技术，2021，50（11）：1-8.

[10] 王聪，张进. 埋弧焊中焊剂对焊缝金属成分调控的研究进展 [J]. 金属学报，2021，57（9）：1126-1140.

[11] 洪小龙，黄本生，李天宁，等. 几种常见焊接工艺热源模型的研究进展 [J]. 材料热处理学报，2023，44（5）：25-38.

[12] 高杰. 电子束焊接技术的分析与研究 [J]. 中国金属通报，2023（23）：180-182.

[13] 代一博，罗兵兵，房卫萍，等. 高碳铬不锈钢电子束焊接头性能研究 [J]. 材料导报，2023，37（17）：193-197.

[14] 耿占一，胡连海，霍佳磊，等. 激光复合焊技术研究及应用进展 [J]. 金属加工（热加工），2023（4）：1-9.

[15] 王良，王查理，周培山，等. 先进高强钢激光焊技术研究进展 [J]. 焊接技术，2021，50（4）：1-4.

[16] 蒋冬冬. Q460低合金高强钢焊接工艺及应用 [J]. 焊接技术，2022，51（10）：64-67，80.

[17] 王雁飞，林海朋，隋礼平，等. 均匀快速超塑成形技术在市域车铝合金车头蒙皮上的应用 [J]. 塑性工程学报，2021，28（6）：104-110.

[18] 林忠钦，黄庆学，苑世剑，等. 中国塑性成形技术和装备30年的重大突破与进展 [J]. 塑性工程学报，2024，31（4）：2-45.

[19] 华林，冯玮，韩星会，等. 齿轮精密塑性成形理论技术装备研究与应用 [J]. 塑性工程学报，2024，31（4）：56-73.

[20] 陈玉勇，叶园，张宇，等. 粉末冶金制备TiAl合金研究进展 [J]. 稀有金属材料与工程，2023，52（11）：4002-4012.

[21] 李轩，何瑜，明白，等. 聚酰亚胺树脂基复合摩擦材料成型技术研究进展 [J]. 中国塑料，2024，38（4）：116-123.

[22] 王明明，刘伟，伏利，等. 激光熔覆技术研究进展 [J]. 冶金与材料，2024，44（1）：73-75.

[23] 李轩，吕威，何瑜，等. TC4合金表面Zr-Y改性渗硅涂层的组织结构及高温摩擦磨损性能 [J]. 材料工程，2024，52（6）：193-200.